COUR D'ASSISES DE LA SEINE

AFFAIRE BORDONE

PROCÈS EN DIFFAMATION

AU SUJET DE L'OUVRAGE

GARIBALDI

ET

L'ARMÉE DES VOSGES

PAR

LE GÉNÉRAL BORDONE

CHEF D'ÉTAT-MAJOR DE L'ARMÉE DES VOSGES

« En effet, Bordone a accusé à plusieurs
reprises le lieutenant-colonel Chenet de lâcheté et de trahison......................
» A la page 229, il ajoute : M. Chenet savait donc que nous serions attaqués, et
qu'étant attaqués nous serions battus; il a
donc fui devant l'ennemi. »

(Arrêt de renvoi.)

PARIS

LIBRAIRIE DE L'*ÉCHO DE LA SORBONNE*

7, RUE GUÉNÉGAUD, 7

1872

AFFAIRE BORDONE

PARIS

IMPRIMERIE BALITOUT, QUESTROY ET Cᵉ

7, rues Baillif, et de Valois, 18.

COUR D'ASSISES DE LA SEINE

AFFAIRE BORDONE

PROCÈS EN DIFFAMATION

AU SUJET DE L'OUVRAGE

GARIBALDI

ET

L'ARMÉE DES VOSGES

PAR

LE GÉNÉRAL BORDONE

CHEF D'ÉTAT-MAJOR DE L'ARMÉE DES VOSGES

« En effet, Bordone a accusé à plusieurs
reprises le lieutenant-colonel Chenet de lâcheté et de trahison....................
» A la page 229, il ajoute : M. Chenet savait donc que nous serions attaqués, et
qu'étant attaqués nous serions battus; il a
donc fui devant l'ennemi. »

(Arrêt de renvoi.)

PARIS

LIBRAIRIE DE *L'ÉCHO DE LA SORBONNE*

7, RUE GUÉNÉGAUD, 7

—

1872

Tous droits réservés.

L'ARMÉE DES VOSGES

ET

LE GÉNÉRAL GARIBALDI

COUR D'ASSISES DE LA SEINE

AUDIENCES DES 28, 29 ET 30 JUIN 1872

Présidence de M. DUMAS

Conseiller à la Cour d'appel de Paris

INTRODUCTION

On appelle les affaires Chenet contre Bordone et Bordone contre Chenet dont la presse et le public se sont déjà occupés.

C'est l'histoire de l'armée des Vosges, commandée par le général Garibaldi, qui va être faite à l'audience.

On s'explique la curiosité du public, qui est désireux de savoir quel a été au juste le rôle, dans la campagne de 1870-1871, du général Garibaldi.

M. Bordone, général, chef d'état-major de l'armée des Vosges, a publié un récit qu'il intitule : *le Récit officiel de la campagne,* avec documents et cartes à l'appui, en trois fascicules : *Dôle, Autun* et *Dijon.*

M. le lieutenant-colonel Chenet, commandant la guérilla d'Orient, s'est cru diffamé par ce livre, et il a porté plainte contre MM. Bordone, auteur du livre; Lacroix, éditeur, et Donnaud, imprimeur.

M. Bordone, de son côté, a également porté plainte à l'occasion d'un livre intitulé : *Garibaldi et ses opérations à l'armée des Vosges,* signé par M. Robert Middleton. La plainte est dirigée par M. Bordone contre M. Middleton et M. Chenet, que M. Bordone prétend être l'un et l'autre, auteurs dudit livre, contre M. Garnier, éditeur, et contre M. Balitout, imprimeur.

Les deux affaires ont été jointes par ordonnance de M. le président.

M. Chenet avait été condamné à mort à Autun par une Cour martiale, comme coupable d'abandon de son poste devant l'ennemi. Après une commutation de peine par le général Garibaldi, la Cour de cassation siégeant à Pau a cassé la sentence de la Cour martiale d'Autun, et l'affaire a été renvoyée devant un Conseil de guerre de Lyon. Là, M. Chenet a été acquitté à l'unanimité.

M. Bordone, dans son livre, a consacré quelques pages à la conduite du colonel Chenet.

Il prétend que M. Chenet a abandonné le poste qui lui était confié et a compromis la défense d'Autun.

M. Middleton, à son tour, s'est occupé également de cette affaire et accuse M. Bordone d'avoir voulu sacrifier M. Chenet et le faire passer pour traître, dans le but d'expliquer la surprise d'Autun par les Prussiens, le 1er décembre 1870.

M. Middleton, auquel M. Chenet reconnaît avoir fourni des renseignements, ne ménage pas, dans son livre, aux membres de la Cour martiale d'Autun et surtout à M. Bordone, le titre d'assassins.

Sur les plaintes réciproques de M. Chenet et de M. Bordone, la Cour de Paris, chambre des mises en accusation, les a, l'un et l'autre, renvoyés devant la Cour d'assises, sous la prévention de complicité de diffamation envers un fonctionnaire public, ainsi que les éditeurs des deux livres, d'une part, M. Lacroix, éditeur du livre de M. Bordone, et, d'autre part, M. Garnier, éditeur du livre de M. Chenet, et les imprimeurs, M. Donnaud, imprimeur du livre de M. Bordone, et M. Balitout, du livre de M. Chenet.

Audience du 28 *juin.*

Diffamation envers un fonctionnaire public.

M. LE PRÉSIDENT.—M. Lacroix, quels sont vos nom, prénoms, âge, profession et domicile?

M. LACROIX. — Albert LACROIX, 31 ans, éditeur, 110 rue de Richelieu, né à Bruxelles.

La même question est adressée à MM. BORDONE, Joseph-Philippe-Toussaint, 51 ans, docteur-médecin, né à Avignon, y demeurant. Défenseur : Me FORÈST.

DONNAUD, Claude-François-Emile, 41 ans, imprimeur, rue Cassette, 9. Défenseur : Me ROGER.

CHENET, Edouard-Jacques-Claude, ancien militaire, demeurant à Paris. Défenseur : Me PORTE.

GARNIER, Désiré Auguste, éditeur à Paris. Défenseur : Me ALLOU.

BALITOUT, Gustave-Georges, imprimeur à Paris. Défenseur : Me BALLOT.

CHENET, GARNIER et BALITOUT, ces trois derniers s'approchent de M. le président et parlent à voix basse. Leur réponse ne nous parvient pas. M. Middleton est absent.

Après les formalités d'usage, le greffier donne lecture des deux arrêts de renvoi.

Il lit ensuite l'ordonnance de M. le président Dumas qui joint les deux affaires, aux termes de l'article 397 du Code d'instruction criminelle, pour être statué sur le tout.

PREMIÈRE AFFAIRE

Plainte Chenet contre Bordone.

M. LE PRÉSIDENT. — Pour mettre un peu d'ordre dans le débat, nous allons procéder à l'examen de la première affaire, c'est-à-dire de la plainte portée le 11 décembre 1871 par le lieutenant-colonel Chenet contre M. Bordone. Nous entendrons d'abord les témoins de cette première affaire. M. Chenet, avez-vous quelque chose à dire?

M. CHENET. — Je n'ai rien à dire pour le moment, M. le président.

M. LE PRÉSIDENT. — Monsieur Lacroix, vous reconnaissez avoir édité la brochure *Garibaldi et l'armée des Vosges?*

M. LACROIX. — Oui, monsieur.

M. LE PRÉSIDENT. — A quelle date a-t-elle été publiée?

Mᵉ ROGER. — Le 2 septembre.

Mᵉ FOREST. — C'est la seconde des deux brochures publiées; elle a été publiée en réponse à la brochure des adversaires: *Garibaldi, ses opérations à l'armée des Vosges.*

Toutes les personnes appelées répondent à l'appel de leurs noms, excepté M. Middleton, qui ne se présente pas.

PLUSIEURS VOIX. — Il n'est pas arrivé. — Il est en prison à Bruxelles.

M. LE PRÉSIDENT. — Il ne se présente pas?

UN JURÉ. — Il est en prison.

M. LE PRÉSIDENT. — La Cour sursoit en ce qui concerne Middleton, et renvoie à une autre session pour statuer sur ce prévenu.

Mᵉ FOREST. — Je dois déclarer à la Cour que M. Bordone, après avoir pris connaissance de l'instruction contre MM. Garnier et Balitout déclare se désister de sa plainte contre eux.

M. LE PRÉSIDENT. — En l'état, la cour prend acte du

désistement, M. l'avocat général réserve son appréciation. Messieurs, nous allons procéder à l'examen de la première affaire, de la plainte portée par M. Chenet contre MM. Bordone, Donnaud et Lacroix. Nous entendrons tous les témoins appelés dans cette première affaire, puis ceux appelés dans la seconde; M. Chenet, avez-vous, quant à présent, quelques observations à présenter à la Cour?

M. CHENET. — Non, monsieur.

M. LE PRÉSIDENT. — Ou vous réservez-vous de répondre aux dépositions des témoins?

M. CHENET. — Oui, monsieur.

M. LE PRÉSIDENT. — M. Lacroix, vous reconnaissez avoir édité la brochure que je tiens dans la main?

M. LACROIX. — Oui, monsieur.

M. LE PRÉSIDENT. — Quelle est la date du dépôt légal de cette brochure?

M. LACROIX. — Je n'ai pas la date précise à la mémoire; la pièce existe, d'ailleurs, dans le dossier.

M. LE PRÉSIDENT. — Au commencement de septembre 1871?

M. LACROIX. — Oui, je crois, du 2 septembre, si je ne me trompe.

M. LE PRÉSIDENT.—C'est seulement pour savoir quelle a été la première publication faite, celle de M. Bordone ou de M. Chenet?

Mᵉ FOREST. — La première est celle de M. Chenet ou Middleton.

Mᵉ PORTE. — Dès le 24 février, par une lettre adressée au *Progrès de Lyon*, le général Bordone annonçait l'apparition de son livre.

Mᵉ FOREST. — Je prie M. Donnaud de déclarer si avant d'avoir vu M. Bordone, MM. Chenet et Middleton ne s'étaient pas présentés chez lui pour faire imprimer leur livre.

M. DONNAUD. — C'est parfaitement exact; j'ai reçu la visite de MM. Chenet et Middleton, qui m'étaient envoyés par M. Dentu, chez qui le livre devait être publié; j'ai demandé qu'on laissât le manuscrit, j'ai vu qu'il y avait des choses qui pouvaient me compromettre, je n'ai pas voulu l'imprimer.

M. LE PRÉSIDENT. — M. Bordone, vous reconnaissez avoir fourni le manuscrit à M. Lacroix ?

M. BORDONE. — Parfaitement.

M. LE PRÉSIDENT. — M. Donnaud, vous reconnaissez avoir imprimé la brochure...

M. DONNAUD. — Oui, monsieur.

M. LE PRÉSIDENT. — ... et avoir refusé la brochure de M. Chenet?

M. DONNAUD. — Oui. Je ne connaissais pas M. Bordone à ce moment-là.

M. LE PRÉSIDENT. — Je vais vous lire immédiatement les passages incriminés de l'ouvrage de M. le général Bordone. Le premier passage est à la page 183 de la brochure, en note :

« Le chef d'état-major passa la nuit dans la cabane du chemin de fer pour y surveiller et ordonner la marche des troupes : quant à Garibaldi, il alla passer le reste de la nuit à Malain dans une maison que son propriétaire lui avait fait offrir, et là il ne fut pas peu surpris de trouver déjà installé, un lieutenant-colonel commandant la guérilla d'Orient nommé Chenet : nous disons surpris, car cet officier dont nous aurons bientôt à nous occuper, au moment où le général entra dans la maison, y occupait déjà une chambre en compagnie de deux femmes, pour avoir probablement dans sa manière de dormir quelque chose d'oriental.

» Point n'est besoin de dire qu'il s'empressa de déguerpir avec ses deux compagnes. »

Le deuxième passage, page 199. Il est compris dans le sommaire du chapitre 14; nous lisons, en effet, dans ce sommaire : « *La fuite du colonel Chenet dans la matinée du 1er décembre.* »

Nous nous reportons ensuite à la page 203, et je lis le passage incriminé :

« Il y a eu dans l'armée des Vosges pendant très peu de temps, il est vrai, mais assez longtemps cependant, pour qu'à l'encontre de ce qu'on a publié dans les journaux de la réaction, et de ce qui a été dit plus tard devant le Conseil de guerre de Lyon, on puisse prouver de quelle façon certaines gens entendaient le service en campagne, un nommé Chenet qui était arrivé depuis sept à huit jours seulement à la 2ᵉ brigade.

» C'est ce chef de corps qu'on rencontra logé avec deux femmes à Malain, la nuit du 24 novembre, dans une chambre offerte à Garibaldi par son propriétaire.

» Déjà à cette époque, Delpech avait à se plaindre sérieusement de sa manière de servir, et pendant qu'avec les débris de sa brigade il était à Pont-d'Ouche, il faisait rechercher M. Chenet qui ne se trouvait pas à Veuvey, poste qui lui avait été assigné par le commandant de sa brigade, au moment du départ d'Ancey, et avait filé directement sur Autun sans prévenir Delpech (1). »

Et en note :

« (1) Delpech et le colonel Bordone se sont demandés bien souvent depuis cette époque, quelle pouvait bien être la raison qui avait fait M. Chenet se diriger immédiatement vers Autun plutôt que sur Veuvey, où il avait ordre de se rendre pour concourir à la garde de la vallée d'Ouche. S'ils s'étaient posé la question du procureur, *où est la femme*, ou plutôt *où sont les femmes*, ils auraient trouvé peut-être que la smala du commandant de la guérilla d'Orient avait déjà gagné Autun.

» Dans quelques instants on verra comment par des subterfuges plus ou moins habiles cet officier sait échapper des lieux où l'on combat et transformer un acte de lâcheté en acte de bravoure, Dieu et les cléricaux aidant, bien entendu. Mais pour répondre d'avance, en son lieu et place, à une des prétentions mensongères et calomnieuses de ce monsieur et de tant d'autres, qui d'après lui, disaient que Garibaldi et son chef d'état-major faisaient fusiller à tort et à travers pour la moindre faute et quelquefois pour se débarrasser d'un individu gênant, disons en passant, que c'est à Bligny, pour la première fois, qu'a été fusillé, après jugement en bonne et due forme, un franc-tireur qui avait exercé des réquisitions à main armée, après menace de mort et blessures.

» Quelques jours avant, à Autun, pendant l'expédition sur Dijon, on avait fusillé également deux espions. Nous prions les détracteurs de l'armée des Vosges de nous citer un corps d'armée de la même importance, où les exécutions n'aient pas été plus nombreuses et où néanmoins la discipline ait été plus sévère; et cependant on ne nous envoyait pas positivement ce qu'il y avait de meilleur et de mieux discipliné. »

Page 206 :

« Tout fut trouvé dans un ordre parfait; on fit diriger sur la gare d'Etang tout le matériel encombrant, car, en cas d'insuccès, cette gare, par le chemin de fer de Blanzy ou par les routes ordinaires vers Charolles et le Creuzot, permettait encore, grâce à la configuration du pays, de disputer pied à pied le terrain à des ennemis victorieux (1).

» Le 1er décembre au matin, Garibaldi lui-même allant visiter le poste Saint-Martin situé en avant d'Autun, entre ceux de Saint-Jean et de Saint-Pierre, y trouva la guérilla d'Orient qui, depuis l'affaire de Pasques, avait échappé à la surveillance du commandant de sa brigade (n° **79**, **80**). Cette guérilla était à Autun depuis le 29 novembre : Nous aurons longuement à parler plus tard de son commandant, car il a été, entre les mains de nos détracteurs, un instrument avec lequel on a essayé de flétrir l'armée des Vosges. Contentons-nous de dire pour le moment qu'il abandonna le poste qui lui était confié, et que quelques heures après son départ, les Prussiens entrèrent par ce même faubourg jusque dans la ville d'Autun, sans qu'une sentinelle eût signalé leur approche.

» Il était onze heures environ, quand on vint prévenir de ce fait Garibaldi et le colonel Bordone, qui s'attendant à être attaqués d'un moment à l'autre, mais certains d'avoir fait garder toutes les avenues de la ville, ne pouvaient croire à un événement de ce genre.

» Ils purent se convaincre bientôt de la vérité, de leurs propres yeux, car le canon ennemi commença à lancer des obus dans l'intérieur de la ville. »

Une note :

« (1) Il est une règle de laquelle le commandant d'un corps d'armée ne doit jamais s'écarter, quelle que soit sa confiance dans le succès des opérations qu'il entreprend, — assurer sa retraite en cas d'insuccès, et ne jamais s'exposer à être enfermé, soit dans une place forte, soit dans une position où il puisse être entouré, et forcé de mettre bas les armes. — Cette règle, nous l'avons suivie à Autun, tout décidés que nous étions à défendre cette position jusqu'à la dernière extrémité.

» Les travaux accessoires faits à Auxy et Antully pour retarder la marche d'un ennemi vainqueur et permettre notre retraite en cas d'insuccès, par la route des montagnes dans la direction d'Etang, indique suffisamment que ce n'était pas par Couches-les-Mines que nous devions nous retirer en cas d'insuccès, et met à néant, à défaut de tant d'autres preuves, la prétention de M. Chenet. Cette tactique, nous l'avons également mise en pratique plus tard à Dijon, en nous ménageant la route des montagnes entre les vallées de la Saône et de l'Ouche, et il est à regretter que d'autres chefs d'armée ne l'aient pas suivie à la veille des grands désastres qui ont amené les capitulations de Sedan, de Metz et de Clerval. »

Page 209 :

« Ce qu'il y a de certain..... c'est que plusieurs personnes notables d'Autun, pendant la journée du 1er décembre, avaient proposé d'aller traiter de la reddition de la ville avec le commandant des forces prussiennes, pendant que la petite armée des Vosges, malgré la fugue de la guérilla d'Orient qui ressemble fort à une trahison, repoussait sur tous les points un ennemi par qui elle s'attendait à être attaquée, mais qu'elle avait la certitude d'arrêter, sinon de vaincre.

» Les avis donnés au Creuzot de ne pas évacuer son matériel, et les reproches que le chef d'état-major adressa au sous-préfet d'Autun, pour avoir donné un avis contraire, ainsi que le retour de Garibaldi et de son chef d'état-major, prouvent non-seulement que le

1ᵉʳ décembre nous n'avons pas été surpris, mais qu'avec les dispositions prises, nous avions la certitude d'arrêter l'ennemi sous Autun et de donner, au besoin, à Crémer, le temps de venir nous y aider à sauver la ville et la route du Creuzot; mais nous ne réclamâmes pour cela l'aide de personne, et nous mettons qui que ce soit au défi de produire un document qui prouve le contraire. »

Page 225 :

« C'est à la même époque que commençait cette fameuse affaire Chenet, dont les journaux légitimistes de Lyon ont fait tant de bruit dans la suite. Il conviendrait peut-être, pour en parler, d'attendre que nous soyions arrivés aux dernières pages de ce journal, car elle ne ·s'est véritablement terminée qu'à la date du 30 avril 1871, devant le Conseil de Lyon, mais nous préférons en finir de suite, en indiquant toutes les phases qu'elle a suivies, et en anticipant sur les dates.

» Nous déclarons ici que tout ce qu'on va lire repose sur des documents officiels, et que la preuve en a été offerte, en plein Conseil de guerre, aux juges, qui n'ont pas cru convenable ou utile d'en prendre connaissance.

» On se souvient que la guérilla d'Orient était arrivée à Autun le 19 novembre, et qu'étant composée presque en totalité de Méridionaux réunis à Marseille, elle avait été incoporée avec la guérilla Marseillaise, venue en même temps qu'elle, à la 2ᵉ brigade, formée par les bataillons de l'Egalité et placée sous le commandement de Delpech, ancien préfet des Bouches-du-Rhône.

» Dès les affaires de Lantenay et de Pasques, le commandant de cette guérilla, qui avait reçu l'ordre d'occuper Veuvey, ainsi qu'on l'a vu dans les chapitres précédents, avait trouvé bon de se rendre de sa propre autorité à Autun, où il arriva le 29 novembre, et fut cantonné au couvent de Saint-Martin.

» Or, malgré ce qu'on a essayé d'insinuer depuis, il avait bel et bien l'ordre de défendre ce poste, car les ordres du jour de l'époque, dont ce chef, qui a émis la prétention d'être un militaire *régulier*, expérimenté, ayant conquis *ses grades* sur le champ de bataille, avait

l'obligation de prendre connaissance et de s'y conformer, disaient très explicitement : »

Suit la copie des ordres du jour, et M. Bordone reprend plus loin, pages 228 et suivantes :

« En outre, Garibaldi, le 1er décembre au matin,
en allant visiter les postes de Saint-Jean et de Saint-
Martin, pendant que le chef d'état-major était allé dans
une autre direction, avait ordonné à l'officier qui commandait ce poste au moment de sa visite, de faire continuer le travail des meurtrières, en lui disant qu'il allait le faire renforcer, et, en effet, quelques instants
après. il dirigeait sur ce point un détachement de la
guérilla Marseillaise.

» Or, ainsi qu'on l'a vu dans le chapitre précédent,
quelques heures après la visite du général, l'ennemi
s'introduisait jusque dans le cœur de la ville d'Autun
par ce poste de Saint-Martin, abandonné par les troupes.

» Que s'était-il passé ?

» Le commandant de cette guérilla, M. Chenet, a prétendu plus tard, quand il a pu, avec des avocats, com-
biner des moyens de défense fantaisistes, qu'il avait fait
demander verbalement à l'état-major l'autorisation de
se retirer de Saint-Martin et d'aller en arrière faire reposer et rééquiper sa troupe. Nous ferons remarquer
d'abord que M. Chenet, qui prétend n'avoir pas reçu
directement un ordre écrit de défendre Saint-Martin,
s'appuie au contraire sur une autorisation encore moins
écrite, qu'il aurait fait demander par un officier nommé
Gandoulf, qui ne faisait même pas partie de sa troupe,
à aucun titre.

» Mais comme on s'en convaincra par les documents
officiels de cette affaire, qui ont été réunis en faisceau
à la fin de ce volume, M. Chenet, pour lequel une pareille autorisation aurait été une preuve éclatante de sa
non-culpabilité, ne songea nullement à en parler lorsqu'il fut amené à Autun, où le fait pouvait être facilement établi, et n'en parla pas davantage pendant le procès d'Autun.

» Il a prétendu plus tard que dès le 1er décembre au

matin, il avait demandé à aller à Couches-les-Mines pour y soutenir la retraite.

» Quelle retraite ?

» Il savait donc que nous allions être attaqués, et qu'étant attaqués nous serions battus; il a donc fui devant l'ennemi !

» Les faits, dans la plus simple vérité, furent ceux-ci :

» Il avait préparé son départ, car le 1er décembre, dès cinq heures du matin, ses mulets étaient sellés et prêts à partir; il ne se retira pas à Couches-les-Mines, pour protéger la retraite (ainsi qu'il l'a prétendu), mais bien au Creuzot, où il répandit le bruit que nous étions battus et qu'Autun était au pouvoir des Prussiens; il essaya de réquisitionner au Creuzot, mais ne pouvant y réussir, et malgré les instances du maire du Creuzot pour le faire revenir à Autun, il partit pour Roanne et Saint-Etienne, d'où il expédia au commandant de sa brigade, la dépêche qui fit croire à ce dernier que c'était par ordre qu'on désorganisait les troupes dont on lui avait donné le commandement.

» Son arrestation à Roanne fut la conséquence de l'ordre général que nous avions expédié dans tous les sens, et la dépêche qu'il adressa au moment de son arrestation, fit déjà comprendre qu'il cherchait une excuse à sa conduite dans une prétendue indépendance de mouvement, et non, comme il l'a prétendu plus tard, dans une autorisation du chef d'état-major, pour se retirer à Couches-les-Mines.

» Cette dépêche etait ainsi conçue :

« Lieutenant-colonel Chenet, commandant guérilla d'Orient à chef d'état-major, armée des Vosges, Autun.

» Je pars pour Lyon à l'instant, après une arrestation publique et scandaleuse; on a oublié qui j'étais et ce que j'ai fait; un homme comme moi se fait tuer, mais ne fuit pas; je suis chef de guérilla, opérant pour mon compte. L action oubliée, je demande avant tout à ce que ma troupe se repose à Roanne et se refasse avant de se porter en avant. Veuillez donner des ordres. Quant à moi qui, dit-on, ai fui, je ne crains pas la balle aveugle, et encore moins un Conseil de guerre.

» Signé CHENET. »

« N'est-il pas étrange que cet homme qui pour se sauver, inventa une prétendue autorisation du chef d'état-
major auquel il s'adresse dans la précédente dépêche,
ne se soit pas contenté de rappeler purement et sim-
plément cette autorisation, au lieu des rodomontades
et de la prétention d'opérer pour son compte, détruite
par les ordres du jour que nous avons cités plus haut et
par la circulaire du ministre dont il avait connaissance.

» Comment n'en disait-il rien non plus dans la lettre
qu'il écrivit au général Garibaldi lui-même, et que nous
transcrivons comme un démenti donné par lui-même à
toutes ses assertions posthumes :

« Lyon, le 7 décembre 1870.

» Le lieutenant-colonel commandant la guérilla d'O-
rient au général en chef Garibaldi, commandant l'armée
des Vosges,

» A Autun.

» Général,

» Arrêté à Roanne sous l'inculpation terrible d'avoir
fui devant l'ennemi, j'ai été conduit à Lyon, où je suis
malade.

» Vous devez comprendre, général, qu'un vieux soldat comme moi, ayant acquis une réputation de bravoure et des états de service comme ceux que j'ai, a
hâte d'aller vous donner les explications qui justifieront
sa conduite.

» Ma conscience est pure, mon acte a été la conséquence d'une nécessité, et entre deux maux j'ai choisi
le moindre.

» Les hommes, exténués de fatigue, sans repos, sans
vêtements, sans cartouches, voulaient se débander ; je
les ai persuadés, leur promettant du repos et ce qui
leur manquait, et, dans quelques jours, je vous aurais
amené au feu sept à huit cents hommes qui se débandaient.

» Ils avaient confiance en moi ; une heure perdue enlevait à la France huit cents défenseurs et amenait de
grands malheurs et le scandale d'une débandade.

2

» Avez-vous eu connaissance de mon affaire de Pasques du 27? Savez-vous qui a rallié les hommes qui allaient fuir et qui, sous ma main, ont tenu le village pendant près de trois heures? Avez-vous eu connaissance de la retraite que j'ai fait exécuter en ordre et tout le monde parti? Vous a-t-on dit que seul, avec quarante hommes j'ai tenu les derniers enclos, et que je n'ai quitté que lorsque l'ennemi m'avait tourné à droite, à gauche, et qu'il occupait avec son artillerie toute la grande route de l'endroit?

» Celui qui a fait cela, mon général, ne fuit pas; mais quand sa troupe refuse de marcher parce qu'elle ne peut plus marcher, celui-là a du courage quand il prend sur lui une mesure qui assure à la patrie une troupe qui aurait été perdue.

» J'ai informé M. le commandant de la 2ᵉ brigade (1) de la résolution que j'avais prise, et elle a été interprétée d'une façon bien pénible pour un officier qui a toujours su prouver ce qu'il valait.

» On vient de me prévenir qu'il fallait me rendre à Autun; je suis trop malade pour me mettre en route; dès que je serai un peu mieux, je partirai.

» J'ai hâte de laver une tache que mon arrestation et l'accusation formulée contre moi (sic), vient de ternir mes beaux et brillants services.

» On ne quitte pas sa position, on ne fait pas 800 lieues pour défendre sa patrie, en expulser l'étranger, et pour fuir.

» Du reste, Chenet, le dernier défenseur de Mexico, celui qui commandait la contre-guérilla Chenet, et qui a tenu seul Mexico avec 600 hommes contre 45,000 ennemis, a-t-il besoin de dire qu'il n'a pas peur et qu'il ne fuit pas; aurais-je attendu si longtemps pour le faire?

» Mon général, dès que je pourrai supporter le trajet, je viendrai à vous.

» Salut et fraternité.

» Le lieutenant-colonel commandant la guérilla d'Orient,

» Signé : CHENET. »

Et en note :

« (1) La dépêche dont il est question ici est datée de Roanne, lorsque la fuite était déjà un fait consommé.

» Mais attendons, nous en verrons bien d'autres.

» Chenet, conduit à Lyon, commença par y simuler une maladie, et le général Bressolles, qui devait le réexpédier de suite à Autun, suspendit son départ, qui n'eut lieu que quelques jours après, lorsque les médecins militaires réquisitionnés par le commandant de place de Lyon, M. le colonel de Bernardy, eurent déclaré qu'il n'avait pas été et qu'il n'était pas malade.

» Il faut faire remarquer ici que, pendant que M. Chenet était ramené à Autun, le chef d'état-major en partait pour une mission que lui avait donnée le général en chef, et que si plus tard l'accusé a fait peser sur lui la responsabilité et la cruauté prétendue de l'accusation, ce n'était que pour venir à l'appui de la thèse ridicule de l'autorisation qu'on lui avait donnée de partir d'Autun.

» Le chef d'état-major, en ordonnant l'arrestation de M. Chenet, n'avait pas agi vis-à-vis de lui, autrement que vis-à-vis des autres fuyards.

» De même, dans la composition du Tribunal qui fut appelé à juger cette affaire, la plus parfaite équité présida, et lorsque l'avocat de l'inculpé et le commissaire du gouvernement près le Conseil de guerre vinrent prétendre plus tard que ce Tribunal était composé d'étrangers ne comprenant pas même la langue française, ils ont complètement été à côté de la vérité ; car, sur sept juges, quatre étaient des Français ayant occupé dans l'armée régulière des grades élevés ; le cinquième était le général Bosack ; le sixième et le septième, les colonels Lobbia, sous-chef d'état-major général, et Canzio, commandant du quartier-général ; tous les trois parlaient admirablement le français. Nous voudrions bien savoir comment on entendrait composer une Cour martiale ou un Conseil de guerre, dans une armée comme celle des Vosges, autrement qu'ils ne le furent en cette circonstance ; d'ailleurs, cette composition ne parut pas étrange à l'accusé, à qui l'urent laissés, quoi qu'il en dise, le temps et tous les moyens nécessaires pour sa défense.

» Il lut en effet devant le jury appelé à statuer sur son sort, un long plaidoyer écrit, où étaient souvent répétés les mots de « l'empereur mon maître. » C'est ainsi qu'il désignait l'infortuné Maximilien, sous les ordres duquel il était allé servir pendant quelque temps au Mexique.

» On sait le reste : il fut condamné à mort, mais Garibaldi se laissa toucher, et, outrepassant les droits qui lui étaient conférés, lui fit grâce de la vie et commua sa peine en celle des travaux forcés à perpétuité.

» Le gouvernement ratifia exceptionnellement cette commutation de peine, pour laquelle Garibaldi sollicita un ordre de grâce qu'on lui accorda, et M. Chenet put préparer à son aise, au moyen de ses amis nos ennemis, la révision de son procès, qui cependant n'était pas légalement possible, car les jugements des Cours martiales ne sont pas sujets à révision, ainsi que le disait la dépêche du ministère.

» Les misérables et les lâches, heureusement assez rares, contre lesquels on eut à sévir plus tard dans l'armée des Vosges, ont dû à M. Chenet de n'avoir pas été punis suivant la rigueur des lois ; car, à partir de cet instant, il devenait impossible de condamner à mort et de faire fusiller de simples soldats, ou tout autre individu faisant partie d'une armée, où celui qui avait été jugé comme le plus coupable avait été épargné.

» Il ne nous appartient pas de revenir sur l'affaire qui s'est terminée devant le Conseil de guerre de Lyon, où ce monsieur se présenta la poitrine couverte de quincaillerie (suivant l'expression du général Garibaldi lui-même); les choses écrites par cet homme-là détruisent complétement l'assertion émise par lui d'avoir été autorisé à se retirer du poste de Saint-Martin, et le lecteur a pu déjà s'en assurer, en lisant la lettre et les documents relatifs à cette affaire, qui sont à la fin de ce volume.

» Il n'est pas étonnant, d'ailleurs, qu'on se soit servi de lui pour médire encore une fois de l'armée des Vosges et de ses chefs, qui tiennent à honneur de constater qu'il a été repoussé comme indigne.

» On pouvait, dans ce procès, faire appeler en témoignage des officiers de l'armée des Vosges qui auraient pu donner des explications catégoriques ; on se contenta, pour pouvoir donner l'absolution à cet homme honoré par des certificats émanant des hommes du gouvernement déchu (suivant l'heureuse expression du commissaire de la République), de présenter comme témoins à décharge, quatre personnes également chassées de l'armée des Vosges, et groupées autour de M. Frappoli dans la salle du Conseil de guerre.

» L'ordre du jour signé Garibaldi, mis en regard de la décision du Conseil de guerre de Lyon, restera jusqu'à ce que de nouveaux faits viennent éclairer l'opinion publique, sur la valeur de chacun, un jugement dont personne, et M. Chenet moins que tout autre, ne peut appeler, pas plus qu'on ne pouvait en appeler régulièrement pour le verdict du Conseil de guerre d'Autun, ainsi que le disait M. Freycinet dans la dépêche suivante, lorsque le bruit de la mise en liberté de M. Chenet commençait à circuler, et portait le plus grand tort à la discipline de notre armée :

« Bordeaux, 25 janvier 1871

» Guerre à Bordone. Dijon.

» Chenet n'a pas été acquitté, par l'excellente raison qu'il n'a été traduit devant aucune nouvelle juridiction, et qu'il n'a pas à y être traduit.

» Signé : DE FREYCINET. »

Tels sont les passages incriminés de la brochure signée Bordone, imprimée par Donnaud et éditée par Lacroix.

M. Bordone, voulez-vous pour fournir vos explications attendre les dépositions des témoins ?

M. BORDONE. — Oui, monsieur.

M. LE PRÉSIDENT. — Et vous monsieur Lacroix ?

M. LACROIX. — J'attendrai également.

M. LE PRÉSIDENT. — Faites entrer le premier témoin.

M. le général Loysel se présente à la barre.

M⁰ PORTE. — Nous avons porté plainte en diffamation...

M⁰ FEORST. — Pardon ; nous sommes assignés à la requête de M. Chenet, ou du moins, à la requête du Ministère public ; M. Bordone, aux termes de l'art. 21 de
la loi du 26 mai 1819, a fait assigner des témoins pour
établir la vérité des faits dont se plaint M. Chenet.
Nous tenons à ce que ces témoins soient entendus les
premiers, car nous sommes prévenus.

M⁰ PORTE. — Nous avons porté plainte ; il est naturel
que nous soyons appelés à établir cette plainte en faisant entendre des témoins sur les faits, mais je n'insiste
pas.

M. LE PRÉSIDENT. — Il serait plus logique de réserver
l'audition de ces témoins, qui viendront probablement
contredire les assertions de M. Bordone.

M. le général Loysel retourne dans la salle des témoins.

Déposition de M. Delpech.

DELPECH, Louis-Antoine, 38 ans, commis au Hàvre.

M⁰ FOREST. — Nous aurons plusieurs questions à
adresser au témoin si la Cour veut bien le permettre.

M⁰ PORTE. — Si mon confrère me le permet, j'aurai
aussi une question préliminaire à poser à M. Delpech ;
il faisait partie de la Cour martiale qui a condamné le
lieutenant-colonel Chenet à mort ; je suis étonné de le
voir à cette audience. Je ne m'oppose pas à son audition, mais je suis bien aise de faire remarquer dans
quelles conditions M. Delpech se présente à la barre.

M⁰ FOREST. — Il se présente à la barre parce qu'il
était le chef sous les ordres duquel le lieutenant-colonel Chenet se trouvait, et je m'étonne de la surprise de
mon adversaire, car M. Delpech a été appelé également
comme témoin devant le Conseil de guerre de Lyon.

M. LE PRÉSIDENT. — Au surplus, on ne s'oppose pas
à son audition.

M⁰ FOREST. — Voici ma première question : Le témoin peut-il fixer d'une manière certaine la date de

l'arrivée de M. Chenet et de la guérilla d'Orient à l'armée des Vosges? La deuxième question est celle-ci : M. Delpech veut-il bien dire à la Cour et à MM. les jurés comment M. Chenet recevait et acceptait les ordres de ses supérieurs, et surtout comment il les exécutait ?

M. LE PRÉSIDENT. — D'abord la première question : pouvez-vous dire à quelle date le lieutenant-colonel Chenet est entré dans le corps que vous commandiez ?

M. DELPECH. — A un jour près, je pense pouvoir le fixer, bien que je ne sois pas préparé à une question semblable. Je crois que c'est le 24 novembre 1870; ce que je puis affirmer, c'est que la guérilla d'Orient est arrivée à Epinac vers le 22 ou le 23, attendu que, si ma mémoire ne me fait pas défaut, c'est le lendemain ou le surlendemain de l'arrivée de ce bataillon que la marche sur Dijon a été ordonnée et que nous sommes partis par la vallée d'Ouche. Nous sommes arrivés à Malain, dans la nuit du 25; nous avons dû partir le 24 d'Epinac et par conséquent, la guérilla est arrivée le 22 ou le 23 novembre.

M. LE PRÉSIDENT. — Et la guérilla s'est dirigée sur Dijon. Vous avez entendu la seconde question qui vous a été adressée; quels rapports aviez-vous avec le lieutenant-colonel Chenet, et de quelle façon exécutait-il les ordres que vous lui transmettiez ?

M. DELPECH. — Mes rapports avec le lieutenant-colonel Chenet ont commencé à Marseille, lorsqu'il est arrivé venant de Constantinople; j'étais alors Préfet des Bouches-du-Rhône, et je reçus M. Chenet comme je recevais tous ceux qui se présentaient pour soutenir, dans le moment difficile que nous traversions, la guerre entreprise. Je pense que personne ne pourra me contredire sur ce point, c'est que je reçus M. Chenet et les officiers de son corps aussi bien que possible; je lui prêtai tout le concours possible pour l'équipement et l'organisation de son corps. Lorsque je suis parti, cette organisation n'était pas terminée. A Epinac j'ai reçu M. Chenet non-seulement comme un homme qui est prêt à se sacrifier pour la patrie, mais comme pouvant m'être d'une grande utilité. Nos rapports ont été excel-

lents jusqu'au lendemain du combat de Pasques, que la
2ᵉ brigade a soutenu le 27 novembre. Nous sommes
revenus de Pasques sur Ancey et nous avons rencontré
Garibaldi qui retournait à Bligny. D'Ancey, nous sommes venus à Malain. Le lieutenant-colonel Chenet m'a
demandé à aller loger avec sa troupe à Remilly-en-
Montagne. Il y est allé et je suis resté à Ancey qui était
directement sur la ligne de retraite. M. Chenet me paraît avoir eu la pensée de quitter dès ce moment la
2ᵉ brigade ; s'il n'a pas eu cette pensée à ce moment, elle
lui est venue dans l'intervalle, puisqu'il nous a quittés
à Remilly et que, sans aucun ordre de moi, il s'est éloi-
gné de la ligne de retraite. C'est de cette façon qu'il a
totalement quitté la 2ᵉ brigade.

M. LE PRÉSIDENT. — Sans autorisation ?

M. DELPECH. — Sans aucune espèce d'autorisation.

M. LE PRÉSIDENT.— Il résulte de la brochure de M. Bordone, que vous lui auriez assigné le poste de Veuvey
à ce moment-là. Voici le passage : « Pendant qu'avec les
débris de sa brigade il était à Pont-d'Ouche, il faisait
rechercher M. Chenet qui ne se trouvait pas à Veuvey,
poste qui lui avait été assigné par le commandant de
sa brigade, au moment du départ d'Ancey, et avait filé
directement sur Autun, sans prévenir Delpech. »

M. DELPECH. — Cela n'a été vrai que le lendemain, et
voici comment : M. Chenet s'est rendu à Arnay-le-Duc,
j'étais à ce moment là à Veuvey, et j'occupais avec le
peu de troupes qui me restaient, Pont-d'Ouche et Veuvey ; j'ai envoyé un officier d'état-major à Arnay-le-
Duc, pour M. Chenet, lui enjoignant de me rejoindre
à Veuvey. C'est par conséquent très probablement le
28 que cet ordre est arrivé à M. Chenet. Il a refusé
d'obtempérer aux ordres qui lui arrivaient ce jour-là,
et au lieu de venir à Veuvey, il s'est rendu à Autun.
J'ai télégraphié, je ne peux pas dire d'où, de Veuvey ou
de Bligny, et demandé au sous-chef d'état-major, en
l'absence du général Bordone, de faire arrêter M. Chenet, qui, pour moi, était en désertion depuis trois ou
quatre jours.

M. LE PRÉSIDENT. — Vous l'avez considéré comme déserteur, et vous avez donné ordre de le faire arrêter?

M. DELPECH. — Pour moi, le colonel était déserteur depuis Remilly.

M. LE PRÉSIDENT. — Je ne me souviens pas d'avoir trouvé l'ordre d'arrestation.

M. DELPECH. — Je n'ai rien à dire à ce sujet, monsieur le président ; je déclare que j'ai télégraphié de faire arrêter le colonel Chenet ; il peut se faire que cet ordre là n'ait pas été consigné ou que la dépêche ait été supprimée ; c'est possible. Il n'y avait à ce moment-là à l'état-major, alors que Garibaldi n'était pas encore à Autun, que le colonel Lobbia, qui était peu au courant de la besogne. Après être resté un jour ou deux à Veuvey, le mouvement de retraite a été décidé sur Autun ; j'ai reçu ordre de me rendre à Bligny et de suivre l'armée sur Epinac, d'où je protégeais sa droite. A Epinac encore, je fis une tentative pour faire revenir M. Chenet qu'on me signalait à Autun ; j'ai envoyé vers lui un officier d'état-major qui me rejoignit sur le plateau d'Antully, que j'avais ordre d'occuper. Il me fut répondu verbalement que M. Chenet avait dit n'avoir *pas à s'occuper des ordres qu'il recevait, et qu'il s'en allait.*

M. LE PRÉSIDENT. — A quel moment a-t-il tenu ce langage ?

M. DELPECH. — Le 1er décembre, au moment où on allait se battre à Autun, le matin.

M. LE PRÉSIDENT. — Le 1er décembre, à quelle heure ?

M. DELPECH. — Je pense que le lieutenant Bellevaut, que j'avais envoyé vers M. Chenet, a pu arriver à huit heures du matin à Autun.

M. LE PRÉSIDENT. — C'est par conséquent avant le départ d'Autun, qu'il a dit qu'il n'avait pas d'ordre à recevoir de vous. Avez-vous eu quelques autres relations de service avec le lieutenant-colonel Chenet, n'avez-vous pas reçu de lui une dépêche ?

M. DELPECH. — J'ai reçu à Marmagne une lettre datée de je ne me rappelle plus où, dans laquelle il me disait qu'il allait refaire sa troupe loin du champ de bataille, qu'il reviendrait après ; mais j'affirme que tous les mouvements qui ont été exécutés par le bataillon de la guérilla d'Orient, à partir du 27 novembre au soir ou du 28 au matin, ont été des mouvements exécutés non-seulement sans mes ordres, mais encore en dépit de mes ordres.

M. LE PRÉSIDENT. — A partir de ce moment jusqu'au jour où il comparaissait devant la Cour martiale, avez-vous quelque chose à dire?

M. DELPECH. — Je n'ai plus eu aucun rapport avec lui.

M. LE PRÉSIDENT. — Vous ne l'avez revu que devant la Cour martiale?

M. DELPECH. — Oui, monsieur.

M. LE PRÉSIDENT. — Vous étiez un des juges qui composaient la Cour martiale?

M. DELPECH. — Oui.

M. LE PRÉSIDENT. — M. Chenet a été condamné à mort?

M. DELPECH. — Oui.

Me FOREST. — M. Delpech vient de dire à la Cour que M. Chenet est arrivé le 23 ou le 24 novembre, et qu'il a quitté l'armée à la date du 1er décembre. Il est donc resté six ou sept jours à l'armée. (Rires.) M. Chenet a répété bien des fois qu'il n'avait pas de cartouches, que ses troupes étaient sans vêtements. Je voudrais savoir si M. Delpech pourrait dire à M. Chenet que les vêtements n'avaient pas pu être usés en six jours, et quelle quantité de cartouches il avait reçue?

M. LE PRÉSIDENT. — Nous devons savoir d'abord si M. Chenet contredit qu'il est arrivé le 22 ou le 23, car vous partez de ce point qu'il n'est resté que sept à huit jours au corps.

Me FOREST. — Si je pars de ce point, c'est que M. Chenet n'a pas fait d'observations à la déclaration du témoin.

M. CHENET. — M. l'avocat vient de faire une observation qui ne devrait pas être faite. Je laisse parler les témoins; je leur laisse dire ce qu'ils veulent; je prends des notes, et après la déposition des témoins, je ferai des observations si la Cour veut me le permettre; ce que mon adversaire pourra faire à son tour.

M. LE PRÉSIDENT. — Je crois que le moment est venu de vous expliquer sur cette déclaration.

M. DELPECH. — Sur la question que posait tout à

l'heure l'avocat de M. Bordone, je puis affirmer qu'aucune troupe de l'armée des Vosges n'est arrivée aussi bien organisée que la guérilla d'Orient; des dépenses considérables ont été faites à Marseille pour cela, et il est certain, qu'après la campagne que nous venions de faire…

M. LE PRÉSIDENT. — La journée de Pasques, notamment?

M. DELPECH. — … et qui avait été pénible, la guérilla d'Orient était la troupe la mieux équipée à ce moment là; pour les cartouches, je ne crois pas faire erreur en affirmant qu'il a été distribué à la guérilla d'Orient, à son arrivée à Epinal, 24,000 cartouches, tant pour chassepots que pour carabines Minié.

M. LE PRÉSIDENT. —Combien pouvait-il en rester après Pasques?

M. DELPECH. — Tous les autres bataillons avaient encore un nombre de cartouches suffisant pour tenir la campagne; quoique je n'aie pas pu, cette troupe m'ayant quitté le soir même du combat, faire une visite de l'armement et des munitions, j'ai lieu de penser, eu égard à ce qu'il restait de cartouches aux autres troupes, — et la guérilla d'Orient ne s'était pas plus battue que les autres, — qu'elle devait avoir encore la même proportion de cartouches.

M. LE PRÉSIDENT. —Il y aurait eu une réduction à peu près de moitié?

M. DELPECH. — A peu près; il y a des soldats qui tirent plus que d'autres; mais enfin, il y avait assez de cartouches pour tenir la campagne.

M. LE PRÉSIDENT. — Combien pouvait-il rester de cartouches par homme?

M. DELPECH. — L'armement complet était de 100 cartouches par homme; par conséquent, en admettant que la moitié eût été dépensée, il devait rester de 45 à 50 cartouches par homme.

Mᵉ PORTE. — M. Delpech était-il à Autun lorsque le combat a commencé?

M. DELPECH. — Non; j'ai déjà dit que j'avais envoyé un officier à Autun; j'avais ordre de rester au plateau d'Antully qui domine la ville.

Mᵉ PORTE. — M. Delpech a entendu dire que M. Chenet avait quitté le poste qui lui avait été assigné au couvent Saint-Martin; est-ce que dans la pensée de M. Delpech il aurait fui devant l'ennemi?

M. LE PRÉSIDENT. — Quelle est votre appréciation?

M. DELPECH. — Mon appréciation est renfermée dans l'opinion que j'ai exprimée tout à l'heure, que le colonel étant en désertion depuis Remilly, a continué simplement sa route à Autun, à Montcenis, au Creuzot et plus loin; il en résulte, pour moi, que le colonel n'avait pas besoin de savoir si l'ennemi était là ou non, en ce sens qu'il s'en allait; il ne voulait pas rester avec l'armée, il en a donné la preuve en allant jusqu'à Roanne; et je crois pouvoir dire, en mon âme et conscience, que ce qui a décidé M. Chenet à partir d'Autun, ce n'est pas, je pense, l'approche des Prussiens.

M. LE PRÉSIDENT. — Ce n'est pas par lâcheté?

M. DELPECH. — Si vous voulez me le permettre, je pourrai revenir sur cette remarque que j'étais juge à la Cour martiale. Il est évident qu'il y a, dans cette observation, une suspicion contre moi. Vous m'avez fait jurer de dire la vérité sans haine; je prie M. l'avocat d'être persuadé que je parle absolument sans haine, et que je désire purement et simplement dire la vérité, pas autre chose. Ainsi, je le dis très volontiers, quant à moi, j'ai la persuasion que ce n'est pas parce que le colonel Chenet connaissait l'approche des Prussiens qu'il s'en est allé; il continuait de s'en aller en partant d'Autun. Voilà quelle est mon opinion.

Mᶜ PORTE. — Voici la déposition faite par M. Delpech au Conseil de guerre de Lyon:

« D. — Que s'est il passé au couvent Saint-Martin?

» R. — Je ne puis répondre à cette question que par » ouï dire, puisque j'étais absent, mais il est de noto
» riété publique que les Prussiens ont précisément atta
» qué de ce côté et pénétré dans le faubourg sans ren
» contrer un soldat. J'ajoute que, dans ma pensée, » M. Chenet n'a pas fui devant l'ennemi, suivant moi il » devait ignorer son approche. Je pense qu'il est dé
» serteur, mais qu'il ne l'est pas en face de l'ennemi. »

M. LE PRÉSIDENT. — Cela ne fait que confirmer ce que

vient de dire le témoin. Quel pouvait être le mobile qui entraînait ainsi M. Chenet loin du corps ?

M. DELPECH. — C'est assez difficile à dire, je crois qu'il y en avait deux : le premier doit être celui-ci : le colonel Chenet a été reçu par moi d'une façon très amicale ; il a reçu de moi cette confidence que, chargé accidentellement de l'organisation de la deuxième brigade, mais me reconnaissant très facilement, je ne dirai pas incapable, j'avais d'ailleurs la pensée que je suis plus propre à l'administration qu'au service militaire sous la forme d'un commandement important ; j'étais heureux de le voir arriver parce que je pensais prendre du service administratif dans l'armée. Cette raison m'a paru être une des causes de sa défection, lorsqu'il a vu que je ne donnais pas ma démission et que je ne lui confiais pas le commandement. A cela, je dois dire une chose, c'est que si j'avais pensé à quitter, dans un moment opportun, le commandement de la brigade, il ne pouvait entrer dans mon esprit, qu'au moment où elle était appelée à se battre, j'aille donner ma démission, ce qui aurait ressemblé à une quasi-fuite devant l'ennemi.

Je pense que la seconde cause tient à une habitude préalable prise par M. Chenet dans la guerre du Mexique. On sait qu'au Mexique la guerre s'est faite, au moins pour partie des corps qui y ont combattu, d'une façon qui rappelait de très loin les souvenirs de la chevalerie française ; *M. Chenet aimait à opérer pour son compte.* Je pense que le désir de se trouver seul, sans chef direct et immédiat, d'agir seul,... et... dame,... M. le président, je n'ai pas l'habitude de la parole, mais enfin il aimait à être seul, à se gouverner tout seul, à ne pas être gêné par les observations de ses chefs. Déjà, je dois le rappeler ici, des plaintes sur la façon dont il faisait observer la discipline à son corps m'étaient arrivées ; le maire même d'Epinac est venu se plaindre chez moi, de la façon dont agissait la guérilla dans cette commune, et il se plaignait surtout que les réclamations adressées aux officiers supérieurs étaient très peu écoutées.

Mᵉ PORTE. — Que M. Delpech sache bien que je ne

veux attaquer en rien sa loyauté ; c'est à ce titre que je lui demande de quelle façon M. Chenet s'est conduit au combat de Pasques.

M. DELPECH. — Très bien. J'ai toujours dit partout où je me suis trouvé, qu'au combat de Pasques, il s'est conduit en brave soldat.

Mᵉ PORTE. — Et qu'il a soutenu le dernier la retraite ?

M. DELPECH. — Ceci est une question sur laquelle je prendrai la liberté de dire quelques mots. Dans la retraite qui a été faite à Pasques, le colonel Chenet a été chargé de la garde du village, dans la dernière partie attaquée par les Prussiens, et une partie de sa troupe, par conséquent, est arrivée la dernière à l'endroit assigné comme lieu de réunion à la 2ᵉ brigade. Au surplus, je tiens à dire ceci : c'est que ni devant des ennemis, ni devant des amis, je n'ai dit qu'il ne s'était pas conduit en soldat, et j'ajoute que cela me fait supposer qu'à Autun, il ne fuyait pas devant les Prussiens, mais qu'il continuait sa désertion.

M. CHENET. — Je remercie M. Delpech d'avoir parlé sans passion, et je vais parler de même.

M. LE PRÉSIDENT. — Imitez-le, c'est un bon exemple à suivre.

M. CHENET. — M. Delpech est dans l'erreur sur bien des choses et il me permettra de redresser ses erreurs : je suis parti pour l'armée des Vosges, le 17 octobre.

M. LE PRÉSIDENT. — Novembre !

M. CHENET. — J'ai commencé à organiser ma troupe ; les premiers engagements sont du 15 octobre, et le 10 novembre, vingt-sept jours après, j'avais 500 hommer sous les armes, équipés, habillés, et, comme le dit M. Delpech, les mieux équipés et les mieux armés de l'armée des Vosges. J'ai travaillé beaucoup, c'est vrai, mais je suis arrivé à un bon résultat ; ma troupe était magnifique ; il y avait un peloton d'éclaireurs qui avaient tous rang de lieutenants, composé de capitaines au long cours. Il y avait quelque chose qui manquait : des sergents et des officiers. Je suis parti au bout de vingt-cinq jours avec ma troupe. On me poussait, on me pressait de partir pour Lyon. Mes hommes avaient des fusils, mais ils ne savaient pas s'en servir ; ils savaient à peine *marcher par quatre*. J'étais arrivé à leur faire apprendre *à rompre par flanc droit ou gauche*. Voilà tout ce qu'ils savaient faire ; ils ne savaient pas rompre par sections. Je demande à tout *troupier*, s'il est possible de marcher avec une troupe qui ne sait pas manœuvrer. Je trouvais étrange qu'on me fît partir aussi vite. J'ai demandé qu'on me fît rester quelques jours à Lyon pour faire manœuvrer mes hommes, on me l'a refusé. Du reste, M. Delpech a mis toute bonne volonté à me faciliter les fournitures qui me manquaient ; lorsque nous étions partis de Marseille, il y avait quelques chaussures de mauvaise fabrication, en cuir mou, qui prenait l'eau.

A Aix, je suis resté cinq jours ; ceci se passait vers le 10 novembre, je suis resté là, et enfin, j'ai reçu l'ordre de partir pour Lyon où je croyais me reposer, dresser més hommes. Je suis parti sans munitions. J'avais quelques cartouches qui restaient de mon tir; enfin, je reçois l'ordre de ne pas m'arrêter à Lyon, et de continuer sur Autun. A cette époque, on concentrait des troupes pour l'armée de la Loire; je pars avec ma troupe, arrivé à Chagny, je reçois une dépêche de M. Delpech — cela se passait le 16 ou le 17 novembre, — disant de venir le rejoindre à Epinac; j'étais devant l'ennemi, je ne pouvais pas refuser; on m'a dit : *Vous deviez descendre du train et refuser d'aller à l'armée des Vosges.* A cela, j'ai à dire ceci : Quand un soldat comme moi est devant l'ennemi, *il ne regarde pas le chef qui commande, il met pied à terre et va se battre.* M. Delpech m'a reçu d'une façon charmante, cordiale; il vient de dire tout-à-l'heure que pendant que nous étions à Epinac, il y a eu des plaintes contre la guérilla d'Orient. Erreur; il y a eu une plainte que M. Delpech m'a communiquée; il était onze heures du soir, je me suis relevé, j'ai été à la mairie, j'ai demandé quelle était la personne qui se plaignait, le maire (il y avait deux ou trois maires à ce moment-là) — ne voulait pas me répondre, — J'ai dit : ou vous me direz la personne qui s'est plainte, *ou je vous arrête;* mes hommes ne sont pas des voleurs, et s'il y a un voleur parmi eux, je le fais passer en Conseil de guerre. Le propriétaire est arrivé, et il a dit que non, qu'il n'avait pas été volé; c'était une fausse plainte. Je suis revenu chez M. Delpech, je l'ai réveillé, et j'ai dit : Général, je viens de voir la chose, il n'y a pas de plainte, et le paysan, à qui on disait que mes hommes avaient volé un mouton, est venu faire ses excuses. Voilà quelles ont été les plaintes dont vous parliez; je ne suis pas un *chef de bande, moi,* et si un soldat volait chez moi, je le ferais fusiller.

Autre chose.... (A ce moment, l'huissier de service offre un siége à M. Delpech qui était debout à la barre des témoins, et qui en profite pour s'asseoir.).... Après le combat de Pasques, M. Delpech prétend que j'étais précédemment logé à Ancey, et que j'ai demandé à aller à Remilly. M. Delpech m'a envoyé à Remilly; qu'il rappelle ses souvenirs, parce que moi, ce sont des souvenirs trop pénibles pour moi; c'est gravé là! J'ai trop souffert; je n'oublie pas, moi, et M. Delpech a eu le temps d'oublier; mais moi, je n'oublie pas!

Je suis donc allé à Remilly-en-Montagne. Ah! la moitié de ma troupe m'avait été enlevée par M. de Saulcy, au milieu du combat; il ne me restait que deux compagnies avec lesquelles je suis allé à Remilly. Dans la nuit, je reçois un de mes hommes, un soldat qui vient avec un mot signé par M. de Saulcy, disant : « Colonel, nous sommes à Sombernon, que devons-nous faire? » J'ai renvoyé un sergent et j'ai dit : Rejoignez-moi immédiatement à Remilly. Je venais de me coucher sur mon lit, lorsqu'arrive un homme avec ce mot : Par ordre du général Garibaldi, nous partons pour Arnay-le-Duc, rejoignez-nous de suite.

J'ai écrit une lettre, je l'ai envoyée par exprès à M. Delpech, disant : par ordre du général Garibaldi, nous partons à la pointe du jour pour Arnay-le-Duc. Au Conseil de guerre de Lyon, M. Delpech ne s'est pas souvenu d'avoir reçu cette lettre, j'ai pour témoin un capitaine Cluze qui a pu affirmer que j'avais reçu la lettre disant que je partais pour Arnay-le-Duc par ordre de Garibaldi. Je ne ne suis donc pas déserteur! Oh! je suis en règle! J'ai prié le chef de brigade de m'informer s'il m'appuyait, je n'en ai plus reçu de nouvelles. Je me suis rendu à Arnay-le-Duc; j'ai rencontré là quel-

ques hommes de la compagnie emmenée par M. de Saulcy; là, je prends tous les officiers qui m'avaient quitté
sur le champ de bataille et je *les traite de lâches! on n'abandonne pas son chef, on reste avec lui!* S'il est quelques officiers à ce moment qui m'en veulent, ce sont ceux que
j'ai traité de lâches, et je vais les voir comparaître tout
à l'heure contre moi, mais je me réserve de leur dire
leur fait. Tout officier qui vient déposer contre son chef
n'est pas un officier, et cela donne bien peu d'idée de
la dignité des gens qui viennent au corps comme soldats,
et qui, par la force des choses, veulent du galon et du
galon et toujours du galon! C'est le galon qui a perdu
tant de gens.

J'arrive à Arnay-le-Duc. C'est un peu long, mais il
faut que je me rappelle tout ça petit à petit. Je veux rester
dans le vrai; *je ne veux pas mettre de passion contre les
témoins;* j'espère qu'ils seront de sang-froid et moi je
veux être de même.

M. LE PRÉSIDENT. — Nous prenons acte de votre déclaration, j'espère que nous n'aurons pas à vous la rappeler.

M. CHENET. — Je viens donc à Arnay-le-Duc. Le combat de Pasques avait eu lieu le 27, je n'en parle pas.
J'arrive à Arnay. Je trouve deux compagnies, et je ne
vois pas arriver mes deux autres compagnies qui devaient
me rejoindre. Le lendemain, personne, j'envoie le capitaine adjudant-major s'informer de ce qu'étaient de-
venues ces malheureuses compagnies; il revint le soir
me dire : Je n'ai rien trouvé, je n'ai aucune nouvelle
de ces deux compagnies. J'attends le lendemain et je
dis : Je vais aller moi-même à leur recherche; je monte
à cheval et je cours jusqu'au château de Commarin, où
je trouve ces deux compagnies que le général Garibaldi
m'avait retenues la veille. Le capitaine qui était là a eu
tort de ne pas m'en prévenir, *parce qu'on informe son
chef de corps lorsqu'on est en arrière.* Je pars donc pour
le château de Commarin. Il est bon de dire que ces
deux compagnies sont restées là sans manger, enfermées
dans les grilles du château, que les officiers sont a lés
demander un morceau de pain aux officiers du château,
et qu'on n'a rien voulu leur donner; mes officiers sont

3

restés 48 heures sans manger. Je n'ai pu distribuer que quelques miches de pain que j'avais fait suivre sur des voitures. Enfin, c'est un détail, mais c'est pour donner une idée de ce qui se passait quelquefois à l'armée, des Vosges ; je n'inculpe personne.

Je ramène mes deux compagnies ; il était neuf heures du soir, le 29 novembre. J'arrive à Arnay-le-Duc. Je réunis mes hommes, mais je voyais déjà une débandade là-dedans. Je me suis dit : si je reste couché, je ne trouverai plus mes hommes. Je vais au quartier général ; je crois que c'est Ricciotti Garibaldi qui commandait ; Vous voyez que je n'étais pas déserteur, car le 29, il donna l'ordre de sortir d'Arnay-le-Duc pour me rendre sur Autun. C'était donc par ordre que je quittais Arnay.

Je me mets en marche la nuit, et j'arrive au matin. à neuf heures, à la porte d'Autun. J'ai fait un ordre du jour comme tous les matins ; il avait généralement trois ou quatre pages ; je n'oubliais rien ! le moindre détail était prévu. *J'ai l'habitude de commander des hommes, moi, et je prévois tout!* Quand j'oubliais quelque chose, mon Dieu, le plus malin des chefs peut oublier ! La première question, c'était les cartouches. M. Delpech vient de soulever une discussion sur les cartouches ; je vais rappeler les chiffres à M. Delpech ! J'ai dit que j'étais parti d'Aix, sans cartouches, seulement avec quelques cartouches de tir, parce que je disais : nous pouvons être surpris en chemin de fer. J'avais six à huit cartouches par homme : J'arrive à Epinac, et en arrivant, j'ai prié, supplié M. Delpech, pour avoir des munitions : Nous avons attendu trois ou quatre jours. M. Delpech me promettait qu'il allait en recevoir ; il n'en avait pas, il ne pouvait pas m'en donner. Enfin, losque je suis parti, j'apprends qu'un convoi de munitions passait ; dans le chiffre, il y avait même une batterie d'artillerie qui protégeait ce convoi. J'ai attendu, et sur la grande route, j'ai fait une réquisition que j'ai signée, et j'ai pris 13,000 cartouches, que j'ai distribuées moi-même à mes hommes. 100 ou 150 par hommes ; non, moins que cela, 60 cartouches par homme, à peu près. Enfin, mettons qu'il y avait 60 cartouches par homme. Je me

suis battu à Pasques, et je sais parfaitement que si une
troupe était à peu près complète au combat de Pasques,
c'était la mienne ; elle a fait le coup de feu pendant quatre heures, de dix heures et demie du matin à une heure
et demie après midi. Or, un homme qui tire aussi longtemps use des munitions ; mes hommes avaient encore
cinq ou six cartouches chacun. Je l'ai demandé aux capitaines ; ils m'ont répondu, et je l'ai par écrit, qu'il
n'y avait plus que cinq ou six cartouches par homme,
et, encore elles étaient mouillées. Si plus tard on a
trouvé dans les sacs quelques paquets de cartouches,
cela ne veut pas dire qu'il y avait des cartouches ; c'était un
homme qui, par paresse, au lieu de porter ses cartouches dans sa giberne, les avait fourrées dans son sac. Il
n'y a que les flaneurs qui aient pu mettre des cartouches dans leurs sacs, et, heureusement, dans la guérilla d'Orient, il n'y avait pas beaucoup de flaneurs.

On ne va pas au feu avec six cartouches ; le colonel
d'infanterie, quand il a une troupe, qui irait au feu avec
cinq ou six cartouches serait un misérable, et moi, c'é-
taient mes frères ; je pleure un homme qui tombe, et
quand je peux ménager la vie de mes hommes, je le
fais ; mais moi aller au feu sans munitions ! Je me di-
rais coupable ! Je sors de la cavalerie, et là quand on
n'a pas de cartouches, on a sa lame de sabre. J'ai chargé,
je n'ai pas chargé une fois, mais vingt fois, et le combat
corps à corps à l'arme blanche, je le connais !

Comme colonel d'infanterie, je ne pouvais pas rester
sans munitions ; nous ne pouvions plus charger à la
baïonnette ; nous ne sommes plus à ce temps-là ; au
temps où nous sommes comme à Pasques, il y avait
32 pièces de canons qui nous crachaient dessus, il y
avait 12,000 hommes et de la cavalerie, et nous étions
800 hommes qui voyaient le feu pour la première fois ;
l'ennemi était à 1500 mètres de nous et nous combat-
tait à coups de canon, il faut être du métier, il faut
être raisonnable !

Je ne suis pas un déserteur jusqu'à Autun, je crois
l'avoir suffisamment prouvé ; vient la question d'Autun.
Je dis que toute la journée du 29, non, je me trompe,
je suis arrivé le 30 au matin à Autun, — toute la jour-

née du 30, M. Deschamps qui va arriver tout à l'heure, a fait des démarches pour obtenir des cartouches et qu'on ne lui en a pas donné ; on lui a dit que nous n'en avions pas besoin ; il a été rebuté deux ou trois fois ; enfin, le soir arrive, pas de cartouches ! Le soir, j'en demande encore, il n'y en avait pas. Le lendemain matin, on dit que les mulets étaient chargés à cinq heures du matin, non, ce n'est pas vrai, celui qui a dit cela en a menti.

M. LE PRÉSIDENT. — L'expression est beaucoup trop forte. Enfin, maintenez-vous votre déclaration ? vous prétendez ne pas avoir reçu d'ordre ?

M. CHENET. — *J'en donne ma parole d'honneur !* Je maintiens totalement ce que j'ai dit !

M. DELPECH. — J'ignore si le colonel Chenet a eu des rapports avec Ricciotti, et si celui-ci lui a donné un ordre quelconque, mais j'affirme ceci : le colonel Ricciotti était de mes amis. nos relations étaient excellentes, et je suis convaincu qu'il n'aurait pas affaibli, de propos délibéré, le peu de forces dont je disposais, pour envoyer mes hommes sur Autun.

M. CHENET. — Je ne pouvais pas prévenir Ricciotti que je laissais le chef de brigade seul, puisque je ne savais pas où il était ; on partit en retraite ; je suivais la retraite ; je cherchais la brigade.

M. DELPECH. — J'ai une observation à faire : *Chercher la brigade en filant de Remilly-en-Montagne, lorsqu'on me savait à Ancey, chargé de garder aussi Pont-d'Ouche. Je dis que chercher quelqu'un en lui tournant le dos, cela me paraît une chose un peu forte, par exemple !*

M. LE PRÉSIDENT. — Le colonel Chenet a comparu devant la cour martiale d'Autun et il a entendu prononcer sa condamnation à mort. Je demande si, au nombre des chefs d'accusation figurait ce premier chef de désertion, ou bien s'il n'a été question que de la désertion du 1er décembre, au couvent Saint-Martin ?

M. DELPECH. — Monsieur le président, il me serait difficile de dire cela.

M. LE PRÉSIDENT. — Vous étiez un des juges ?

M. DELPECH. — Oui, je tâche de rappeler mes souvenirs, je crois que M. Chenet a été accusé, à Autun, d'avoir déserté devant l'ennemi, purement et simplement.

M. LE PRÉSIDENT. — Oui, mais dans quelle journée?

M. DELPECH. — A Autun, c'est d'Autun qu'il s'agissait. Comme il y avait des chefs considérables d'accusation contre lui, je ne crois pas qu'il ait été question de cette désertion, soit à Remilly, soit à Ancey. Du reste les débats doivent être connus.

M. CHENET. — Quand un colonel est en désertion avec sa troupe, on le fait arrêter, on ne le laisse pas courir jusqu'au 1er décembre.

M. DELPECH. — C'est ce qu'on faisait.

M. LE PRÉSIDENT. — Quels ont été vos rapports directs ou indirects avec M. Chenet? Il a reçu à Saint-Martin de nouveaux ordres, ce qui fait supposer qu'il était dans une situation régulière?

M. DELPECH. — Je n'ai rien à dire sous ce rapport, seulement, je fais remarquer ceci : c'est qu'il est plus que certain que M. Chenet n'a pas rendu compte de ce qui s'était passé. Il est évident que quand on se trouve exposé à se battre à toute heure, on ne demande pas à un soldat pourquoi il est là, on s'en sert. Je ne conteste pas qu'on ait pu donner des ordres à M. Chenet, alors qu'il se trouvait dans une situation irrégulière.

M. LE PRÉSIDENT. — M. Bordone, avez-vous quelques observations à faire?

M. BORDONE. — Non monsieur. Je ferai seulement remarquer, en ce qui concerne l'expression : *fuir devant l'ennemi,* que l'appréciation de M. Delpech est erronée: eût-il été en troisième ou quatrième ligne, eût-il connu ou non l'approche des Prussiens, aux termes des lois militaires, du moment où il abandonnait son poste, M. Chenet fuyait devant l'ennemi.

Déposition de M. Ollivier.

OLLIVIER, François-Auguste, 43 ans, lieutenant de vaisseau attaché au port de Rochefort, officier de la légion d'honneur.

Mᵉ PORTE. — J'aurais une observation à faire, le témoin était un des juges composant la Cour martiale.

M. LE PRÉSIDENT. — Vous ne vous opposez pourtant pas à la déposition du témoin?

Mᵉ PORTE. — Non, monsieur.

Mᵉ FOREST. — M. Ollivier était directeur de l'artillerie de l'armée des Vosges; peut-il dire ce qu'il sait de la bataille d'Autun, notamment des dispositions prises pour la défense de la ville, et si les bois en arrière d'Autun avaient été occupés?

M. OLLIVIER. — J'étais arrivé à l'armée des Vosges depuis fort peu de jours, et je m'occupais principalement du service de l'artillerie. Néanmoins, par suite des relations fréquentes que j'avais avec l'État-major général, j'étais assez au courant de beaucoup de dispositions prises, dispositions qu'on ne devait pas officiellement me communiquer, naturellement, puisqu'elles ne me concernaient pas, mais que j'entendais répéter de côté et d'autre. Je sais donc que dès la veille de l'attaque d'Autun, le 30 novembre, on s'attendait fort bien à être attaqué, puisque, l'avant-veille l'ennemi avait fait une attaque sur Arnay-le-Duc qui est à vingt et quelques kilomètres.

M. LE PRÉSIDENT. — Quelles étaient les dispositions prises?

M. OLLIVIER. — Les dispositions générales, je ne pourrais le dire. — Pour l'artillerie, elle était admirablement placée, puisqu'elle était sur le plateau du jardin du séminaire. Les pièces se sont trouvées tout naturellement en position de répondre au premier feu des Prussiens. Quant aux dispositions pour l'infanterie, il ne m'est pas possible de détailler la position des corps; je sais qu'il y avait dans les bois, au-dessus d'Autun, sur les hauteurs qui dominent la ville, des troupes qui avaient pour but évidemment d'empêcher les Prussiens de nous tourner par notre droite. par la route du Creuzot, je crois, qui traverse un col dans les montagnes dominant Autun au midi.

M. LE PRÉSIDENT. — Votre opinion est-elle que la ville d'Autun fut surprise?

M. OLLIVIER. — Non, pas en ce sens qu'on savait que les Prussiens venaient, qu'on connaissait leurs mouvements. On a été tellement peu surpris, que Garibaldi, quelques heures avant l'attaque, étant monté sur les hauteurs pour observer leurs mouvements (je l'ai entendu raconter par un officier d'état-major qui était auprès de lui), a tenu les paroles suivantes, lorsqu'il vit arriver les colonnes prussiennes par la route d'Arnay et par le chemin de fer, sans qu'on tirât un coup de fusil à Saint-Martin où devait être une troupe : « Mais que fait donc la guérilla d'Orient? » Il paraissait très étonné de ce qu'on ne commençât pas à tirer sur les colonnes prussiennes.

M. LE PRÉSIDENT. — Vous n'étiez pas auprès de Garibaldi, mais vous avez entendu répéter cela?

M. OLLIVIER. — Oui, monsieur, par un officier d'état-major que le général Bordone avait envoyé près de lui sur les hauteurs.

M. LE PRÉSIDENT. — N'aurait-il pas dit plus tôt : Laissez approcher les colonnes prussiennes, je sais à qui elles ont affaire?

M. OLLIVIER. — Je me rappelle très vaguement cela, je ne puis pas l'assurer; mais ce dont je suis sûr, c'est que Garibaldi manifestait son étonnement de ce qu'aucun coup de feu ne partît de Saint-Martin, et qu'il disait : que font donc les troupes qui sont à Saint-Martin?

Mᵉ FOREST. — Le témoin pourrait-il dire à quel endroit était M. Chenet pendant la bataille, et à quelle heure il a quitté Autun?

M. OLLIVIER. — Je n'ai pas pu le savoir sur le moment, j'étais trop occupé aux pièces. J'ignorais du reste l'existence de M. Chenet et du bataillon qu'il commandait, mais ayant été, par la suite, membre de la Cour mar-

tiale appelée à juger cette affaire, je l'ai connue dans
tous ses détails, et il en est résulté pour moi la conviction, que plusieurs heures avant l'attaque des Prussiens,
M. Chenet et son bataillon ont quitté la position qui
leur était assignée, et non-seulement qu'ils l'ont quittée,
mais que ne se contentant pas de se replier sur l'armée,
ils *se sont repliés jusqu'au Creuzot, à 32 kilomètres en arrière.* Mon opinion, à moi, militaire depuis 28 ans, est
que, quand bien même le bataillon de la guérilla n'aurait pas été en position de résister aux Prussiens, il
a reçu l'ordre de tenir : il aurait dû tenir. (*Sensation.*)

M. LE PRÉSIDENT. — Vous souvenez-vous si devant la
Cour martiale d'Autun il a été question d'une désertion
ou de plusieurs désertions par M. Chenet ?

M. OLLIVIER. — Je me rappelle qu'il a été question
de choses de ce genre, mais qu'elles ont été incidentes
dans le procès ; je ne m'y suis pas attaché beaucoup.

M. LE PRÉSIDENT. — Ce qui a déterminé la condamnation, est l'action du 1er décembre?

M. OLLIVIER. — Elle a été basée exclusivement sur
cette affaire.

Me FOREST. — Le témoin sait-il quel était l'état des
munitions à Autun ; M. Chenet a-t-il fait demander des
cartouches ; lui en a-t-on refusé ?

M. OLLIVIER. — Je sais que M. Chenet a prétendu les
avoir fait demander ; je le sais par ses réponses au procès. Quant à l'état des munitions, je ne puis pas le dire
d'une manière exacte, mais elles ne manquaient pas ;
je rentrais dans mon service, je n'en savais pas exacte-
ment le compte à cette époque, parce que j'avais pris
le commandement la veille ; mais il y avait en gare
quelques wagons chargés de munitions. C'était même
une cause de grande frayeur pour le chef de gare et
l'inspecteur du chemin de fer, qui avaient même préparé une locomotive pour faire disparaître ces wagons
et les emmener, chose à laquelle nous nous opposâmes
de là manière la plus formelle.

M. LE PRÉSIDENT. — Vous estimez que si M. Chenet
avait demandé des munitions, on lui en aurait immédiatement donné?

M. OLLIVIER. — J'estime que s'il avait demandé des

munitions et qu'il fût venu les chercher à la gare où était mon magasin, on lui en aurait donné, d'autant plus que j'avais pour principe de ne délivrer, en temps ordinaire, de munitions que sur un bon signé de moi, fût-il délivré même par le général en chef; mais j'avais ajouté : En cas de bataille, vous accorderez des munitions à quiconque en demandera, sur sa simple signature. Telles étaient les dispositions prises.

Me FOREST. — Tout à l'heure, M. Ollivier a dit que l'artillerie occupait le plateau du Séminaire; a-t-il remarqué la réserve de 3,000 hommes d'infanterie, placée à cet endroit, et commandée par le chef de bataillon Williame?

M. OLLIVIER. — Je ne sais pas comment étaient disposées les troupes; je sais qu'à la fin du combat, les troupes s'étaient repliées sur les hauteurs, lorsque l'artillerie réussit à arrêter une colonne ennemie assez forte qui avançait sur le séminaire, avec des obus à balles. A une seconde décharge, cette colonne commença à reculer; ce que voyant, une troupe d'infanterie qui était en bas du plateau, que je ne pouvais pas voir, s'élança sur les Prussiens, c'était le régiment de mobiles commandé par M. Williame. Je vis les hommes quand ils sortirent de l'endroit où ils étaient cachés à mes yeux.

M. CHENET. — Je prouverai par la suite des débats qu'Autun a été surpris. Je prouverai que l'artillerie a été surprise. Je prouverai que si M. Ollivier, qui se dit ancien militaire, m'avait laissé le dernier la parole, et m'avait laissé me défendre, on ne m'aurait pas condamné à mort!

M. OLLIVIER. — Je répondrai à cela que comme je n'étais pas président, mais simplement juge, je n'avais pas à laisser ou à ôter la parole à M. Chenet. Par conséquent, je ne comprends pas l'accusation qu'il vient de formuler. Je puis même dire une chose, c'est que, ayant un peu l'habitude des Conseils de guerre, ayant été commissaire impérial en Cochinchine, j'ai fait tout ce que j'ai pu pour lui tendre la perche, passez-moi le mot, et c'est malgré cela que j'ai été amené, dans ma conviction militaire, à le considérer comme coupable de désertion. Aussi je ne comprends pas que M. Chenet vienne dire que je ne lui ai pas laissé la parole le dernier.

M. LE PRÉSIDENT. — Combien de temps a duré le débat?

M. OLLIVIER. — Plusieurs heures, une soirée complète.

M. CHENET. — M. le président, c'est fâcheux que je revienne sur ces tristes moments, mais enfin, si M. Ollivier n'était pas président comme il dit, il pourra dire la vérité. J'ai parlé longuement, je me suis défendu longuement. Ah! d'abord, comment m'a-t-on notifié mon arrêt? J'étais *au secret le plus absolu*, à trois heures de l'après-midi, quatre heures peut-être, je reçois une dépêche ainsi conçue : On m'avertit que je serai traduit devant la Cour martiale, le soir à huit heures et demie, et que j'ai à réunir mes témoins à décharge. J'avais un factionnaire à ma porte. Enfin, on m'apporte à manger, et j'écris au corps des officiers : *Au nom de l'honneur, vous vous trouverez ce soir à la Cour martiale, pour répondre affirmativement ou négativement aux questions qui vous seront faites*.

Je fus emmené à la Cour martiale entre deux gendarmes. Heureusement que le billet était arrivé aux officiers. Ah! ils étaient bien dévoués, mes officiers, à ce moment là; lorsqu'on m'avait arrêté à Roanne, tous les officiers avaient protesté contre mon arrestation, comme une irrégularité, comme une infamie, enfin tout ce que vous voudrez, comme une chose illégale, scandaleuse. On n'arrête pas un colonel comme un chenapan, dans la rue, avec l'ordre d'arrêter ce fuyard de Chenet!

On me lit trois pièces; quelles accusations étaient formulées contre moi? D'avoir quitté le couvent Saint-Martin, d'avoir fui devant l'ennemi, d'avoir voulu voler au maire de Montcenis une réquisition de 6,000 fr.!

Je suis arrivé à Montcenis à dix heures du soir, mes hommes n'avaient pas de solde, car mon trésorier était resté en arrière, et comme j'ai l'habitude, moi, de ne pas laisser voler mes hommes, que si mes hommes volaient quelque chose ils auraient affaire à moi, j'ai demandé quelques sous pour que mes hommes n'aient pas ce prétexte à me donner; nous n'avions pas de solde : j'ai demandé qu'on veuille bien me prêter 6,000 fr. J'ai demandé, *moi, Chenet;* je n'ai pas fait de réquisition, parce que moi j'aurais forcé le maire à me donner l'argent, car par une circulaire de M. Gambetta, nous avions le droit de réquisition. Je trouve qu'il vaut mieux demander de l'argent que de laisser voler des hommes dans les villages. Là, j'ai agi en chef de corps prudent; et du reste, je n'ai pas la réputation de faire des réquisitions; j'ai été au Mexique, je n'en ai jamais fait.

Enfin, à huit heures du soir... (L'huissier de service apporte une chaise au témoin, M. Ollivier, qui s'assied)... Je comparais devant le Conseil, et on me lit les pièces et pas autre chose. Je n'y comprenais rien. On me dit : Monsieur on ne vous donnera pas de défenseur, vous n'êtes pas jugé régulièrement, vous êtes jugé d'après une Cour martiale. Il y avait 13 jours que j'étais arrêté, mais une Cour martiale, on vous prend, on vous pend! Il n'y a pas à rappeler; on vous passe par les armes, et bonsoir les voisins, va réclamer! C'est si vite fait, une Cour martiale! Et si je ne suis pas fusillé, ne croyez pas qu'on m'ait fait grâce, c'est qu'on n'a pas pu, c'est qu'on n'a pas osé! Et vous auriez mieux fait de me fusiller, parce que toute cette discussion n'aurait pas lieu aujourd'hui! mais je défends mon honneur, aujourd'hui.

Enfin, soudain, après avoir lu toute espèce de choses et raconté ma conduite, surgit le colonel Lobbia ou M. Canzio, je ne sais pas lequel; il dit : « mais colonel, vous passez bien rapidement sur l'affaire du couvent Saint-Martin. » M. Lorendo, un officier que vous allez voir tout à l'heure, me passa l'ordre écrit que le brave capitaine Gandoulf me faisait remettre, et M. Ollivier doit le savoir, quand un vieux soldat reçoit un ordre verbal, *cet officier a le droit d'exiger du porteur qu'il le lui donne par écrit:* J'ai trouvé tout naturel de quitter le couvent Saint-Martin, c'est M. Bordone qui a donné au capitaine Gandoulf l'ordre à transmettre au colonel Chenet, de se porter en arrière d'Autun sur la route du Creuzot à Mont-Cenis, et de garder les positions de ma-

nière à ne pas être tourné par Couches (1). M. Gandoulf va en déposer une troisième fois ; pourquoi n'a-
t-il pas été pris à partie par M. Bordone : On dit que
Chenet a inventé un ordre ; non, Chenet est trop soldat
pour quitter un poste sans ordre ; j'occupais à Autun non
pas un poste, un campement, un casernement. Ma troupe
était logée au couvent Saint-Martin, et tous les officiers
et moi nous étions logés en ville. Seulement, comme je
ne laisse jamais mes hommes sans officiers, j'ai donné
l'ordre qu'un officier coucherait avec les hommes ; il
était consigné, parce que je ne veux pas laisser mes hommes seuls. Or, voilà donc un casernement que j'occupe ;
le premier au matin, pour des motifs que j'expliquerai
plus tard, je demande à me retirer en arrière d'Autun ;
je reçois l'ordre de M. Gandoulf, je l'exécute : je demande à M. Ollivier, en son âme et conscience, si oui ou
non j'ai présenté l'ordre à la Cour martiale, *l'ordre écrit?*

M. OLLIVIER. — Je vais vous répondre, M. Chenet, mais
avant tout, je demanderai la permisson de faire une
observation ; voilà deux fois que vous me dites de parler
en mon âme et conscience, vous oubliez que dès le dé-
but de ma déposition j'ai prêté serment de dire la vérité. Ce n'est pas à un officier qui a 28 ans de service,
qui est fils et petit-fils de magistrat qu'on répète deux
fois cela.

M. LE PRÉSIDENT. — Parfaitement. Voulez-vous répondre maintenant à la question ?

M. OLLIVIER. — Vous parlez d'un ordre écrit produit
par M. Gandoulf?

M. CHENET. — Avant de partir pour son pays, il a eu
soin, par prévenance, de le laisser à M. Lorendo.

M. OLLIVIER. — Aujourd'hui, comme le jour où j'ai
été appelé à vous juger, je veux être aussi impartial
que possible à votre égard. Je cherche à me rappeler
cet ordre, je ne me le rappelle pas ; je ne dis pas qu'on
ne l'a pas montré, je ne me rappelle pas l'avoir vu.

M. CHENET. — Quand on condamne un homme à
mort, s'avancer aussi loin sans s'en souvenir !

(1) Il semblerait ici que M. Chenet en parlant de cet ordre,
prétendrait qu'il aurait été remis par écrit.

M. OLLIVIER. — Je vous ai condamné à mort, et je ne m'en souviens pas.

Mᵉ FOREST. — Il y a ici confusion. M. Chenet dit que M. Gandoulf a donné l'ordre ; MM. les Jurés pourraient croire que c'était un ordre émané de l'état-major, autorisant M. Chenet à quitter le couvent Saint-Martin ; non : il s'agit purement et simplement de la reproduction écrite par M. Gandoulf, de l'ordre que M. Chenet prétend *avoir été verbalement donné* par M. Bordone. Ce serait cette déclaration écrite par M. Gandoulf, qu'on avait présentée à la Cour martiale.

M. OLLIVIER. — J'avais donc raison de dire que je ne me rappelais pas avoir vu cet ordre.

LE PRÉSIDENT. — On ne dit pas que c'était un ordre du général Bordone, mais une attestation de M. Gandoulf.

M. OLLIVIER. — Ceci n'a plus une grande valeur ; que M. Chenet ait produit une attestation signée Gandoulf, ce n'est plus du tout la même chose que s'il avait produit un ordre signé Bordone ; cela n'a pas du tout la même importance. Du reste, je ne me rappelle pas du tout la production de cette pièce et il est très aisé, de le concevoir, elle n'a pas d'importance. M. Gandoulf, qui n'était pas présent, pouvait fort bien avoir fait une attestation plusieurs jours après. Je n'ai pas gardé souvenir de ce qui s'est passé à ce sujet, et cette attestation n'avait pas une grand poids vis-à-vis du Conseil de guerre.

M. LE PRÉSIDENT. — Enfin, vous ne vous en souvenez pas?

M. OLLIVIER. — J'étais à regretter cet oubli de mémoire, je croyais qu'il s'agissait d'un ordre signé Bordone, mais je ne le regrette plus, puisque cela n'a plus d'importance.

M. CHENET. — Enfin, je reprends. M. de Saulcy surgit ; il sort comme d'une boîte toute prête : je m'appelle de Saulcy, et on lui dit…. Ah! pardon, c'est M. Delpech; il devient mon accusateur. Du reste, M. Canzio m'a accusé, M. Lobbia m'a accusé, c'était une avalanche d'accusations ; je me demandais si j'étais devant des accusateurs ou devant des juges. Bref, M. de Saulcy avait dans sa poche, depuis mon arrestation, son brevet de chef de bataillon commandant la guérilla d'Orient, et moi, colonel, je venais d'être arrêté! Est-ce qu'on remplace un colonel dans son commandement, avant qu'il soit jugé? On peut arrêter tout le monde sous une accusation quelconque, mais permettez à un homme de se défendre avant de mettre quelqu'un à sa place! Dans notre métier ça se fait comme çà! Enfin, lorsque M. de Saulcy est arrivé sans qu'on le demande,— M. Ollivier doit s'en souvenir, il a paru comme un fou, les yeux hagards, levant la main et jurant qu'il m'avait communiqué l'ordre de Garibaldi d'occuper le couvent Saint-Martin, de faire des créneaux! Je suis tombé des nues; les bras m'en sont tombés! M. de Saulcy se parjurait et me condamnait, parce que mes juges, après cela, croyaient que j'étais coupable! Moi soldat, abandonner une position! Je mériterais dix fois la mort; mais il fallait me laisser me défendre, au moins et ne pas me refuser la parole!

Lorsque M. Jacquot eut commis son parjure, je disais: Messieurs, j'en appelle de ce témoignage, je veux me défendre, laissez-moi parler et je vais prouver que M. de Saulcy n'a pas donné l'ordre. Je me tournais alors vers mes papiers, — je me vois encore; ce sont des moments qu'on n'oublie pas, — pour prendre la protestation que tous les officiers avaient faite, et M. de Saulcy en tête, lorsque j'avais été arrêté à Roanne. Elle disait que je n'avais pas démérité, que j'étais un bon et brave soldat, etc., etc. Mais pendant que je cherche cette protestation pour prouver que M. Jacquot était en contradiction avec lui-même, car, enfin, s'il m'avait donné un ordre et que, au moment de mon arrestation il ait protesté contre, qu'est-ce que c'est donc? Au contraire, c'est là qu'il devait dire: le colonel est coupable! Pas du tout; il proteste, et c'est lui-même qui est censé m'avoir donné l'ordre! J'ai demandé à me défendre; la Cour s'est levée. J'ai levé la main vers le Christ; j'ai protesté. Écoutez-moi! La Cour s'est retirée pour délibérer. Ah! çà n'a pas été long! Elle est revenue et on n'a pas voulu m'écouter. Ah! je voyais bien ce qui m'attendait! Lorsque le président a voulu lire ma sentence, je croyais qu'il était encore temps, et j'ai dit:

laissez-moi me défendre ! Il y avait cependant beaucoup
de témoins à décharge. Mais on ne condamne pas sans
écouter les témoins à décharge. La vie d'un homme,
ce n'est pas un chien ! et l'honneur vaut mieux que la
vie ! Vous m'avez tout pris !

J'ai été acquitté à l'unanimité par des soldats qui
connaissaient le réglement, et s'ils avaient trouvé dans
ma conduite le moindre reproche, ils ne m'auraient
pas condamné à mort une fois, mais dix fois ! Et ce
n'est pas tout ! si je n'avais pas été innocent comme je
l'étais ; lorsqu'on m'a eu condamné à mort, j'ai attendu ;
je devais être fusillé le lendemain ; un prêtre est venu,
et voilà pourquoi on m'a traité de clérical ! Mais je ne
suis pas un chien ; c'est une faiblesse, ça, que bien des
gens ne comprennent pas. Je priai le prêtre de me laisser dormir et j'ai dormi. Ma femme, cette femme que
l'on insulte dans les livres, est venue à la prison ; elle
savait que son mari était condamné à mort ; elle dit :
laissez-moi voir mon mari ! et on lui a jeté la porte au
nez ; ma femme est tombée dans la neige, et on l'a portée chez elle ! Voyez-vous, c'est dur ce que je dis !

(Il prononce ces paroles d'une voix émue et feint de
pleurer. Immédiatement après, il reprend de sa voix
naturelle :)

A huit heures du matin, le prêtre me réveille ; je lui
dis : Je voudrais voir ma femme. Il me répond : Je n'ai
pas pu ! avec un peu plus de forme que je ne le dis là.
On vient me prévenir à 8 heures, que je serai fusillé à
11 heures (le prêtre reste) ; à 11 heures, que je serais
dégradé à 2 heures. A 2 heures, on vient me chercher ;
on me conduit sur la place publique d'Autun ; on réu-
nit 10,000 hommes sous les armes, et Chenet, qui a
gagné chacun de ses galons dans l'armée, et les décorations qu'il a obtenues, — je ne les ai pas volées celles-
là, — on lui a tout arraché morceau par morceau ! Et
ensuite, on m'a dit qu'on *sursissait* à mon exécution.
On m'a remis en prison. J'y suis resté jusqu'au 15 ! Re-
marquez que je n'exagère pas, je le jure sur l'honneur.
je suis resté en prison le 13, le 14, le 15. Le 16, à 2
heures du matin, trois gendarmes sont venus me pren-

dre et m'ont réveillé. J'ai dit : C'est donc fini ? Ma
femme ? Allons-donc ; est-ce qu'elle avait le droit de
me voir ! Enfin, on vient me chercher à 2 heures du
matin ; on me met les menottes aux mains, là, et au bout
de ces menottes on met un petit garibaldien qui avait
été condamné à mort pour assassinat. C'est dans cette
belle société qu'on me conduisit au chemin de fer. Je
ne savais pas où on me conduisait. Ma femme l'a su
avant moi. Elle a appris que son mari qui avait été
dégradé, allait au bagne à perpétuité ! Voilà la femme
qu'on insulte. Elle n'est pas venue au bagne me chercher ; non, elle est partie, — il faisait bien froid ; — elle
est allée à Bordeaux ; elle est allée trouver le ministre de
la justice, et le ministre, M. Crémieux, s'est arraché les
cheveux. Il a dit : Ce n'est pas possible ! qui se permet
d'envoyer un homme au bagne ? C'était l'état-major de
Garibaldi qui m'avait arraché mes galons et qui n'avait
pas daigné me faire l'honneur de me fusiller ; mais on
fusille, et on ne dégrade pas un colonel ! On le met contre un mur et on lui envoie une balle dans la tête, mais
on ne le dégrade pas ! C'est un supplice moral qu'on
n'ajoute pas à une peine capitale ! Moi, j'ai fait la guere
aux sauvages, mais je n'ai pas fait çà ! Quand un homme méritait la mort, on lui envoyait dans un coin une
balle dans la tête, et c'était une affaire finie (rumeurs) ;
mais on ne lui arrachait pas ses galons !

M. LE PRÉSIDENT. — Tout çà ce n'est pas le procès.
Revenez à l'affaire.

M. CHENET. — Je suis arrivé au bagne ; mais heureusement on n'a pas voulu me recevoir : on m'a mis à
la porte ! J'ai été appelé à Bordeaux, et là, on a voulu
me donner *une révision*, mais MM. Gambetta et Crémieux ont été menacés que s'ils donnaient une révision
au colonel Chenet, Garibaldi quitterait l'armée des
Vosges et la licencierait. Devant une telle menace, le
gouvernement qui avait besoin de Garibaldi, et qu'on
ne vienne pas dire que je l'attaque, je dirai ce que j'en
pense tout à l'heure, — le gouvernement ne me donna pas
de révision, seulement il m'offrit ma grâce. On vous a
dit que c'était Garibaldi qui m'avait fait grâce ; non,
c'est le Gouvernement. C'était prouver que j'étais inno-

cent, mais un arrêt de Cour martiale ne peut pas se casser; on expédie un homme, il n'y a pas de révision. On m'offrit ma grâce, je refusai. M. Bourée vint m'apporter ma grâce. Je dis : M. l'ambassadeur, vous devriez assez me connaître pour savoir que je n'accepte pas de grâce; on donne des juges à un innocent.

Enfin, la Cour de cassation cassa le jugement, et je fus renvoyé devant le Conseil de guerre de Lyon.

A Lyon, lorsque l'instruction fut terminée, on allait donner une ordonnance de non-lieu; si c'est contesté, je le prouverai. Je suis allé dire : Je n'accepte pas une ordonnance de non-lieu, moi! On m'a condamné à mort, on m'a envoyé au bagne; tout le monde me rirait au nez. Un homme qui se respecte n'accepte pas une ordonnance de non-lieu. Enfin, le général Crouzat me promit de me donner des juges. L'affaire était bien instruite, et je fus acquitté à l'unanimité. Enfin, voilà l'homme condamné à mort à la majorité, à l'unanimité moins une voix, — je ne sais pas quelle est l'âme assez charitable qui n'a pas prononcé ma mort, — le voilà qui est acquitté à l'unanimité. Ah! j'étais bien fatigué, j'étais rompu, j'avais plein la tête de cette histoire, j'avais mangé tout ce que je possédais, lorsque M. Bordone, au lieu de rester tranquille, vint déposer à la Commission du 4 Septembre. Vous comprenez, Messieurs, la Commission du 4 Septembre, c'est de l'histoire, ça reste; j'y suis traité de lâche, de fuyard, de couard, moi! C'est là-dessus qu'appelé à la Commission du 4 Septembre, j'ai donné un contre-déposition : et enfin le livre de M. Middleton a paru, M. Bordone a paru avec son livre. Est-ce avant, est-ce après? *je n'en sais rien;* mais ce que je déclare, c'est que M. Bordone, avant le Conseil de guerre de Lyon, m'a menacé d'écrire un livre; il prétendait déjà ne pas accepter le verdict du Conseil.

Ah! maintenant, un mot sur Garibaldi. Le général Garibaldi n'est pour rien dans l'affaire, j'en suis certain; il a donné l'ordre à M. de Saulcy d'occuper le couvent Saint-Martin; mais ce qui m'étonne, c'est que Garibaldi, lui, un vieux soldat, jugeant une position si importante, aille se contenter de dire à un capitaine :

« Vous direz à votre colonel de garder la position. » Est-ce ainsi qu'on garde une position? Mais je n'ai jamais vu çà! Est-ce une position ou n'est-ce pas une position? Si c'est une position, je dois me garder en dehors; dans ce cas, je dois recevoir mes instructions pour envoyer des grand'gardes, des sentinelles avancées; et dans tous les cas, je reste dans l'intérieur, si je n'ai pas d'instructions. Alors l'état-major doit envoyer des hommes en avant. Comment! Je suis enfermé dans un couvent, et vous voulez que j'empêche l'ennemi d'arriver jusqu'à moi! Mais qu'est-ce que c'est que des ordres pareils? Mais alors, si Garibaldi avait trouvé un caporal, un planton, il lui aurait dit : le colonel gardera la position? Enfin, que diable, un colonel n'est pas un gamin; on le fait venir, on lui dit : colonel, voici vos instructions, et un soldat sait faire son métier. Maintenant, je dis que Garibaldi n'est pour rien dans l'affaire; seulement, dans cette circonstance, il a cru qu'on m'avait donné des instructions et on ne m'en avait pas donné. C'est un honnête homme, un brave soldat, j'ai le droit de dire cela parce qu'on pourrait croire que j'en veux à Garibaldi. Je trouve que c'est un soldat et un honnête homme, il est venu en France avec un mouchoir dans sa poche, et je suis persuadé qu'il est parti sans mouchoir, il l'a oublié. Maintenant, le général Garibaldi n'a nullement eu connaissance de mon affaire, ou elle lui a été exposée d'une façon toute différente, il a cru que j'étais coupable d'avoir abandonné mon poste, et le général ne savait pas que moi, colonel, j'ai quitté la position de Saint-Martin *sur l'ordre formel que m'apportait un capitaine.* J'ai fait mon métier en quittant le couvent Saint-Martin, et tout officier aurait fait comme moi; alors, malheureusement, Autun a été surpris en plein jour, à une heure et demie, et je vais le prouver.

M. LE PRÉSIDENT. — Je crois que vous laissez bien peu de chose à dire à votre défenseur.

M. CHENET. — Ma cause a été jugée à Lyon. Je n'y reviens pas.

M. LE PRÉSIDENT. Vous dites qu'Autun a été surpris?

M. CHENET. — Moi, je suis parti d'Autun à dix heures du

matin, mettons dix heures et demie, comme ça on ne discutera pas l'heure du départ. Où est donc l'ennemi que je fuis ? Je ne le vois pas. J'ai demandé des instructions à l'état major on n'a pas voulu m'en donner; on a dit : Non, il n'y a rien, restez tranquille; moi qui avais soutenu le choc de toute l'armée prussienne, le 27 à Pasques, on n'a pas voulu en parler; oh ! il n'y avait pas de chemises rouges chez nous, il y avait des Français, rien que des Français, ce sont 600 Français qui ont tenu pendant quatre heures et demie, et je suis heureux qu'on le sache,—avec M. Delpech qui est là pour l'affirmer. 600 à 800 Français, commandés par M. Delpech et moi ont été attaqués à dix heures et demie et ont tenu tête jusqu'à deux heures et demie du soir, à 12,000 fantassins prussiens, à 32 pièces de canon et 1200 cavaliers. Cette armée était celle de Werder, et votre serviteur a forcé l'armée prussienne à coucher à Pasques, permettant à toute l'armée des Vosges d'opérer un mouvement de retraite jusqu'à Autun. Donc, je savais où était l'ennemi. On vous dit : Comment le savait-il ? *Mais, parce que je suis un soldat, parce que je dois savoir où est l'ennemi, et moi, j'avais toujours un sergent espion qui me disait où était l'ennemi.* Je savais qu'il avait pris Sombernon, qu'il était venu sur Autun; il avait eu tort de ne pas s'avancer jusqu'à Autun. *Donc je savais qu'il devait arriver. Je le sentais.* Ai-je trahi parce que je connaissais mon métier ? Est-ce que j'avais des ententes avec l'ennemi ? Ah ! je suis Alsacien, je suis de Strasbourg, on ne trahit pas dans mon pays, on se bat, on meurt ou on en revient, qu'importe ! l honneur est sauf; on perd son pays, mais on reste Français, on ne trahit pas, et je ne suis pas venu de Constantinople pour trahir mon pays!

Autun a été surpris. *Je suis parti à dix heures du matin;* à une heure et demie après midi, le gendarme Marchand, qui allait promener les chevaux de son capitaine de gendarmerie, a traversé le passage à niveau du chemin de fer et s'est trouvé en face de quatre uhlans; il a fait demi tour, a prévenu son capitaine de ce qui se passait, et celui-ci est allé avec son ordonnance au bureau de la place où on lui a dit que cet ordonnance faisait courir des bruits qui n'étaient pas fondés et qu'on allait le mettre en prison, lorsque le premier coup de canon arriva. Nous avons autre chose ; voilà deux lettres ; elles sont de deux hommes qui ont fait des reconnaissances.

— Il lit deux lettres dont une signée Bertin, tendant à établir que le général Bordone a été informé de l'approche des Prussiens et qu'il n'y croyait pas.

M. OLLIVIER. — Je n'ai qu'à répéter ce que j'ai déjà dit, c'est que si on avait été surpris, on n'aurait pas attendu les Prussiens comme on le faisait ; on les attendait si bien, que Garibaldi était monté sur les hauteurs pour observer leur marche ; s'il ne s'était pas attendu à voir les Prussiens, il n'y serait pas allé.

M. BORDONE. — Je pourrais laisser échapper cette circonstance, elle est très importante.

M. LE PRÉSIDENT. — Parlez.

M. BORDONE. — Il me serait très difficile de suivre dans tous ses détails, M. le président, un tel débat, et je laisserai ce soin à mon avocat ; mais dans les vagabondages de la partie adverse, il y a un fait que je retiens, le fait de surprise, et quoiqu'il ne soit pour rien au procès, il importe essentiellement à l'honneur de l'armée des Vosges, de l'état-major et au mien, de ne pas le laisser passer. M. Chenet vient de vous dire à l'instant que nous avons été surpris, et de vous lire deux lettres d'après lesquelles il aurait été question de cavaliers qu'on aurait vus sur la route d'Arnay-le-Duc. — Or, dire que nous avons été surpris à Autun serait essayer de prouver contre la vérité. — Depuis la veille au soir, nous avions envoyé l'ordre à Ricciotti, qui s'était battu le matin à Arnay, d'avoir à se replier sur Autun ; d'autres témoins prouveront que non-seulement nous n'avons pas été surpris, mais que toutes les précautions ont été prises, et que, quant aux cavaliers qui auraient été vus sur cette route par deux personnes assez troublées, ce sont simplement des chasseurs du 7e régiment de l'armée régulière, que, sur l'avis qui m'avait été donné que les Prussiens s'approchaient, j'avais expédiés en reconnaissance ; ils étaient commandés par un officier à qui j'avais dit : « *Vous pourrez aller sans préoccupation jusqu'au couvent Saint-Martin, parce que jusque-*

*là, vous êtes gardé; là, vous observerez tous les mouvements
des Prussiens,* et toutes·les dix minutes, vous . m'enver-
rez un homme à l'état-major.» Les Prussiens sont arrivés par cette route : nous en avons été surpris, mais
voilà la seule surprise que nous ayons éprouvée, car
si le 1ᵉʳ décembre l'ennemi est arrivé de ce côté, vous sau-
rez tout-à-l'heure comment ; ce n'est pas à moi à plaider
cette affaire. Quant à ce que dit M. Chenet, au sujet du
couvent ou plutôt de la caserne de Saint-Martin occupée
par sa guérilla, il est vraiment puéril de dire que ce
n'était pas un poste à garder et à défendre.

Il a dit pour expliquer son départ de Remilly-en-
Montagne, qu'il avait pour témoin de l'envoi d'une lettre
à M. Delpech, un certain capitaine Cluze ; je me contente de vous dire, que ce témoin, comme la plupart,
sinon tous ceux que M. Chenet a pu grouper autour de
lui, a été ignominieusement chassé de l'armée des Vosges.

Comment d'ailleurs ne trouve-t-on pas dans le volu-
mineux paquet de M. Chenet, trace de cette lettre de
service, pas plus qu'il ne trouve, après avoir semblé le
chercher, le prétendu ordre de Ricciotti de quitter Arnay-le-Duc, le 29 au soir, pour se rendre à Autun.

On vous présentera tout à l'heure les reçus réguliers
de cartouches, signés par M. Chenet lui-même, et s'il
est vrai, comme il vous l'a dit, qu'il en avait fait une réquisition de 13 ou 14,000 à un convoi qui passait escorté par une batterie d'artillerie, la guérilla d'Orient
a dû en avoir une quantité assez considérable pour
l'empêcher dans sa marche : dire d'ailleurs qu'il avait
rencontré un convoi de munitions escorté par une
batterie d'artillerie, c'est émettre une appréciation
bien bizarre de la part d'un militaire.

Il vous a dit aussi qu'il avait été tenu à Autun au
secret le plus absolu, et je ne comprends pas qu'il
s'expose ainsi à des démentis *absolus*, certains, par la
déposition des témoins même que vous allez entendre et
qui ont été en rapport constant avec lui, et par ses
nombreuses correspondances avec le dehors (et surtout
avec Mᵐᵉ Chenet), dont les originaux sont tous dans les
documents qui sont à votre disposition.

M. Chenet vous a dit ensuite qu'une circulaire de

M. Gambetta l'autorisait à faire des réquisitions. — je ne dirai pas un mot des actes du chef de la défense nationale en province, il n'a pas besoin d'être défendu, — mais ce que je dois déclarer, c'est qu'à l'armée des Vosges, nous ne tolérions les réquisitions d'aucun genre, et que si quelqu'un a enfreint nos ordres, il en a été sévèrement puni.

Enfin il vous a parlé de la Commission sur les actes du gouvernement du 4 Septembre, devant laquelle j'ai déposé, et où je l'aurais, suivant son dire, traité de *lâche*, de *fuyard*, de *couard*; j'ignore qui a fait de pareilles confidences à M. Chenet, mais lorsque paraîtra l'enquête, on pourra voir que je n'ai pas fait à ce monsieur l'honneur de m'occuper de lui, et que si on l'a fait appeler pour ce qu'il appelle une contre-enquête, cela ne prouve qu'une seule chose, c'est que dans le sein de cette commission, comme dans quelques autres lieux, il y avait des gens à qui il ne répugnait pas de se servir de gens comme M. Chenet, pour essayer de trouver dans les actes des chefs de l'armée des Vosges, des fautes ou des irrégularités que nous mettons qui que ce soit au défi de prouver.

M. Chenet a dit en parlant de M. de Saulcy, son adjudant-major, qu'immédiatement après son arrestation, il a été nommé commandant de la guérilla, et que je l'avais ainsi payé de ses connivences avec moi. Je n'ai vu M. de Saulcy pour la première fois que le 20 décembre, et sa nomination comme chef de la guérilla n'a été que la conséquence d'un vote de tous les officiers qui, par 13 voix sur 15, l'ont élu pour chef, après la condamnation de M. Chenet.

Quant à cette lettre écrite par moi dans un journal de Lyon, et par laquelle mon adversaire voudrait établir que j'ai été l'initiateur de ce qu'il considère comme une polémique engagée entre nous, je vous ferai remarquer qu'elle n'est qu'une réponse à la lettre de M. Chenet, et que dans cette réponse, je ne pouvais pas d'ailleurs, m'inscrire en faux contre le verdict du Conseil de guerre de Lyon qui n'eut lieu que bien plus tard.

Toutes les preuves de ce que j'avance passeront, d'ailleurs, sous vos yeux. Je ne produirai, ici comme ailleurs, que des documents officiels et authentiques. Messieurs les jurés apprécieront.

Déposition de M. Gauckler.

GAUCKLER, Philippe-Gaspard, 46 ans, ingénieur des ponts et chaussées, à Epinal, officier de la Légion d'honneur.

Mᵉ FOREST. — M. l'ingénieur des ponts et chaussées Gauckler était chef de service du génie à l'armée des Vosges, et en cette qualité, il lui est arrivé plusieurs fois de remplacer le chef d'état-major, lorsqu'il était en mission. Je désirerais que M. Gauckler voulût bien dire à la Cour et à MM. les Jurés, comment les ordres ont été donnés pour arrêter les fuyards, s'il y a eu un ordre spécial ou général. Je voudrais savoir si, pendant le procès fait à M. Chenet devant la Cour martiale, M. Bordone était à Autun. La Cour comprend la portée de la question ; tout le procès est dans cette autorisation verbale que M. Bordone soutient n'avoir pas donnée, et dans l'acharnement qu'il aurait mis à faire condamner M. Chenet. Je tiens à honneur de faire établir que ces points ne sont pas vrais.

M. GAUCKLER. — Je ne me rappelle pas qu'il y ait eu un ordre spécial pour chacun des fuyards ; on a fait un ordre général pour tous les fuyards, pour tous les hommes qui avaient quitté l'armée sans ordres réguliers. Maintenant, quant à la présence de M. Bordone à Autun, M. Bordone ne s'y trouvait pas et ne pouvait pas s'occuper de cette affaire. C'est M. Lobbia qui s'est occupé de cette question.

M. CHENET. — L'ordre de mise en accusation est signé par M. Bordone.

Mᵉ PORTE. — Il y a une lettre ainsi conçue :

« Général Bosak, président du Conseil de guerre,

» Le lieutenant-colonel Chenet de la guérilla d'Orient, que vous êtes appelé à juger, est en ce moment à la prison d'Autun ; il n'y a pas de raison pour retarder la solution de cette affaire : je vous prie donc de convoquer aujourd'hui même le Conseil de guerre qui doit statuer.

» Le colonel Chenet, après avoir été placé par le général Garibaldi lui-même en position dans les faubourgs d'Autun, a abandonné son poste, en entraînant son monde ; il a fui d'abord jusqu'au Creuzot, semant derrière lui l'alarme et le mensonge, malgré les protestations du maire du Creuzot, qui, le soir même de la bataille d'Autun, lui donnait le conseil de retourner à Autun. Le lieutenant-colonel Chenet a fui jusqu'à Saint-Etienne et à Roanne, toujours entraînant son monde en arrière ; c'est là qu'il a été arrêté et qu'il a écrit la dépêche fanfaronne que je vous fais remettre. Entré à Lyon sous bonne escorte, et reconnaissant enfin le péril de sa situation, il a ajouté la couardise à la lâcheté et il a feint d'être malade. Visité par les soins du commandant de la place et sur les ordres du général Bressoles, commandant la 8ᵉ division militaire, il a été reconnu non malade et expédié à Autun pour qu'il soit fait bonne et prompte justice.

» Veuillez ne pas oublier, général, que par la série de fautes commises par le lieutenant-colonel Chenet, nous avons failli être surpris à Autun, et c'est justement par le point abandonné par le colonel Chenet que l'ennemi s'est introduit jusque dans la ville. Je ne mets pas en avant le fait de la trahison ni d'entente préalable avec l'ennemi ; les faits accumulés sur la tête de l'accusé sont plus que suffisants pour éclairer votre religion, et vous permettre de prononcer un jugement en toute liberté de conscience.

» Le chef d'état-major,

» *Signé :* BORDONE.

» Pour copie conforme :

» Le sous-chef d'état-major,

» *Signature illisible.* »

Mᶜ FOREST. — C'est là la reproduction exacte de la lettre tirée du livre même de MM. Chenet et Middleton, pages 392 et 393. La mention *pour copie conforme* et les mots, signature illisible qui remplacent le nom du signataire, M. Lobbia, indiquent bien que M. Bordone n'était pas à Autun quand elle fut remise au président de la Cour martiale.

M. LE PRÉSIDENT. — La date?

Mᶜ PORTE. — 13 décembre 1870.

M. BORDONE. — Cet acte, qui est un acte d'accusation que tout chef d'état-major est obligé de dresser quand il s'agit de formuler une accusation devant une Cour Martiale, a été écrit par moi, en effet, avant que M. Chenet fût arrivé à Autun. Ce qui est certain, c'est que cet ordre n'a pas pu être écrit par moi à la date qu'on indique, car je n'étais pas à Autun.

Mᶜ PORTE. — Il est bien certain que le colonel Bordone a *recherché la condamnation du colonel Chenet, il le croyait coupable.*

M. LE PRÉSIDENT. — Je crois avoir sous les yeux l'original même de cette lettre; elle serait datée d'Autun 13 décembre.

Mᶜ PORTE. — C'est vous, du reste, qui l'avez mis en accusation.

M. BORDONE. — C'est possible, M. le président, je partais souvent aux avant-postes, soit dans un sens soit dans l'autre; il peut se faire que le jour où M. Chenet est arrivé à Autun, je me sois encore trouvé là. Je déclare, d'ailleurs, que je n'ai attaché aucune espèce d'importance à M. Chenet et à sa situation; j'avais un mandat à remplir, on l'a accusé du fait le plus grave; je l'ai accusé moi même, je ne décline pas ma responsabilité, je l'accuse encore. Or, il peut se faire que, passant à l'état-major, j'aie signé cette pièce, mais, ceci est un souvenir précis: je suis parti immédiatement après: Je vous répète que je n'ai jamais attaché assez d'importance à M. Chenet pour m'occuper de lui ou de de son affaire. Il a compromis la sécurité de l'armée, j'ai dit qu'il était coupable, et je viens le prouver.

Mᶜ PORTE. — Le Conseil de guerre de Lyon a jugé autrement.

M. CHENET. — Ceci n'est pas une pièce ordinaire, quand un général met quelqu'un en accusation il dit : quelqu'un s'est rendu coupable de tel crime ou tel délit, mais il ne dit pas : *condamnez-le en toute liberté de conscience.* Le fait a été jugé à Lyon, et M. Bordone ne devait pas revenir sur ce fait.

M. BORDONE. — Ne nous égarons pas, où M. Chenet prend-il dans ma lettre les mots : *« Condamnez le en toute liberté de conscience ? »* la lettre dont on parle se termine ainsi : *« les faits accumulés sur la tête de l'accusé sont plus que suffisants pour éclairer votre religion, et vous permettre de prononcer un jugement en toute liberté de conscience. »* Il serait par trop commode de venir ici, en pleine audience, fausser les termes d'un écrit officiel.

M. LE PRÉSIDENT. — Voici encore un document qui porte la date du 13 décembre :

« Le chef d'état-major ayant donné l'ordre au lieutenant-colonel Chenet d'occuper avec sa troupe la position de Saint-Martin, en avant d'Autun, j'ai moi-même sanctionné cet ordre en informant un capitaine de ladite troupe de continuer l'occupation, de faire des meurtrières dans les murs et de défendre cette position.

» J'ai même, chemin faisant, rencontré la guérilla Marseillaise qui allait renforcer cette même position, et j'ai approuvé l'ordre qui avait été donné d'aller occuper Saint-Martin concurremment avec la guérilla d'Orient, commandée par le colonel Chenet. Ces faits se sont passés dans la matinée du 1er décembre, jour de la bataille sous Autun.

» Autun, le 13 décembre 1870.

» Signé : GARIBALDI. »

Me PORTE. — Enfin, voici les instructions données à la Cour martiale.

M. BORDONE. — La date à dû être remplie après coup.

Mᵉ PORTE. — Voici ce que vous dites :

« Còur martiale d'Autun.

» Vous prêtez serment de traduire et transmettre fidèlement à la Cour les dépositions qui vont être faites par les témoins de l'affaire, ainsi que la défense de l'accusé.

» Comment vous appelez-vous? Nom et prénoms? Votre âge? Le lieu de votre naissance? Votre profession antérieure?

» Etes-vous marié? Avec qui? Enfants?

» Votre domicile antérieur?

» Les noms, professions et domiciles de vos auteurs?

» Avez-vous eu des démêlés avec la justice?

» N'avez-vous pas subi jusqu'à ce jour de condamnation?

» Aux termes du décret de la République française du 2 octobre 1870 vous ne pouvez avoir de défenseur.

» On va vous donner lecture du rapport dressé contre vous. Ecoutez-le attentivement. Ensuite les témoins à charge seront entendus. Si vous avez des témoins à décharge ils seront ensuite entendus.

» Vous aurez la parole le dernier pour votre défense.

» Pour copie conforme :

» Le colonel, chef d'état-major général,

» *Signé* : BORDONE. »

M. BORDONE. — M. Gauckler est là; il était à Autun; il me suppléait pour beaucoup de choses lorsque j'étais absent; vous entendrez mon secrétaire : il vous dira si j'étais là, et si ces dépositions ne vous suffisent pas, vous trouverez dans le dossier la preuve matérielle que j'étais parti pour Lyon et Bordeaux.

Quant au dernier document dont on vient de vous

donner lecture et par lequel on cherche à prouver mon inimitié personnelle contre M. Chenet; en soulignant les mots : « Vous ne pouvez avoir de défenseur, » je dois faire observer à MM. les jurés que c'est une pièce qui fut expédiée plus tard à Bordeaux avec les dossiers complets de la Cour martiale, à propos de MM. Chenet et Devert, et sur la demande de M. le général de Loverdo, ainsi qu'on peut le voir dans ce registre copie-lettres. C'est une simple pièce de procédure que j'ai dû signer avec tant d'autres, avant l'expédition à Bordeaux des dossiers de ces deux affaires.

Ces arguments sont vraiment misérables.

M. LE PRÉSIDENT. — M. Gauckler faisait le service de chef d'état-major en l'absence de M. Bordone?

M. GAUCKLER. — Pas complétement.

M. LE PRÉSIDENT. — Vous souvenez-vous d'avoir été de service au 13 décembre?

M. GAUCKLER. — Je puis affirmer ceci : c'est que quand on a jugé M. Chenet, M. Bordone était absent.

M. LE PRÉSIDENT. — Ainsi, au moment de la condamnation du colonel Chenet, vos souvenirs vous permettent d'affirmer qu'il était absent?

M. GAUCKLER. — Oui, il est revenu peu de temps après.

Mᵉ FOREST. — M. Chenet a dit qu'il avait quitté le couvent Saint-Martin sur l'ordre de M. Bordone pour aller occuper une position en arrière d'Autun. Je désirerais savoir de M. Gauckler si les bois en arrière d'Autun n'étaient pas occupés par d'autres troupes que celles de M. Chenet, notamment par les mobilisés de Saône-et-Loire?

M. GAUCKLER. — Je sais que les mobilisés étaient en arrière d'Autun; maintenant, en avant d'Autun il y avait d'autres troupes, car le matin j'ai rencontré, à quatre kilomètres d'Autun, le commandant Tainturier qui, avec 80 hommes, gardait la route de Chagny. En revenant, nous avons reçu des balles dans la voiture, ce qui nous a prouvé que les Prussiens étaient à Saint-Martin.

M. LE PRÉSIDENT. — Est-ce que vous avez rencontré M. Chenet avec sa troupe?

M. GAUCKLER. — Non, Monsieur.

M. LE PRÉSIDENT. — Du tout?

M. GAUCKLER. — Non, je n'en ai aucun souvenir: j'étais en voiture avec plusieurs personnes.

M. LE PRÉSIDENT. — Enfin, vous saviez que tous les environs d'Autun étaient occupés militairement?

M. GAUCKLER. — Oui, ils devaient l'être; les ordres étaient donnés.

M. LE PRÉSIDENT. — Voici l'extrait de l'ordre du jour du 14 décembre 1870, qui a trait à la dégradation de M. Chenet et je constate que la signature Bordone ne s'y trouve pas :

« Autun, le 14 décembre 1870.

» Monsieur le général Bosak-Hauke, commandant la première brigade à Autun.

» Pour votre connaissance, j'ai l'honneur de vous transmettre la décision ci-incluse du général en chef de l'armée des Vosges, concernant le lieutenant-colonel Chenet.

» Veuillez, mon Général, agréer l'hommage de mon respect et de ma plus haute considération.

» Par ordre :

» Le sous-chef d'état-major,

» Signé : LOBBIA. »

Il me semble que si M. Bordone avait été présent le 14 décembre, il n'aurait pas laissé la signature à M. Lobbia.

M. BORDONE. — S'il reste le moindre doute dans votre esprit ou dans celui de MM. les jurés, je démontrerai mathématiquement que je n'étais pas à Autun.

Déposition de M. Williame.

WILLIAME, Alexandre, 53 ans, chef de bataillon du génie, en résidence à Lyon, officier de la légion d'honneur.

Mᵉ PORTE. — C'est un troisième juge, je tiens à ce que MM. les jurés le sachent.

M. LE PRÉSIDENT. — Vous étiez juge à la Cour martiale?

M. WILLIAME. — Oui, monsieur le président.

Mᵉ FOREST. — M. Williame commandait à la bataille d'Autun le 42ᵉ de mobiles de l'Aveyron; je le prie de raconter ce qu'il sait de la journée du 1ᵉʳ décembre.

M. WILLIAME. — Lorsque j'ai reçu l'ordre de me porter en avant d'Autun sur la route d'Arnay-le-Duc, on m'a dit : Vous n'avez rien à craindre, la position en avant est gardée par la guérilla d'Orient. Je me suis avancé avec confiance et lorsque je suis arrivé à une certaine distance, j'ai reçu l'ordre de m'arrêter. J'ai voulu prendre connaissance des positions, savoir si elles étaient bien occupées, je me suis beaucoup exposé car je suis allé peut-être à 50 mètres des Prussiens qui couronnaient déjà les hauteurs. J'ai demandé alors à un paysan s'il n'y avait personne en avant et il m'a dit, non, nous n'avons rien vu, j'ai ajouté, le couvent qui est là est-il occupé? — Il n'y a personne. — Mais il doit y avoir des troupes? Il répondit non, il n'y a personne. Au moment où il disait cela, un chef d'escadron dont j'ignore le nom, est venu me dire de faire demi-tour et de me reporter à la droite. J'ai fait demi-tour, il y avait à peine 5 minutes que je marchais lorsque le canon prussien nous a tiré dessus.

M. LE PRÉSIDENT. — Le fait est connu. M. Chenet n'était pas au couvent Saint-Martin, à partir de 10 heures, du matin; mais il s'agit de savoir dans quelles conditions il a quitté le poste? En savez-vous quelque chose?

M. WILLIAME. — Mon Dieu, militairement parlant, le poste Saint-Martin était confié au colonel Chenet, il aurait dû le garder.

M. LE PRÉSIDENT. — A moins qu'il n'ait demandé et obtenu l'autorisation de se retirer?

M. WILLIAME. — Du moment que le chef dit : Vous pouvez vous retirer. Mais dans cette affaire...

M. LE PRÉSIDENT. — Savez-vous, personnellement, si l'ordre d'occuper le couvent a été retiré ou maintenu.

M. WILLIAME. — Je n'ai jamais entendu dire que l'ordre eût été retiré, attendu que j'y suis allé et que je comptais sur la présence de M. Chenet en avant de moi, et j'aurais été pris, si j'étais allé au couvent, avec tout le régiment que je commandais, si je n'avais pas pris certaines précautions.

M. LE PRÉSIDENT. — Je ne vous apprends sans doute pas que M. Chenet affirme avoir envoyé le capitaine Gandoulf à l'état-major et avoir reçu de celui-ci l'ordre verbal d'abandonner la position?

M. WILLIAME. — Cette question a déjà été agitée lors du Conseil de guerre; il n'y a pas eu de preuve, et pour ma part j'ai été convaincu que cela n'avait pas eu lieu. Je ne puis pas parler des autres, je ne parle que de moi.

Mᵉ FOREST. — M. Williame dans sa déposition a dit qu'il était allé avec la plus grande confiance du côté du poste Saint-Martin, parce qu'on lui avait dit qu'il était occupé par M. Chenet. Qui l'avait prévenu que le poste était occupé?

M. WILLIAME. — Mon Dieu, tout le monde le savait, le service du jour l'indiquait, c'est-à-dire les ordres donnés au rapport, et ensuite quand on est venu me chercher avec mes hommes dans la cour du petit séminaire, quand on est venu me dire : vous allez vous porter là, c'est un officier d'état-major, je ne me rappelle pas lequel, qui m'a dit : Vous êtes gardé en avant.

M. LE PRÉSIDENT. — A quelle heure?

M. WILLIAME. — Il était midi juste quand je suis parti.

M. LE PRÉSIDENT. — Dans la direction du couvent?

M. WILLIAME. — Oui.

Mᵉ FOREST. — MM. les jurés comprennent bien l'im-

portance de cette déposition ; M. Chenet prétend qu'il a
obtenu du général Bordone l'ordre de quitter le couvent Saint-Martin, et à onze heures et demie ou midi,
un officier d'état-major dit au commandant Williame :
Vous pouvez aller en toute sécurité au couvent Saint-
Martin, il est occupé par la guérilla d'Orient. Donc,
aucun ordre de quitter ce poste, n'était parti de l'état-
major.

M. CHENET. — Je le nie de la manière la plus formelle, et le Conseil de guerre...

M. WILLIAME. — Le Conseil de guerre, ou du moins
moi, personnellement, j'étais convaincu de cela.

M. CHENET. — Oh ! Je ne parle pas de la Cour martiale ; je parle du Conseil de guerre de Lyon. A 11 heures du matin, on savait que le couvent n'était plus occupé. mettons qu'il fût midi, et on n'a pas fait occuper la position ? et on n'a pas prévenu l'état-major ?
D'ailleurs, le couvent Saint-Martin n'était pas une position et n'a jamais été une position.

M. WILLIAME. — La preuve que c'était une position,
c'est que le couvent à été fortifié 24 heures après.

M. LE PRÉSIDENT. — Ceci appartient à la discussion.

Mᵉ FOREST. — M. Chenet disait tout à l'heure : comment se fait-il qu'on n'ait pas envoyé des troupes ? Il
oublie que lorsque M. Williame est arrivé au couvent
Saint-Martin, il était déjà occupé par les Prussiens.

M. CHENET. — Mais non !

M. WILLIAME. — Voulez-vous me permettre ; je ne suis
pas allé jusqu'au couvent Saint-Martin, j'étais sur la droite, dans un petit chemin. Mais là, j'ai su par un paysan
que j'ai interrogé, que le couvent n'était plus occupé ;
les Prussiens n'y étaient pas alors, mais ils n'en étaient
pas très éloignés, attendu que j'ai à peine eu le temps
de parcourir 500 mètres avant de recevoir leurs boulets.

M. LE PRÉSIDENT. — C'est vers midi qu'un paysan
vous a informé ?

M. WILLIAME. — C'est peut-être un peu avant midi.

M. LE PRÉSIDENT. — Les Prussiens sont arrivés une
heure après ?

M. WILLIAME. — Oh ! pas autant que ça, un quart d'heure
vingt minutes au plus.

M. LE PRÉSIDENT. — En sorte qu'il n'était plus temps d'envoyer du monde ?

M. WILLIAME. —Non, on ne pouvait plus le faire.

M. LE PRÉSIDENT. — Maintenant, vous qui vous y connaissez, pouvez-vous dire si le corps de M. Chenet a pu s'éloigner sans que l'éveil ait été donné ?

M. WILLIAME. — Le pays est excessivement couvert, la forêt est très près et pour arriver au point où je suis allé, le chemin que j'ai suivi est complétement couvert; on ne voit rien. J'ai dû prendre la route qu'a prise M. Chenet, mais enfin pour aller de Saint-Martin vers la gorge qui se trouve à droite, il y a un chemin couvert.

M. LE PRÉSIDENT. — Vers le Creuzot ?

Mᵉ FOREST. — Du côté de Mont-Cenis ?

M. WILLIAME. — Le pays est couvert, on peut s'en aller sans être aperçu à une certaine distance.

Mᵉ FOREST. — Je voudrais savoir encore si la pensée du témoin est que l'état-major s'est laissé surprendre dans Autun, en dehors, bien entendu, de la surprise causée par la guérilla qui avait quitté le poste?

M. WILLIAME. — On comptait bien que les Prussiens viendraient, seulement, on comptait aussi que la position était gardée.

M. LE PRÉSIDENT. — Les autres positions étaient-elles gardées?

M. WILLIAME. — Mais il n'y avait pas d'autre position à garder pour le moment, c'était la seule position stratégique à garder, on savait que les Prussiens ne viendraient pas par ailleurs, *ils ne pouvaient pas tourner Autun.*

M. L'AVOCAT GÉNÉRAL. — Cependant un autre témoin disait qu'on avait été surpris par les Prussiens (1).

M. WILLIAME. — Sans doute, on a été surpris ; si la position avait été gardée on n'aurait pas été surpris.

M. LE PRÉSIDENT. — On a été surpris de ce que les Prussiens arrivaient de ce côté là?

M. WILLIAME. — Nullement; c'est la route directe, monsieur le Président.

(1) De la bouche de quel témoin M. l'avocat impérial Benoît a-t-il entendu cette déclaration?

5

M. CHENET. — Voilà le plan d'Autun ; pour arriver au couvent, il faut traverser une rivière facile à défendre ; il y a un autre bras de rivière, un chemin de fer, puis arrive enfin un rond-point, des maisons et le couvent Saint-Martin. Or, voilà une grande position stratégique sans troupes en avant pour observer le terrain ; voilà un colonel qu'on *colle* dans une caserne et on ne lui dit pas : tu vas placer une garde !

M. WILLIAME. — Mais il n'y a pas lieu de le lui dire, un colonel doit le savoir !

M. CHENET. — Et le général chef d'état-major doit donner des ordres ; quand on est en rase campagne, on se garde, mais dans l'intérieur d'une ville, on attend qu'on vous garde ou qu'on dise de se garder. C'est un militaire qui parle ici !

M. LE PRÉSIDENT — M. Chenet dit que la position de Saint-Martin était un casernement, que les officiers habitaient en ville pendant que les hommes étaient casernés dans le couvent ?

M. WILLIAME. — Il est possible que le colonel Chenet ait autorisé ses officiers à coucher à Autun ; il n'est malheureusement que trop à regretter que pendant cette dernière campagne beaucoup d'officiers n'aient jamais compris la mission qui leur avait été confiée, au lieu de rester avec les hommes ils les abandonnaient à eux-mêmes, ils les laissaient au camp et allaient coucher dans de bons appartements, tandis que leurs soldats étaient couchés sur la dure. C'est très regrettable.

M. CHENET. — Mes officiers, je les envoyais au restaurant manger et moi je cassais une croûte avec les soldats. Je sais ce qu'on veut dire, on veut encore attaquer une femme !

M. WILLIAME. — Il ne s'agit pas de femme.

M. CHENET. — Elle m'a suivie ; dans une ambulance, elle a soigné 45 blessés ; eh bien, voyons, un peu de pitié pour une femme ! On dit que les officiers ne connaissaient pas leurs devoirs ; il y a peu d'officiers qui aient fait leur devoir pour les troupes comme moi ; M. Delpech est là pour le dire : on ne m'a jamais vu ni au cabaret ni au café, ni nulle part ; avec ma troupe, c'est toujours moi qu'on trouvait.

M. WILLIAME. — Si M. le président veut bien me permettre une observation, le 23, on s'est plaint de
ce que la guérilla d'Orient dévalisait une église; j'ai
été chargé par ordre de la place d'investir cette église;
et d'empêcher qu'on enlevât ce qu'il y avait dedans.
Je n'ai trouvé aucun officier en arrivant là; ce n'est
qu'après bien des recherches que j'ai pu metttre la
main sur un officier qu'on a été obligé d'aller chercher
à son logement. Je ne sais pas si on a trouvé M. Chenet,
toujours est-il qu'au bout d'une heure d'occupation
on m'a dit de m'en aller. Ainsi, quand M. Chenet prétend qu'il logeait avec ses hommes, c'est complétement faux.

M. CHENET. — A quel endroit était-ce?

M. WILLIAME. — A l'église Saint-Jean.

M. CHENET. — Dans quel mois?

M. WILLIAME. — Novembre, le 23 novembre.

M. CHENET. — Je suis arrivé le 28 novembre (1); le
23, ce n'est pas la guérilla d'Orient qui a dévalisé. On
n'avait pas trouvé Chenet! mais il était toujours là, il
était le chien de garde de son bataillon.

M. LE PRÉSIDENT. — A moins que le colonel ne soit
allé deux fois à Autun, il paraît certain qu'il n'y est arrivé que la veille du 30 novembre.

M. FOREST. — Le fait est certain; il y a seulement
une erreur de date. Je voudrais adresser une dernière
question au témoin : M. Chenet répète bien souvent
qu'il est militaire; nous avons ici un témoin qui commandait les mobiles de l'Aveyron, je voudrais savoir
s'il n'était pas militaire et s'il peut parler sciemment de
son métier?

M. WILLIAME. — J'ai 32 ans de service.

M. FOREST. — Dans le génie?

M. WILLIAME. — J'étais capitaine de génie, avant la
guerre de 1870-71.

(1) Voir plus haut la discussion élevée entre MM. Chenet et
Delpech à propos du moment précis de l'arrivée de la guérilla
d'Orient à l'armée des Vosges.

Déposition de M. Ordinaire.

ORDINAIRE, François-Pierre, représentant du peuple.

M. FOREST. — La déposition du témoin est très important. Il était officier d'état-major à l'armée des Vosges et secrétaire de M. Bordone. Vous avez entendu parler souvent de M. Gandoulf, le capitaine qui aurait été chargé d'aller demander à l'état-major l'autorisation de quitter le poste Saint-Martin pour M. Chenet : le témoin peut-il dire à la Cour s'il a vu M. Gandoulf dans la matinée du 1er décembre et si M. Bordone a donné l'ordre de quitter le couvent ?

M. ORDINAIRE. — Je ne connais pas M. Gandoulf; je ne l'ai jamais vu. Je n'ai pas quitté le bureau de l'état-major dans la matinée du 1er décembre, jour de l'attaque d'Autun, et on n'a pas donné l'ordre de quitter le couvent. Il n'a été, je puis l'affirmer, donné aucun ordre à ce sujet, et j'en suis d'autant plus certain, que j'avais l'habitude d'écrire ces ordres sous la dictée du général, et que lorsqu'il y avait un ordre verbal à donner, c'est habituellement moi qu'on choisissait, parce que j'étais connu des chefs de corps. J'ai donné un ordre verbal un jour, le 26 novembre ; M. Bordone m'avait envoyé avertir le colonel Delpech de se placer à Pasques, et c'est là pour la première fois que j'ai vu M. Chenet. Cet ordre a été exécuté. Personne à l'état-major n'a jamais donné un ordre verbal, que moi, sur l'invitation du général Bordone, et l'ordre dont il est question n'a pas été donné à M. Chenet.

M. LE PRÉSIDENT. — M. Gandoulf prétend-il s'être trouvé avec M. Ordinaire ?

M. FOREST. — On le désigne parfaitement dans le livre Middleton.

M. LE PRÉSIDENT. — Il n'y a pas d'autre question ?

Me FOREST. — Le témoin pourrait peut-être donner quelques explications sur l'ensemble des affaires. M. Bordone me charge de lui demander si le jour de la réunion de la Cour martiale pour l'affaire Chenet, il était à Autun ?

M. ORDINAIRE. — Oui monsieur, j'ai même assisté à la séance du Conseil de guerre.

M. LE PRÉSIDENT. — Et M. Bordone?

M. ORDINAIRE. — Non, il n'y était pas, il était à Lyon; il a été huit jours absent d'Autun.

M. LE PRÉSIDENT. — Pourriez-vous expliquer comment nous avions tout à l'heure un document signé à la date du 13 décembre, jour du jugement?

M. ORDINAIRE. — Je ne sais pas, je ne me rappelle pas quelle est la date à laquelle a été jugé M. Chenet.

M. LE PRÉSIDENT. — C'est le 13 décembre, voilà un document qui émane de M. Bordone, à la date d'Autun, 13 décembre.

M. ORDINAIRE. — Evidemment, il y a une erreur, car je vous certifie que M. Bordone n'était pas à Autun, il était à Lyon dans le moment, il y a une erreur.

M. LE PRÉSIDENT. — C'est une lettre qui appartient au Conseil de guerre de Lyon.

Mᵉ FOREST. — Toutes les lettres ont été copiées, il y a un livre-copie de lettres auquel on se reportera.

M. BORDONE. — On saura aussi le temps, la durée et la raison de cette absence, car tout ce qui a été écrit à l'état-major est sur le registre-copie de lettres, que ce soit un ordre, une dépêche, un ordre de marche ou un ordre de combat. Il n'y a aucun document qui puisse être absent de nos archives, car nous avons eu le bonheur de n'être jamais battus et de n'en avoir perdu aucun.

Déposition de M. Marie.

MARIE (Armand), 36 ans, capitaine au 7ᵉ chasseur à cheval.

Mᵉ FOREST. — En dehors de ce que le témoin pourra dire de la journée du 1ᵉʳ décembre, n'a-t-il pas été, vers onze heures, chargé de faire une reconnaissance, et ne lui a-t-on pas dit, à l'état-major, qu'il pouvait aller sans crainte jusqu'au couvent Saint-Martin, qui était gardé?

M. MARIE. — Vers midi et demi, on me fit appeler au quartier-général. Le chef d'état-major me donna l'ordre de faire une reconnaissance sur la route qu'on m'indiqua, disant qu'on surveillait les Prussiens. On me fit observer, sur la carte, le chemin que j'avais à suivre. Je fis mon *topo*. On me dit que je n'avais rien à craindre jusqu'au couvent, attendu qu'il était occupé par la guérilla d'Orient. Je ne fis charger les carabines de mes hommes qu'au dehors d'Autun. Mais j'avais à peine fait 200 mètres en dehors de la ville, que trois coups de canon, partant du chemin de fer, vinrent passer sur ma tête. Je fis arrêter la colonne, et je me lançai en avant. A 200 mètres, je reçus une décharge de l'infanterie qui venait prendre position en marchant et en passant le talus du chemin de fer.

M. LE PRÉSIDENT. — Etes-vous arrivé à la hauteur du couvent Saint-Martin?

M. MARIE. — Non, pas tout à fait, l'infanterie prussienne s'avançait en se masquant derrière les maisons.

M. LE PRÉSIDENT. — Et on vous a dit que le couvent était gardé par la guérilla d'Orient?

M. MARIE. — Oui, que nous avions nos avant-postes là.

M. FOREST. — Pouvez-vous désigner l'officier d'état-major qui vous a donné cette assurance?

Mᶜ MARIE. — C'est le général Bordone lui-même qui me fit remarquer le chemin et me donna l'ordre.

M. FOREST. — A cette heure, il vous faisait remarquer que vous pouviez aller jusque là, que le couvent était occupé?

M. MARIE. — Oui, monsieur.

M. CHENET. — Je voudrais bien qu'on me dit si un militaire recevant l'ordre d'occuper le couvent Saint-Martin n'enverrait pas une reconnaissance en dehors pour s'éclairer, mais ce couvent est dans l'intérieur d'Autun entre le faubourg et la ville. Est-ce qu'on a considéré le couvent Saint-Martin comme un point extérieur?

M. MARIE. — Ceci est en dehors de mon affaire.

M. CHENET. — C'est une question militaire que je vous pose; à l'armée des Vosges c'est votre escadron qui était la seule cavalerie de l'armée?

M. MARIE. — Oui.

M. CHENET. — Ainsi, voilà une armée qui a un escadron et il ne reçoit l'ordre de faire une reconnaissance au moyen d'éclaireurs qu'à midi et demi ! Vous n'aviez pas d'hommes détachés avant ?

M. MARIE. — Je vous demande pardon ; il y avait eu déjà deux reconnaissances dans la matinée.

M. CHENET. — Mais sur la route d'Arnay-le-Duc ?

M. MARIE. — Ah ! Je ne pourrais préciser.

M. CHENET. — Moi, je ne vous cache pas que dans ma conviction je disais : on fera une fausse attaque par Arnay, et on viendra attaquer Autun par les hauteurs en tournant les bois, parce que, longeant le flanc droit d'Autun, il y a un ravin profond et pas de surprise possible.

M. LE PRÉSIDENT. — C'est encore de la discussion. Avez-vous quelque chose à demander au témoin ?

UN JURÉ. — Quel grade M. Chenet avait-il avant la guerre ?

M. CHENET. — Lieutenant-colonel.

M. LE PRÉSIDENT. — Avant la campagne ?

M. BORDONE. — Sous-lieutenant.

M. PORTE. — Est-ce que ses états de service ne sont pas imprimés quelque part ?

M. BORDONE. — Il a été sous-lieutenant de cuirassiers et a donné sa démission.

M. CHENET. — Pardon, ne parlez pas comme çà ; je suis poli à votre égard, je demande que vous le soyiez aussi.

M. BORDONE. — Je vais vous répondre...

M. LE PRÉSIDENT. — Voici la page où sont les états de service.

M. PORTE. — Le colonel s'est engagé à l'âge de 18 ans.

« 9e régim. de cuirass.

	Engagé volont.	22	mai 1848.
—	Cuirassier.	22	mai 1848.
	Brigadier.	24	août 1849.
	Brigad.-fourr.	16	juin 1850.
—	Mar.-des-log.-four.	24	août 1851.
	Mar.-des-log.-chef.	31	mai 1854.
—	Adjudant.	27	juillet 1855.
—	Sous-lieutenant.	4	sept. 1855.

2ᵉ rég. de cuir. la gar. Sous-lieutenant. 20 juin 1856.
— S-lieut.-porte-aigle 15 déc. 1858.
— Démissionnaire. 8 avril 1865.

SERVICES MEXICAINS.

Escad. d'Ixunquilban. Lieutenant. 8 déc. 1865.
Gendarm. imp. (2ᵉ c). Cap. organ^r. 25 mars 1866.
— Chef d'escadron, 24 janv. 1867.
Contre-Guérilla française, Chenet, ch. d'es.
ch. de corps. 7 mars 1867.
— L.-Colonel. ch. de cor. 15 juin 1867.

SERVICES FRANÇAIS.

Guérilla française d'Orient. Lieut.-col. 5 oct. 1870.
— Licencié. 30 mars 1871.

CAMPAGNES.

En Orient, du 9 juin 1854-55 au 1ᵉʳ juin 1856 (1).
A reçu la médaille de S. M. la reine d'Angleterre.
En Italie, du 23 mai au 7 août 1859.
A reçu la médaille d'Italie,
Au Mexique, du 8 décembre 1865-66, au 1ᵉʳ octobre 1867.
Campagne de France, 1870-71, à l'armée des Vosges.»

M. LE PRÉSIDENT. — Démissionnaire comme lieutenant?

M. BORDONE. — Comme sous-lieutenant.

Mᵉ PORTE. — Et on a fait remarquer au Conseil de guerre de Lyon que, pour arriver aussi promptement à un grade important, il avait fallu une vie exemplaire. Il a fait ensuite la guerre au Mexique, et a été nommé lieutenant-colonel par Maximilien.

M. CHENET. — J'ai été nommé lieutenant après dix ans de grade de sous-lieutenant. Lieutenant au Mexique; après une affaire, j'ai été nommé capitaine organisateur de la gendarmerie mexicaine; je suis resté ainsi deux ans. et j'ai été nommé chef d'escadron de gendarmerie. A la fin de la campagne, j'ai été nommé lieutenant-colonel sur le champ de bataille, et je suis venu dans ces conditions à l'armée des Vosges.

(1) *Nous n'avions pas appris jusqu'ici que l'on eût envoyé en Crimée des régiments de cuirassiers. Enfin !*

M. BORDONE. — Si M. le Président et MM. les jurés désirent être éclairés, cela est possible. Il ne m'appartient pas de compléter ces renseignements verbaux qui fourmillent d'erreurs, mais il y a à Versailles un colonel de gendarmerie qui n'a de commun que le nom avec M. Chenet, et qui a trouvé que c'était encore trop ; il a pris des renseignements afin de se mettre à l'abri de la réputation un peu par trop douteuse de M. Chenet. On pourra le consulter au besoin. — M. Chenet a quitté l'armée française, non comme lieutenant, mais comme sous-lieutenant. Il était le premier ou le second à passer lieutenant, lorsqu'il a été obligé de donner sa démission, et, s'il faut dire pourquoi il a quitté son corps, nous le dirons. M. le Président, MM. les jurés, ou M. Chenet lui-même n'ont qu'à parler, je suis prêt, mais je ne veux pas m'exposer ici à parler sans qu'on me le demande. (M. Chenet se tait. Sensation.)

M. LE PRÉSIDENT. — Dans les états de service, nous trouvons, en effet, que M. Chenet a quitté l'armée française avec son grade de sous-lieutenant porte-aigle ; il a été promu à ce grade le 15 décembre 1858 ; il a été démissionnaire en 1865.

Mᵉ PORTE. — Voici ce que disait le commandant au Conseil de guerre : « Vous qui avez compté les grades par les services, qui n'avez été improvisé ni généraux ni colonels, vous savez quelle conduite exemplaire a dû suivre celui qui, en temps de paix, parvenait à l'épaulette dans un temps aussi court (1). » Moi, je ne demande rien que cette attestation ; je ne fais pas d'inquisition.

M. BORDONE. — Vous avez tort, il faut en faire, je suis prêt à vous répondre ; je n'attendrai pas d'ailleurs, j'irai au-devant de vos recherches sur mon passé.

Déposition de M. Corthier

CORTHIER (Charles-Marie-Anatole), 36 ans, propriétaire. chevalier de la Légion d'honneur.

(1) Le temps que M. Chenet a mis à passer sous-lieutenant s'est écoulé entre le 22 mai 1848 et le 4 septembre 1855, dans un régiment de cuirassiers.

Mᵉ FOREST. — M. Corthier est un ancien officier, il était officier d'état-major à l'armée des Vosges, voudrait-il nous faire savoir ce qu'a dit le général Garibaldi à propos du couvent Saint-Martin?

M. CORTHIER. — Je suis allé à sept heures et demie au quartier-général pour assister au rapport, et vers huit heures et demie le général Garibaldi est revenu d'une reconnaissance à Saint-Martin. Là, il a fait appeler le commandant du génie, en lui disant : Vous allez envoyer des ouvriers pour continuer à créneler les murs de Saint-Martin. Après ces paroles, je suis descendu du côté de Saint-Martin, où j'avais des hommes et des chevaux et j'ai vu un mouvement qui s'opérait dans la guérilla d'Orient. Je ne me suis pas rendu compte de ce qui s'y faisait; après j'ai été convaincu qu'elle commençait à déguerpir, à fuir son poste. À onze heures et demie ou midi, les Prussiens ont commencé à nous attaquer; je me suis rendu à l'état-major, le général Bordone m'a ordonné de monter avec le général Garibaldi sur les côteaux qui dominent la situation, et de revenir lui dire immédiatement ce qui se passait. Lorsque je suis arrivé près de Garibaldi, il a levé les mains en l'air en disant : « *C'est trop fort, que la guérilla d'Orient ne soit plus là? Les Prussiens la remplacent; où est-elle passée?* » Voilà ses paroles. Là-dessus, je suis descendu à l'état-major pour rendre compte,

M. LE PRÉSIDENT. — Savez-vous si dans le cabinet du chef d'état-major on n'aurait pas donné un contre ordre à la guérilla d'Orient qui occupait le couvent?

M. CORTHIER. — Jamais! jamais! Nous sommes tous restés à notre poste jusqu'à la fin, et il n'y a eu que cette guérilla qui a lâché pied. J'ajouterai que le commandant de la guérilla d'Orient s'est permis de dire en parlant de M. Delpech : « *Ce couillon là m'attend de ce côté, je fiche mon camp de l'autre.* »

M. CHENET. — Je suis trop bien élevé pour tenir un pareil langage! (Rires.)

M. CORTHIER. — Ce sont des officiers de la guérilla d'Orient qui ont répété ce propos.

M. LE PRÉSIDENT. — Avez-vous vu M. Bordone ce jour-là?

M. CORTHIER. — Je l'ai vu cinq ou six fois sur la place d'Autun où pleuvaient les obus.

M. LE PRÉSIDENT. — Il n'a révoqué aucun ordre?

M. CORTHIER. — Non, jamais; il est resté sur la place d'Autun où l'armée arrivait; je suis venu cinq ou six fois prendre ses ordres; ceux qu'il m'a donnés étaient de tenir, et nous avons tenu bon jusqu'à la fin.

Mᵉ FOREST. — Dans le livre Middleton, on accuse M. Bordone d'avoir vendu des chevaux; on va même plus loin, on ajoute qu'après les avoir vendus à un marchand de chevaux, il les a revendus à un autre, pour en recevoir une seconde fois le prix. Vous faisiez partie, je crois, de la commission de remonte, et le service des chevaux de l'état-major vous était confié. Est-il jamais arrivé à votre connaissance que M. Bordone ait vendu des chevaux?

M. CORTHIER. — Non, monsieur, jamais; j'ai seulement été chargé d'une vente par M. Delpech, qui commandait les bataillons de l'Égalité de Marseille. Il y avait à peu près 40 ou 50 chevaux hors de service; il me dit : Voulez-vous me rendre un service d'ami, me vendre des chevaux? Il vint un marchand de Mâcon qui s'entendit avec moi; nous fîmes le décompte des chevaux. Je ne me rappelle plus du chiffre, et ce marchand comta l'argent à M. Delpech. Voilà comment ces quarante chevaux ont été vendus; ce sont les seuls, et le marchand est ici. Ils ont été vendus pour le compte de la guérilla de Marseille et du bataillon de l'Égalité.

Déposition de M. Ollive.

OLLIVE, 42 ans, inspecteur de police à Toulon.

Mᵉ FOREST. — M. Ollive, qui a été officier de la guérilla d'Orient, veut-il dire ce qu'il sait du départ de M. Chenet de Saint-Martin; si la troupe elle-même n'a pas protesté contre ce départ, si des officiers et des soldats n'ont pas été jusqu'à manifester à M. Chenet que l'action qu'il commettait à ce moment-là était une action blâmable?

M. OLLIVE. — Le 1er décembre, nous étions logés au couvent Saint-Martin, à Autun. J'étais de semaine et je couchais au couvent. Je partis de là pour aller chez moi à huit heures du matin ; sur la route, j'ai rencontré le colonel Chenet avec deux mulets chargés, puis Mme Chenet venait ensuite. Il me dit : Où allez-vous ? Je dis : Je viens du couvent et je me rends chez moi pour me débarbouiller et déjeûner. Il me dit : nous partons de suite, rentrez ! Allez vite et revenez ! Je reviens un quart d'heure après, arrivé à la grille, le sergent me dit : on vous demande au rapport ! Je vis là M. Chenet tenant une carte du département. Tout à coup, il dit : « *Messieurs, hâtons-nous, si nous restons ici un peu plus nous sommes chopés ! Partons vite.* » Alors chacun était à se demander pourquoi, mais nous n'avions qu'à obéir à l'ordre donné, et il nous répéta encore d'avoir à nous hâter. Les officiers se rendirent à leurs compagnies, les hommes mirent sac au dos et descendirent dans la cour ; on n'a même pas eu le temps de faire l'appel ni de compter le bataillon : on fit par le flanc droit, et les hommes se trouvèrent placés comme ils purent ; on se remit un peu en place en route. A la route du Creuzot, le capitaine adjudant-major m'appela et me dit : « *Ollive, comprenez-vous le mouvement que nous faisons-là ?* — Vous m'adressez une drôle de question, répondis-je, je ne connais pas les ordres qui ont été donnés ; je ne fais qu'obéir ; je ne sais pas de quoi il s'agit ; on me dit de partir, je ne sais pas où nous allons. — Il me dit : *Nous nous exposons à de grands désagréments ; nous avons l'ordre de rester au couvent, et nous le quittons.* J'ai répondu : puisque vous le savez, pourquoi n'allez-vous pas le lui dire ? — *Je le sais, me dit-il, mais il serait dans le cas de me brûler la cervelle tant il est surexcité !* J'ai ajouté : que voulez-vous que je dise ? »

La droite allongeait tellement la marche, que moi qui commandais la compagnie de gauche, j'avais peine à suivre. J'ai fait dire au colonel qu'il veuille bien ralentir la marche car nous ne sommes pas en marche, nous sommes en débandade, nous ne pouvons pas suivre. Alors le capitaine revint en disant : Chenet m'a reçu comme un chien dans un jeu de quilles, il a déclaré que cela ne me regardait pas, que je n'avais pas d'observations à faire ! Nous faisons 14 kilomètres dans cette allure, 13 ou 14 ; je ne crois pas me tromper : Nous arrivons dans un endroit où il y avait deux ou trois maisons ; chemin faisant, les hommes disaient : « Si nous avions eu le temps, nous aurions cherché du pain, mais on nous fait partir sans rien prendre. On a été obligé de s'en procurer comme on a pu. Voilà tout ce que puis dire pour cette affaire.

M. LE PRÉSIDENT. — Les hommes avaient-ils des munitions en quantité suffisante ?

M. OLLIVE. — Oui, ils avaient encore des cartouches, une moyenne de 15 ou 20 par homme.

M. LE PRÉSIDENT. — N'y en avait-il pas de mouillées ?

M. OLLIVE. — Non, il n'avait pas plu depuis le 27 novembre.

M. LE PRÉSIDENT. — Dans quel état étaient les chaussures ?

M. OLLIVE. — Elles étaient comme toutes les chaussures des autres corps ; ils n'étaient pas plus heureux que nous : quelques-uns étaient mal chaussés.

Mᵉ FOREST. — Je voudrais demander au témoin si M. le lieutenant-colonel Chenet aurait pu avoir des munitions à Autun, s'il en avait demandé au directeur de l'artillerie, par exemple ?

M. OLLIVE. — Je ne sais même pas s'il a demandé des munitions ; s'il en avait demandé je crois qu'on lui en eût fourni, attendu que nous avions un poste assez important.

Mᵉ FOREST. — Vous avez dit que la marche ressemblait à une véritable débandade, et que vous avez fait au pas de course 14 kilomètres ?

M. OLLIVE. — Oui, monsieur.

Mᵉ FOREST. — Je voudrais savoir où la guérilla s'est véritablement arrêtée, et si, en s'arrêtant elle a pris un poste de combat.

M. OLLIVE. — On ne s'arrêta pas du tout ; quel poste avions-nous à prendre ? Nous étions sur la route comme un troupeau de moutons.

Mᵉ FOREST. — Si j'insiste, c'est parce que M. Chenet

a répété plusieurs fois qu'il avait quitté le couvent Saint-Martin pour aller prendre une position en arrière, dans les bois d'Autun.

M. OLLIVE. — Je n'ai entendu parler, dans ce mouvement, que d'aller vite, d'aller vite, de battre en retraite vivement. Je n'ai pas entendu parler d'aller prendre un poste de combat! (Hilarité générale.) Nous n'avions pas de poste de combat à prendre, puisque nous tournions le dos à l'ennemi. (Nouveaux rires.)

M. CHENET. — Le témoin s'exprime trop bien, avec trop de passion, pour que je relève un seul point de sa déposition. Je veux seulement dire que M. Ollive, pour parler ainsi, est un ingrat! M. Ollive est arrivé chez moi sergent...

M. OLLIVE. — Simple soldat, mon colonel.

M. CHENET. — Monsieur, je ne vous l'ai pas demandé, veuillez me laisser parler, vous me reprendrez après. (Rumeurs.) Comme ancien sous-officier, je l'ai nommé sergent. Il a très bien fait son métier, j'étais content de lui; il était instructeur. On a formé une nouvelle compagnie, je l'ai nommé adjudant; il faisait parfaitement son service, j'étais très content de lui. On forme une 4ᵉ compagnie, je le fais nommer sous-lieutenant; il va très bien, il était seul à cette compagnie qu'il a très bien organisée; je le nomme lieutenant, tout cela dans l'espace de huit jours; le dixième jour il fallait un capitaine, je nommai M. Ollive capitaine. Dans huit jours j'ai fait M. Ollive, depuis sous-officier, capitaine. *Merci, M. Ollive, vous êtes reconnaissant, j'espère que le jury appréciera votre déposition.* (Rires.)

M. OLLIVE. — Voulez-vous me permettre de répondre? J'ai beaucoup de reconnaissance au colonel Chenet de ce qu'il a fait pour moi, je lui dois beaucoup, mais je dois aussi à moi-même de dire la vérité; ce que j'ai eu je l'ai gagné.

Déposition de M. Belloc.

Belloc, 31 ans, commerçant à Bordeaux.

M^e forest. — Nous voudrions savoir de M. Belloc qui était officier de la guérilla d'Orient et secrétaire de M. Chenet, à quelle heure celui-ci a fait préparer le départ du couvent Saint-Martin?

M. belloc. — On est venu m'avertir chez moi vers sept heures et demie du matin, et nous avons quitté le couvent entre neuf et dix heures au plus tard.

M. le président. — Et déjà à sept heures du matin on vous avait averti que vous aviez à préparer votre départ?

M. belloc. — Oui, monsieur.

M. le président. — Les mulets étaient-ils chargés?

M. belloc. — A ce moment là, on venait me chercher pour que je charge les mulets avec la correspondance; le trésorier était alors parti pour aller chercher de l'argent pour solder la troupe. J'ai moi-même pris ses comptes, ou du moins ce qui restait sur la table, car j'étais logé avec lui, et je l'ai mis dans des caisses qu'on a pris pour emporter sur les mulets. Il était environ huit heures lorsqu'on a eu fini de les charger.

M. le président. — Aviez-vous des munitions?

M. belloc. — Autant que je sais, les hommes devaient avoir 30 cartouches en moyenne dans leurs gibernes.

M^e forest. — M. Chenet avait-il reçu du général Garibaldi l'ordre de résister au couvent Saint-Martin?

M. belloc. — Je n'en sais rien par moi-même, seulement, je sais un fait qui m'a été rapporté plus tard; je sais que M. de Saulcy a dit à M. Ollive, qu'on avait l'ordre de résister et cela au moment où nous avions quitté le couvent et où nous étions en marche.

M. le président. — N'avez vous pas su que le général Garibaldi était venu le 1er, dans la matinée, au couvent?

M. belloc. — Je ne l'ai su que plus tard; je n'étais pas présent.

M. LE PRÉSIDENT. — Le témoin précédent, M. Ollive, était-il présent ?

M. BELLOC. — Je n'en sais rien.

M. LE PRÉSIDENT. — M. Ollive, étiez-vous présent ?

M. OLLIVE. — Non Monsieur, il n'y a que le témoin qui vient après M. Belloc.

Me FOREST. — Est-ce que M. Chenet n'a pas dit au témoin, sur une observation qu'il lui a faite probablement : *Il faut filer ; l'ennemi arrive. Garibaldi et son monde nous abandonnent; il ne faut pas nous faire tuer.*

M. BELLOC. — Il a dit quelque chose à peu près comme cela.

M. LE PRÉSIDENT. — Avez-vous souvenir des paroles ?

M. BELLOC. — Voici la chose : il m'a dit *que nous étions abandonnés, que Garibaldi partait par une route du côté de la Loire, et qu'il nous laissait seuls dans la ville pour la défendre.*

M. LE PRÉSIDENT. — Avez-vous su vers quelle heure Garibaldi avait inspecté le poste ?

M. BELLOC. — Vers huit heures du matin.

M. LE PRÉSIDENT. — Mais alors, lorsqu'il s'est présenté, il a dû voir les préparatifs qui étaient déjà commencés ; les mulets chargés ?

M. BELLOC. — Ils ne se chargeaient pas au couvent Saint-Martin ; ils étaient dans l'hôtel d'Autun, à au moins 2 kilomètres.

Me PORTE. — Est-ce que M. Belloc n'a pas signé une protestation adressée au général et rédigée par tous les officiers de la guérilla ?

M. BELLOC. — Je ne m'en rappelle pas au juste.

Me PORTE. — Avez-vous signé ?

M. BELLOC. — Nous avons signé quelque chose vers cette époque; une protestation pour venir en aide à M. Chenet.

Me PORTE. — Vous ne le considériez pas comme coupable; car dans un document qu'on peut lire à la page 99 du livre de M. Middleton (1), vous protestez con-

_____

(1) Pourquoi au lieu d'un passage dans un livre ne produit-on pas ce document lui-même.

tre l'arrestation de votre colonel et vous signez cette protestation ?

M. BELLOC. — Je ne l'ai pas signée.

Mᵉ PORTE. — Maintenant, vous avez signé celle du 7 décembre. (P. 116.) La voici :

» Autun, 7 décembre 1870.

« Général,

» Vous nous avez appris qu'un Conseil de guerre
» doit se réunir ce soir pour juger notre commandant,
» le lieutenant-colonel Chenet.

» Tous, tant que nous sommes, nous connaissons
» notre chef : nous l'estimons, nous l'aimons et il a la
» confiance du corps qu'il a formé. Il a prouvé dans le
» cours de sa carrière qu'il est un soldat.

» L'accusation qui pèse sur lui est celle d'avoir fui
» devant l'ennemi : il nous semble impossible que cette
» accusation soit fondée. *Il a quitté le couvent Saint-*
» *Martin, cela est certain, mais nous sommes convaincus*
» *que le motif qu'on lui prête n'est pas le vrai.* Ce qui nous
» donne cette conviction, c'est sa conduite courageuse
» à l'attaque de Pasques, ce sont ses états de services,
» c'est l'empressement avec lequel il a quitté une ma-
» gnifique position à l'étranger pour venir défendre sa
» patrie, et le zèle qu'il a mis à former son bataillon.

» Enfin, mon général, nous considérerions comme
» une faveur, si notre colonel nous était rendu, afin
» qu'il puisse, à notre tête, laver la tache qui ternit
» l'honneur de notre corps.

» Si le colonel Chenet a eu quelques torts envers
» vous, daignez en perdre le souvenir et conservez à la
» patrie un de ses braves défenseurs.

» Veuillez agréer, etc... »

(Suivent les signatures de tous les officiers du corps.)

Voilà la protestation faite par le corps à la tête duquel se trouvait M. Chenet.

6

M. LE PRÉSIDENT. — Mais il n'y est pas fait la moindre allusion à l'autorisation donnée par M. Bordone.

Déposition de M. Ferrière.

FERRIÈRE (Jules), 35 ans, sous-chef d'atelier à l'école des Arts-et-Métiers d'Aix; conseiller d'arrondissement.

Mᵉ FOREST. — Le témoin sait-il si M. Chenet a reçu l'ordre du général Garibaldi de tenir au couvent Saint-Martin?

M. FERRIÈRE. — Le 1ᵉʳ décembre j'étais devant la caserne Saint-Martin, quand une voiture est arrivée; on a fait demander le colonel; un homme de garde est parti pour le chercher, le colonel n'y était pas. On a demandé de faire appeler la personne qui le représentait, et on est allé trouver le capitaine adjudant-major qui est venu. Là le général Garibaldi, que je connaissais comme l'ayant vu à Commarin, mit sa tête à la portière et annonça au capitaine adjudant-major que le corps de la guérilla Marseillaise allait renforcer notre bataillon pour défendre le poste de Saint-Martin qui nous était assigné. Il lui dit encore de créneler le mur d'enceinte de ce couvent, et de plus, *d'envoyer deux compagnies à l'avancée, afin de recevoir l'ennemi, ajoutant que ces deux compagnies n'auraient pas à lutter contre les Prussiens, mais à se replier.* Il recommanda de tenir au couvent le plus longtemps possible, et de se replier ensuite, tout en tâchant moyen de ne pas être tourné, et de rentrer dans Autun.

A neuf heures et demie, l'ordre de partir a été communiqué. Comme simple soldat, je m'étais engagé pour obéir à mes chefs, je n'avais pas à contrôler ce qu'ils faisaient; j'obéis donc, tout en faisant cette réflexion que, s'il n'était pas changé, l'ordre donné par le général Garibaldi était de tenir à Saint-Martin.

Comme le colonel n'était pas là, j'ai pensé qu'il avait reçu de nouveaux ordres, et j'ai suivi le bataillon. Nous avons rencontré une troupe qui entrait en ville. Après avoir quitté Autun, nous sommes tombés sur la route du Creuzot. Il me semble encore voir d'ici le colonel ; j'étais d'abord simple soldat dans le peloton des éclai

reurs et, par ma taille, j'étais à la tête du peloton. Le
colonel Chenet marchait en tête, presque côte à côte
avec moi, ainsi que le capitaine Gandoulf; à l'embranche-
ment de Couches-les-Mines et du Creuzot, j'ai entendu
le colonel dire au capitaine Gandoulf : « *Le général
Delpech m'attend là-bas, mais il peut m'attendre !* » et au
lieu de prendre la route de Couches-les-Mines, il prit
celle du Creuzot. (Sensation.)

M. LE PRÉSIDENT. — C'est à M. Gandoulf que le propos a été tenu par M. Chenet?

M. FERRIÈRE. — Le capitaine, à cheval, et le colonel
Chenet marchaient en tête du bataillon; plusieurs de
mes amis ont entendu le propos, entre autres un
jeune homme du nom de Rocaut, qui avait un oncle à
Autun. Il pleurait de rage de quitter Autun, me disant qu'il avait surtout pris les armes pour défendre
son pays et le lieu où se trouvaient ses parents. Il me
proposa de quitter le bataillon pour un instant, comme
pour épancher de l'eau, et de retourner à Autun. J'ai
dit que si notre commandant désertait, ce serait un
grand malheur, mais que pour moi, je ne pouvais pas
prendre cette résolution, que j'avais confiance dans les
capacités militaires du colonel Chenet que j'avais vu
faire preuve de courage à Pasques, et que je ne quitte-
rais pas le poste qui m'était assigné : je l'engageai
même à rester; il ne persista pas dans sa résolution et
nous continuâmes notre route. Nous sommes arrivés à
Montcenis; de là, nous sommes allés à Montchanin, et
nous sommes arrivés par Nevers et Moulins jusqu'à
Roanne. C'est là qu'à eu lieu l'arrestation de notre
colonel.

Nous étions tous indignés que le colonel fût arrêté,
nous ne voulions pas croire qu'il eût déserté en présence de l'ennemi; seulement, en présence des ordres
supérieurs du général Garibaldi, moi et beaucoup
d'autres, nous avions, nous qui l'avions en grande estime, pris la résolution de ne pas chercher à enfreindre ses ordres.

Au-dessus du colonel, pour nous, il y avait le général, puis le ministre de la guerre. Par ordre du général,
on arrêtait le colonel, nous n'avions pas à empêcher

l'arrestation. Beaucoup d'autres hommes du corps n'étaient pas dans ces dispositions; ils voulaient délivrer le colonel quand même. Par le raisonnement, d'autres volontaires, capitaines au long cours, et moi, nous expliquâmes aux autres qu'il ne fallait pas enfreindre un ordre supérieur, que nous devions montrer, nous qui avions la prétention d'être des hommes sérieux, de la discipline en tout et partout. Une partie des hommes du bataillon s'en est allée à Lyon ; on nous a demandé si nous voulions retourner de bon gré à Autun, nous avons tout de suite demandé à y aller, et nous y étions quand le colonel est arrivé.

On savait le dévouement que j'avais pour le colonel Chenet, parmi les hommes du peloton des éclaireurs; alors comme nous étions couchés tous dans le même logement, on décida de m'envoyer auprès de lui pour me mettre à sa disposition. Avec l'assentiment de mes camarades, je demandai à parler au commandant de place, et je lui exposai les motifs qui me guidaient. Après un instant, je fus autorisé à prendre place à côté du colonel qui était dans un coin, à côté ; là, je m'enquis des choses qui lui étaient nécessaires. Il ignorait beaucoup de choses, entre autres que le capitaine adjudant-major avait été appelé devant le général Garibaldi et que là M. de Saulcy avait *affirmé avoir répété ordre au colonel.* Alors le colonel m'a dit : *Je le savais bien, que le général Garibaldi était venu au quartier; seulement c'était un guet-apens ; j'ai constitué un bataillon ; ce n'est pas après tous les efforts, toutes les dépenses pécuniaires que j'ai faits, que je devais le sacrifier comme on a fait depuis Pasques ; le couvent était le point de mire de l'ennemi, et je ne voulais pas sacrifier le bataillon.*

Comme j'avais une entière confiance dans les paroles du colonel, je crus que c'était dans l'intérêt du bataillon qu'il avait agi. Je me mis à sa disposition, tout en reconnaissant qu'il y avait une faute commise; je lui dis que je ferais tout ce qui serait humainement possible pour lui. Ainsi, le colonel Chenet, dans la conversation, me dit avoir sur lui un mémoire qu'il avait rédigé; il me dit qu'il ne pourrait pas le faire parvenir, et me demanda si je voudrais m'en charger et

le faire parvenir aux officiers du bataillon. Je lui dis :
colonel, je suis à votre disposition, je ne suis pas un
homme à ne pas tenir ce que je vous ai dit, vous pouvez me remettre ce que vous voudrez, je ferai mon
possible.

Je suis resté avec le colonel, à la place, deux heures
et demie à peu près; l'ordre vint de le conduire à la
prison; on le conduisit à la gendarmerie, il était neuf
heures et demie du soir; il me prit le bras et je le con-
duisis jusque-là; dans cet espace de temps, il me remit
le mémoire que je mis dans ma poche : Là, je quitte le
colonel et j'arrive au café, il était onze heures du soir.
Je croyais encore y trouver les officiers, je ne les trouve
pas et je me rends à la demeure du capitaine adjudant-
major pour lui communiquer la pièce que je venais de
recevoir.

Il paraissait ne pas comprendre ce que je voulais
d'abord; la pièce était très volumineuse, mais je fis tant
des pieds et des mains auprès de lui, que je le fis descendre; je fus voir moi-même ensuite au logement de plusieurs officiers de manière à les réunir; mais le lendemain on me remit la pièce en me disant qu'il l'avait lue
en séance, *que c'était un tissu de mensonges, et que personne n'avait voulu la signer.* Voilà quelles paroles me
furent données par les officiers. Quand j'en ai parlé au
colonel Chenet, il m'a dit: «Nous n'aurons pas de peine
à détruire sa déposition, c'est un homme qui a eu par
moment des manques de mémoire; je pourrai le prouver, il prétend m'avoir donné l'ordre quand je ne l'ai
pas reçu. »

*Pour l'ordre qui a été donné, ce que j'affirme, c'est que
Garibaldi l'a donné; — je l'ai entendu de mes propres
oreilles, — au capitaine adjudant-major.* Il a dit que la
guérilla Marseillaise devait venir nous aider à Saint-
Martin; il a donné l'ordre de créneler les murs et de
placer deux compagnies aux avancées. *Enfin, cela m'a
été confirmé par le colonel Chenet, qui m'a dit qu'il avait
eu connaissance de cet ordre, mais que nous ne pouvions pas
rester là, que c'était un endroit à nous faire massacrer pour
n'aboutir à rien; que nous avions affaire à un homme incapable*

M. BORDONE. — Après cette déposition, on peut voir combien était absolu le *secret* auquel M. Chenet a été condamné avant sa comparution devant la Cour martiale.

M. LE PRÉSIDENT. — Vous n'avez pas entendu dire que M. Bordone avait donné l'autorisation d'abandonner la position de Saint-Martin?

M. FERRIÈRE. — Je devais me mettre en communication avec Mme Chenet et le capitaine Lorendo, qui était un homme dévoué au colonel, malgré qu'il n'avait pas toujours rendu justice aux services de ce capitaine qui n'était alors que lieutenant; mais enfin le capitaine Lorendo se mit à la disposition de Mme Chenet comme moi-même, afin de faire ce qui était humainement possible, soit pour faire acquitter le colonel, soit pour empêcher qu'il soit fusillé; nous le faisions d'autant plus volontiers que nous avions vu le colonel à Pasques où il avait montré beaucoup de courage. Je crois aujourd'hui ce que je ne croyais pas à l'époque, qu'il était un ambitieux. Voilà quelle est ma manière de voir.

Maintenant, Mme Chenet nous pria de voir M. Gandoulf, pour le prier de venir déposer devant la Cour martiale. Le capitaine Lorendo et moi nous nous transportâmes à l'hôtel du capitaine Gandoulf; là, nous lui avons communiqué la mission que nous avions à remplir de la part de Mme Chenet. Il nous dit qu'il ne lui était pas possible de rester comme témoin; moi, je lui fis observer que c'était une affaire capitale, qu'il devait faire tout ce qui lui était humainement possible pour rester. Il me répéta que cela ne lui était pas possible, qu'il fallait qu'il parte pour Bordeaux. Enfin, voyant qu'il ne voulait pas se décider à venir déposer d'un fait qui devait jeter beaucoup de lumière sur les débats de la Cour martiale, nous lui avons demandé de faire une attestation. Il l'a faite devant nous, à peu près dans ces termes, et il l'a signée : « *Etant en route, le colonel Chenet m'a envoyé auprès du général Bordone pour annoncer que nous étions en route pour défendre la ligne de retraite, dans le cas où il y aurait retraite de la part des troupes occupant Autun.* » Il a ajouté que le colonel Bordone lui avait dit : « Eh ! bien, ça va bien ; vous paraissez blessé, fatigué, veuillez vous reposer, j'enverrai un aide-de-camp au colonel. » Voilà l'attestation.

C'est tout ce que j'ai su à l'égard du capitaine Gandoulf ; je ne l'avais pas vu avant toutes ces affaires, car il n'appartenait pas à notre corps.

M. LE PRÉSIDENT. — Cette démarche ne vous a été révélée que la veille du procès ; à quel moment vous en a-t-on parlé pour la première fois ?

M. FERRIÈRE. — Le colonel était déjà de retour à Autun ; il m'en a parlé le lendemain ou le surlendemain du jour où il a été en prison.

M. LE PRÉSIDENT. — Est-ce que M. Gandoulf n'a pas quitté Autun avec vous ?

M. FERRIÈRE. — Oui.

M. LE PRÉSIDENT. — Pendant vos longues marches n'a-t-il pas eu le temps de révéler à quelqu'un la démarche auprès du chef d'état-major ?

M. FERRIÈRE. — Non, pas à moi personnellement ; je ne le connaissais pas ; il a fallu que j'aille chez lui pour le connaître, mais il aurait pu communiquer sa démarche aux personnes avec lesquelles il était intime.

M. LE PRÉSIDENT. — Le bruit ne s'en est-il pas répandu parmi les hommes ?

M. FERRIÈRE. — Non, du tout.

M. LE PRÉSIDENT. — Au moment de l'arrestation du colonel à Roanne, n'avez-vous pas cherché à vous rendre compte du motif qui la déterminait ?

M. FERRIÈRE. — Non, j'ignorais même jusqu'à un certain point si je me trouvais en présence d'un homme qui désertait, ou d'un homme qui obéissait à des ordres ; à Roanne, quand on a arrêté le colonel, j'ai fait tout mon possible pour que les hommes ne s'y opposent pas, pour que force reste à la loi. Mais j'avais alors la conviction que le colonel était toujours un loyal soldat et un bon militaire. Quand on l'a arrêté, il y avait longtemps qu'il disait qu'il n'était pas fait pour se battre en campagne rangée. C'était le bruit public du bataillon, que le colonel nous avait organisés pour faire la guerre de guérillas. Nous pensions en sortant d'Autun que l'ennemi n'était pas près de nous, nous avons cru que le colonel Chenet avait quitté l'armée des Vosges pour se rendre à l'armée de la Loire et qu'il avait des ordres pour le faire.

M. LE PRÉSIDENT. — On a peine à s'expliquer qu'au moment de l'arrestation du colonel il ne se soit pas trouvé quelqu'un qui ait appris aux hommes que M. Gandoulfe avait obtenu l'autorisation du départ du chef d'état major ? (1)

t   M. FERIÈRE. — Je vous affirme qu'il n'a pas été question de cet ordre.

M. LE PRÉSIDENT. — Pourquoi avez-vous laissé arrêter votre colonel s'il avait l'ordre du départ? L'ordre d'arrestation était alors arbitraire.

M. FERRIÈRE. — Cela n'était pas possible ; en partant, j'avais la prétention de savoir ce que je faisais. Quand je m'engageais, surtout étant père de famille et ayant un enfant, ce n'était pas pour le plaisir d'aller faire de la fantasia. Je me suis dit que j'obéirais au caporal, au sergent, au capitaine, au colonel, et que si le colonel, à un moment donné, me disait de tirer sur quelqu'un, dans l'intérêt de la France, je le ferais. *Le sous-préfet de Roanne avait l'ordre de Garibaldi de faire arrêter M. Chenet.* Nous étions 400 hommes, il y en avait bien 300 qui voulaient empêcher l'arrestation ; mais nous autres, nous étions bien décidés, non-seulement à ne pas l'empêcher, mais au besoin à prêter main-forte à la garde nationale de Roanne, convoquée à cet effet, pour que force reste à la loi. En entrant au bataillon, nous n'avons pas épousé les sentiments d'un homme, mais ceux de la France, et ce n'était qu'à ce point de vue que nous pouvions servir la patrie.

Mᵉ. FOREST. — J'ai trois points à faire préciser. Si j'ai bien entendu le témoin, M. Chenet a dit à M. Gandoulf, à côté duquel il marchait : « *Je m'en vais, il m'attendra s'il veut, je ne veux pas sacrifier le bataillon.* »

M. FERRIÈRE. — J'affirme que le colonel Chenet a dit cela à M. Gandoulf, en présence du poteau qui indique la route de Couches-les-Mines et celle du Creuzot.

(1) Et M. Gaudoulfe qui était lui-même à Roanne en ce moment?

Mᵉ FOREST. — Vous avez dit aussi que c'est quelques jours avant la réunion de la Cour martiale, que M. Gandoulf a parlé d'une autorisation verbale donnée à M. Chenet, et qu'il a refusé de se présenter comme témoin devant la Cour martiale ; qu'alors vous avez insisté et que vous avez obtenu de lui une déclaration écrite. Est-il vrai que cette déclaration commençait par ces mots : « *Étant en route,* le colonel Chenet m'a envoyé à l'état-major ? »

M. FERRIÈRES. — Il est vrai que M. Gandoulf a dit que nous étions en route, lorsque M. Chenet l'avait envoyé à l'état-major. Seulement, je prierai M. l'avocat de remarquer *que ce n'est pas M. Gandoulf qui est venu à nous,* c'est nous qui sommes allés le trouver de la part de Mᵐᵉ Chenet.

Mᵉ FOREST. — Au moment de l'arrestation de M. Chenet à Roanne, a-t-il dit : « Pourquoi m'arrêtez-vous ? Je suis ici en vertu d'un ordre de l'état-major ? »

M. FERRIÈRE. — Pas du tout, c'est à ce moment que des camarades ont voulu en appeler aux armes et que nous leur avons fait comprendre, que s'il était innocent il serait acquitté. Mais que s'il était déserteur, comme on l'en accusait, il fallait que la loi reçût son exécution.

Déposition de M. Marais.

MARAIS, Auguste-François, professeur, 161, rue Saint-Jacques, à Paris.

Mᵉ FOREST. — M. Marais était sous-préfet de l'arrondissement d'Autun. Je voudrais savoir de lui si l'administration civile avait des renseignements sur ce qui allait se passer ; si elle était prévenue de l'arrivée des Prussiens, et si la ville d'Autun a été surprise.

M. MARAIS. — L'administration civile de la ville d'Autun n'était pas prévenue de l'arrivée des Prussiens ; je savais seulement par des gens qui avaient quitté leurs postes que la ville était menacée. Le 29 novembre, deux jours avant l'attaque, un soldat accompagné d'un officier m'apporta une dépêche, me priant de la viser. Il donnait sur les opérations de l'armée, des détails tels, qu'ils étaient de nature à alarmer les populations du Midi; il me demandait de la viser afin qu'elle pût passer. Je refusai. Garibaldi rentra à Autun avec le général Bordone, le 30 novembre : Il y était depuis quelques moments, lorsqu'un officier se précipita dans mon cabinet, et là, devant une personne d'Autun, cria *qu'il ne se battrait pas, qu'il était parfaitement résolu, qu'il ne se battrait pas plus qve ne le ferait M. le colonel Chenet,* dont j'entendais alors, pour la première fois, prononcer le nom.

Je fis observer à cet homme que moi, fonctionnaire public, je ne devais pas écouter un pareil langage, et que s'il avait des observations à faire il devait les présenter à l'état-major.

J'ajoutai que, dans aucun cas, je ne pouvais tolérer de tels propos, que s'ils étaient tenus dans la rue, il serait de mon devoir de faire arrêter la personne qui les tiendrait, mais que dans mon cabinet je garderais le secret. Cet homme s'emporta, et cria si haut, que M. le commandant Basso, secrétaire du général, accourut pour voir de quoi il s'agissait. Je lui répondis qu'il y avait là un homme qui avait tenu un langage inconvenant, et celui-ci sortit.

Du 30 au matin jusqu'au lendemain, les bruits inquiétants se multiplièrent; dans la ville des bruits de défaite s'étaient répandus; le maire d'une commune voisine les propageait lui-même; je le fis avertir qu'il eût à se taire. Le matin même de l'action, *à neuf heures*, le général me fit prévenir par M. Spuller, préfet de la Haute-Marne, que la ville allait être attaquée, m'engageant en même temps à prendre toutes les mesures que je croyais compatibles avec l'intérêt de la ville et le mien. J'entendis vers une heure un premier coup de canon; dans ces circonstances-là, je vous prie de croire que je n'étais pas très sûr des heures. Un premier coup de canon retentit et me surprit si bien, que je n'y pus pas croire. Je me dis que c'était l'inquiétude assez naturelle en pareil cas qui me faisait imaginer un coup de canon, mais un second coup retentit et un officier, dans lequel je crois reconnaître celui qui accompagnait le soldat venu chez moi, le 29 novembre, se précipite dans mon cabinet, jette un drapeau dans un coin, et dit : « Voilà le drapeau du corps, je le confie à la préfecture. » Je répondis : « Qui ne l'accepte pas ! »

Le combat terminé, les récriminations contre l'armée s'élevèrent avec la plus grande violence, et, un dimanche, quoiqu'il m'en coutât, je dus prendre sur moi de prévenir le général. Je n'avais aucun souci de ce que disaient certaines gens, mais il y en avait d'autres qui avaient fait leur devoir, et j'écrivis au général : j'accusai quelqu'un, le *général Bordone*, en termes nets et formels. Le général me dit : « Etes-vous bien sûr que Bordone soit le coupable? » Je répondis : « votre question même m'oblige à réfléchir, je n'ai plus rien à dire. » Il ajouta : « tenez-vous à ce que je réponde à votre lettre? — Non, mon général. — Alors jetez-la au feu! » Il me dit alors : *sans rancune!* « C'est à vous, répondis-je, que je dois demander si vous me gardez rancune. »

Les jours suivants j'appris qu'entre Autun et le Creuzot, des fermes avaient été dévastées, des vols odieux avaient été commis par les troupes aux ordres de M. le colonel Chenet; que des réquisitions honteuses avaient été faites; de plus, auprès de M. le maire de Montcenis, qu'on s'était présenté chez lui, que sans motifs spécifiés on avait fait une réquisition de 6,000 francs, sous le prétexte que les troupes n'avaient pas pu être payées à Autun. Or, il y avait dans cette ville le payeur de l'armée, M. l'intendant Beaumez, et la sous-préfecture qui auraient fait payer. Il y a eu plus que cela; on a fait une réquisition pour transporter une femme qui appartenait à l'état-major de M. Chenet, et l'Etat a payé ces transports. J'ajoute que M. Chenet donna rendez-vous à M. le maire du Creuzot pour en organiser, disait-il, la défense, et que ce fonctionnaire n'y trouva pas M. Chenet qui avait déjà disparu.

Un certain nombre de jours s'écoulèrent; M. Chenet, traduit devant un Conseil de guerre, fut condamné à mort, et un jour, au moment où le général Garibaldi allait sortir de l'antichambre de la préfecture, j'aperçus un officier qui s'adressait à lui et lui demandait la grâce du colonel.

Le général répondit d'abord : « La grâce, je ne puis pas la donner. » — « Mais, général, est-ce que vous ne pourriez pas surseoir à l'exécution? » — « Peut-être! » et alors le général jeta sur moi un regard qui me parut une interrogation. Je crus pouvoir dire : « Il me semble que vous pouvez suspendre l'exécution de la peine! » Eh bien! je dois le déclarer ici, si j'avais maintenant à prononcer ces mots, je ne les prononcerais pas, et cependant je n'aime pas la peine de mort. (Sensation prolongée.)

Mᵉ PORTE. — Vous êtes l'auteur de ce petit volume: *Garibaldi et l'armée des Vosges?*

M. MARAIS. — Parfaitement.

M. CHENET. — J'en suis fâché pour l'histoire du drapeau, mais je n'en ai jamais eu.

Déposition de M. Bartholdi.

BARTHOLDI (Hypolite), sculpteur, 37 ans; domicilié à Paris.

Mᵉ FOREST. — Le témoin a-t-il entendu de la bouche du général Garibaldi lui-même, son opinion sur la conduite de M. Chenet le jour de la bataille d'Autun?

M. BARTHOLDI. — Je me suis trouvé absent d'Autun lors de la bataille. Lorsque je suis revenu, quatre ou cinq jours après l'événement, en causant avec le général Garibaldi de ce qui s'était passé, celui-ci m'a dit que le colonel Chenet avait reçu l'ordre formel d'occuper Saint-Martin, et que cela lui avait paru tout à fait invraisemblable, quand il avait appris son départ, qu'il n'avait pas pu comprendre ce qui s'était passé.

L'audience est levée à 6 heures 1|2.

Audience du 29 juin 1872.

L'audience est ouverte à 10 heures 20 minutes.

Mᵉ FOREST. — Messieurs, hier, à propos d'une lettre de M. Bordone, portant la date du 13 décembre, j'ai dit à la Cour que nous avions le livre copie de lettres et que nous vérifierions la date. Le livre est ici et passera sous les yeux de la Cour et de MM. les jurés; la lettre est en effet reproduite à la date du 13, mais en même temps que cette lettre, il y en a une autre dans laquelle M. Bordone écrit à Lyon, à M. Foulc : « *Je pars ce soir à 4 heures, prenez vos dispositions pour m'attendre,* » et si on suit les lettres, on trouve que jusqu'au 20 décembre, ce n'est plus M. Bordone qui signe, mais l'officier d'état-major qui le remplace. Ainsi, j'avais donc raison, lorsque je disais qu'au moment du jugement de M. Chenet, M. Bordone n'était pas à Autun.

Mᵉ PORTE. — Il est constant, d'après les explications de mon confrère, que le colonel Bordone était présent à Autun le 13 au matin. C'est tout ce que je veux constater.

M. BORDONE. — J'étais, en effet, et je le prouve comme je prouverai toujours, avec les documents officiels, le 13 au matin à Autun. Hier, cette date avait pu m'échapper, mais, je le déclare, je n'ai pas besoin de mémoire pour tous les faits dont il est question, attendu que j'ai pour moi des preuves matérielles à l'appui de ce que j'avance, et ma conscience. Je suis parti d'Autun pour Bordeaux en mission, et, je le répète, si j'avais jamais visé M. Chenet en quoi que ce soit, dans la convocation de la Cour martiale d'Autun, j'aurais attendu vingt-quatre heures de plus, et, je vous garantis que vous n'auriez pas à *juger aujourd'hui le procès qui vous est soumis.* (Sensation.)

M. LE PRÉSIDENT. — Le fait est constant. M. Bordone était à Autun le 13 au matin, mais il est parti ce matin même. Un témoin, M. Ordinaire ou M. Gauckler, a dit qu'il était parti depuis huit jours, mais c'est une erreur.

M. le général LOYSEL, témoin du sieur Chenet, appelé, ne répond pas. Il en est de même de M. GANDOULF.

DEUXIÈME AFFAIRE

Plainte Bordone contre Chenet.

M. LE PRÉSIDENT. — Nous passons ainsi à l'examen de la la plainte Bordone contre Chenet. M. Bordone persistez-vous dans votre plainte ?

M. BORDONE. — Je persiste plus que jamais dans ma plainte contre MM. Chenet et Middleton, et de nouveau je me désiste à l'égard de l'éditeur et de l'imprimeur.

M. LE PRÉSIDENT. — Je vais donner lecture des passage du livre Middleton-Chenet qui sont incriminés.

Page 78 de ce volume :

« Ce pauvre Bordone avait réellement trouvé dans Garibaldi la poule aux œufs d'or. *Lui qui, quelques semaines auparavant, ne pouvait payer son loyer et prendre de l'huile à crédit, achetait quelque temps après, la maison qu'il habite maintenant à Avignon; il souscrivait des sommes de 4,000 francs à l'emprunt du département des Bouches-du-Rhône, etc...* Il est vrai de dire qu'il était père de famille, et que, par conséquent, d'aussi sages précautions ne sauraient que faire son éloge. »

Et au bas de la page une note :

« Un motif de santé leur fit choisir la confortable demeure de Commarin, beaucoup plus exposée qu'Arnay-le-Duc à un coup de main de l'ennemi.

« Entre Bordonne et les Prussiens, les choses paraissaient se passer en famille. »

Page 259 :

« Quelques jours après, le quartier-général quitta Châlons-sur-Saône et vint définitivement s'établir à Mâcon, dans l'hôtel de l'Europe.

» Le licenciement alla bon train; le 14 mars tout était terminé, — Bordone rentra dans ses foyers. *Il traînait après lui un monde de bagages, — lui qui vint au quartier-général avec une mince valise contenant une chemise de rechange, un tricot de laine et trois paires et demie de bas.*

» *Les innombrables colis qu'il traînait après lui ne constituaient pas tout son bagage. — Deux wagons, pleins comme deux œufs étaient arrivés quelques jours auparavant à Avignon, à l'adresse de sa chère épouse. L'honnête chef de gare affirma à l'autorité que ces deux voitures renfermaient des munitions de guerre. Mais le procureur de la République, qui sortait de la fabrique de Gambetta, ne donna pas suite à cette affaire et se contenta de l'explication fournie par madame Bordone, qui déclara que les deux wagons ne renfermaient que quelques casques et fusils prussiens, trophées glorieux de son belliqueux mari.*

» Bordone donc retourna chez lui goûter les douceurs de la paix; il eut quelque peine, les premiers jours, à dépouiller le costume de général, — tant il en avait pris l'habitude. — On le vit chevaucher en grande tenue de par la ville sur un superbe alezan, suivi d'une ordonnance non moins bien montée, — car il faut vous dire, cher lecteur, que M. le général Bordone avait beaucoup *de chevaux de prix, alors qu'il était en fonctions.* — Or, comme il s'habituait à toutes choses, il n'eut pas la dûreté de se séparer de ces bonnes bêtes, auxquelles il avait promis les invalides. — *Il tint parole, et à l'heure présente ces magnifiques pur sang sont enfoncés jusqu'au ventre dans la grasse litière de ses écuries.* »

Page 263 :

« Pour finir ce pénible chapitre, je vais vous raconter une petite anecdote qui vous fera voir comment MM. Bordone et Delpech s'y prirent *pour bazarder le bibelot de l'armée des Vosges.*

» Un certain M. Moussy, gendre de M. Nectoux, gardien de la prison de Mâcon, vint un beau jour trouver le toujours *resplendissant soleil... couchant* de l'armée des Vosges, pour lui demander tout bas, sans témoins, s'il n'avait pas quelques bonnes *rosses* à vendre; car, ajouta-t-il, les fourrages sont à l'heure qu'il est, excessivement chers, et l'Etat se ruinerait à nourrir un tas de bêtes qui ne sortent pas des écuries.

» Le général Bordone lança un coup d'œil investigateur sur cet individu qui l'interrogeait; il reconnut à la tournure du visiteur qu'il n'avait pas devant lui un reporter de quelque journal ultramontain, chargé de faire tomber dans un piège, le brillant *Rocambole* de l'armée des Vosges, qui les *connaissait tous...*

» Cette première crainte évanouie, Bordone examina une seconde fois son matinal visiteur, mais cette fois-ci pour voir s'il avait bien l'air d'un acquéreur solvable.

» Ce second examen fut favorable à M. Moussy.

» Bordone entra donc en marché.

» BORDONE. — Voyons, j'ai une cinquantaine de superbes chevaux qui reviennent bien à 800 francs pièce au gouvernement. — Quel prix m'en offrez-vous?

» M. MOUSSY. — Il faudrait les examiner.

» BORDONE. — Vous n'avez pas à craindre que je leur aie limé les dents pour les faire paraître jeunes, et que je leur aie mis du gingembre, où vous savez, pour les faire paraître fringants. Moi, je suis rond en affaires. — Prenez-les en bloc et laissez-moi la paix. Je vous les cède à 250 fr. pièce.

» M. MOUSSY, prenant gravement une prise. — Allons, je vois que nous ne pourrons traiter ensemble. — 250 fr.! — Ah! oui, — les temps sont durs et le foin est cher. Si vous m'aviez parlé de 150 fr., nous aurions pu nous entendre.

» BORDONE, sautant au plafond. — Croyez-vous que je les vole, ces chevaux, vieil Auvergnat! — Je crois f..... bien que vous les prendriez à ce prix-là...

» M. MOUSSY. — Sautez tant qu'il vous plaira, je ne puis y mettre un centime de plus.

» BORDONE. — F.....-moi le camp, vieux maquignon! (M. Moussy fait semblant de se retirer.)

» BORDONE. — Allons, allons, venez, vieil Harpagon, vous avez de la chance que les fourrages soient à un prix si élevé. Allons, aboulez les *jaunets*.

» M. MOUSSY, prenant un air soucieux. — Vous me rappelez la cherté des fourrages. Non, il m'est impossible d'acheter à 150 francs vos bêtes; non, ce m'est impossible.

» BORDONE. — Que diable! un homme d'honneur doit tenir sa parole!

» M. MOUSSY, ricanant. — Oh! *celle-là*, nous la connaissons, monsieur le général...

» BORDONE, saisissant une bouteille *vide*. — S.... n.. de D... seriez-vous venu ici pour vous f..... de mo?

» M. MOUSSY. — Ma foi non, bien au contraire.

» BORDONE. — Voyons, prenez vos rosses pour 125 francs, et que ça finisse.

» M. MOUSSY. — Convenu. Je prends cinquante chevaux à ce prix. — Il compte 6,250 francs. Bordone empoche l'argent et donne un reçu à M. Moussy. Le lendemain, les chevaux doivent être livrés.

» Après le départ de M. Moussy, un second acquéreur vient trouver M. Bordone et lui offre 500 francs de plus. Bordone succombe à la tentation et empoche les 6,750 francs que ce dernier lui compte en belles pièces sonnantes.

» Le lendemain, *bien* avant l'aurore, le dernier acquéreur enfila la grande route, traînant après sa carriole cinquante chevaux attachés à la queue l'un de l'autre.

» M. Moussy, qui veillait au grain, eut vent de la farce, car entre gens de cette sorte la confiance n'est pas grande. Il prend ses jambes à son cou et court raconter à son beau-père Nectoux sa désolante aventure.— Une demi-heure après, MM. Nectoux, Moussy et un huissier se mettent en chasse et atteignent les cinquante chevaux et leur maître à Pontanouveaux.

Les deux acquéreurs se montrent réciproquement leur reçu. — On revient à Mâcon s'expliquer pardevant Bordone. Celui-ci trouva l'aventure pas drôle du tout. — Une idée lumineuse traverse son esprit.

« Messieurs, dit-il à ses visiteurs, veuillez m'attendre » un petit quart d'heure, nous allons arranger l'affaire » à la satisfaction générale : Voilà du cognac, de la » chartreuse. — Rincez-vous le *bec* en fumant un de » ces bons londrès. — A bientôt. »

» Bordone s'en va voir son bon ami Delpech, dit le *Nervi*, et lui conte l'affaire.

» DELPECH. — Mon vieux! Entre camarades, on se » doit secours et proctection. Comme je ne suis pas en » fonds...

» BORDONE. — Farceur, va !

» DELPECH. — Comme je ne suis pas en fonds et que je ressens toujours le besoin de l'être, je vais te céder cinquante rosses que je possède contre la modique somme de 5,000 francs. *Aboule la braise*, et laisse-moi faire encore un somme ; nous avons tellement fait la *nopce*, que j'en suis tout courbaturé.

» BORDONE. — *T'as mal* aux cheveux, *bibi*, parce que *t'as trop bu*. Allons. voilà ton argent, et fais ton dodo en paix. — Merci, vieux.

» DELPECH, bâillant. — Au revoir, *rossard*... »

» Bordone retourne en toute hâte au quartier-général, et remet à Moussy les cinquante chevaux qu'il attendait.

» Tout le monde se retire content.

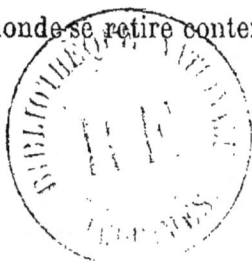

7

» Voilà, cher lecteur, la farce jouée. »

Et en note au bas de la page :

« Nous serions très curieux de voir le Gouvernement examiner les comptes de l'intendance à ce sujet et à d'autres. »

Page 285 :

« France incrédule ! tu apprendras donc dans quelques jours comment Bordone, chef d'état-major de Garibaldi, pour cacher ses fautes et conserver son prestige auprès de son général, ne reculait pas devant un assassinat, et qu'il trouvait des hommes complaisants pour complices.

« France ! croiras-tu enfin tout ce qu'on t'a dit de cet homme...

» *Signé :* Chenet. »

La lettre au *Progrès* est reproduite dans l'ouvrage et porte la signature Bordone, elle est insérée dans la brochure Middleton et annotée, la voici :

« Mâcon, le 28 février 1871.

» Monsieur le rédacteur en chef du *Progrès*,

» On m'apporte à l'instant le numéro d'un journal qui se publie à Lyon et qui s'intitule le *Salut public, proh pudor !* Cette feuille soumise, à laquelle je n'ai jamais fait et ne ferai jamais l'honneur de répondre, vu ma répugnance instinctive pour toutes sortes de prostituées, ouvre ses colonnes aux réclamations d'un sieur Chenet, que j'ai l'honneur de n'avoir jamais connu, qui doit à *l'excessive bonté* du général Garibaldi de n'avoir pas payé de sa vie le plus *lâche*, le plus infâme des crimes qu'un soldat puisse commettre et qui, par ses attaches *cléricales*, a pu obtenir du ministère-évêché de la justice, la *révision* de ce jugement auquel je n'ai pris part à aucun titre, attendu que j'étais absent d'Autun lorsqu'il a eu lieu.

» C'est bel et bien le général Garibaldi lui-même

qui, spécifiant la conduite infâme du sieur Chenet à la journée du 1er décembre à Autun, l'a fait mettre en accusation et juger.

» En ma qualité de chef d'état-major de l'armée, je n'ai fait qu'ordonner sur toutes les routes qui s'éloignaient du théâtre des combats, l'arrestation des débandés, des lâches et des fuyards. Je dois déclarer que le sieur Chenet brillait au premier rang de cette cohorte; après avoir abandonné devant l'ennemi un poste qui a failli compromettre le sort de notre armée, et que, lorsqu'il a été arrêté à Saint-Etienne, puis conduit à Lyon, *ce couar*¡ n'a pas trouvé de meilleur subterfuge que de feindre une maladie. Le commandant de place de Lyon l'a fait examiner quelques jours après, et le médecin militaire délégué n'a pu en trouver de traces sur la piètre personne de ce couard.

» La paix nous paraît imminente; elle existe déjà pour ainsi dire, et va nous créer des loisirs; chaque soldat citoyen va retourner aux travaux qu'il avait avant cette fatale guerre.

» Pour moi, sans l'ordre exprès de Garibaldi, qui m'oblige de veiller au sort des miliciens qu'il a laissés en partant, tâche que j'ai dû déjà accomplir après la campagne des Deux-Siciles en 1860-1861, je serais déjà chez moi, et j'aurais déjà laissé cette position de chef d'état-major, qui m'a causé autant de déboires que de peines et de dangers.

» Sous peu paraîtra donc, avec documents authentiques à l'appui, le Journal d'un officier d'état-major, relatant des faits, rien que des faits. Vous verrez alors, monsieur le rédacteur, et vos lecteurs aussi, sur les événements et sur les hommes, des choses qui vous paraîtront étranges et qui vous feront comprendre bien des événements inexplicables jusqu'ici.

» Que M. Chenet soit ou non acquitté par le nouveau tribunal qui le jugera, que m'importe! je ne le connais ni ne veux le connaître l'opinion publique jugera les hommes sur les faits qu'ils auront accomplis.

» Votre dévoué

» BORDONE. »

Il y a en bas de la page la note suivante :

« *Proh pudor !... prostituées !* — Ce pudique cri, cette aversion pour les prostituées me paraissent étranges dans la bouche d'un homme que l'on désigne communément à Avignon, son pays, par le *sobriquet peu flatteur de médecin av...*, *et qui fait transporter à Autun, aux frais de l'Etat, toute une boutique de sucreries appartenant à une prostituée qu'il protégeait... (Témoin le chef de gare d'Autun.)* »

Après les mots : des choses qui vous paraîtront étranges il y a en note :

« Bordone, Garibaldi et Cie auraient dû se faire arrêter eux-mêmes. M. Bordone a eu l'audace d'écrire un livre sur ses exploits, sa vanité le lui fait signer : *général Bordone.* — Est-ce que MM. les généraux de France permettront la chose... »

Enfin, après les mots : « les faits qu'ils auront accomplis, » il y a en note : « Et les cours d'assises donc ! »

Nous avons maintenant à vous donner connaissance des passages qui sont argués, non plus de diffamation, mais du délit d'outrages.

Il est un passage qui est visé à la fois du chef de diffamation et d'outrages. Il existe, si je ne me trompe, dans cette expression : *Rocambole;* le reste serait diffamatoire.

Page 304 :

Ceci est le compte-rendu présenté par Middleton des débats devant le Conseil de guerre de Lyon...

« M. LE PRÉSIDENT. — Monsieur le colonel Chenet peut il jeter quelque lumière dans cette ténébreuse discussion ?

» Le colonel se lève, se place très près de Bordone, jette sur lui un regard de mépris, le fixe dans le blanc des yeux, et lorsque l'assassin eut baissé la tête devant ce regard de feu de la victime, le colonel, d'une voix entrecoupée par sa juste colère, dit en ricanant : « Mon
» général, devant l'affirmation d'un honnête homme
» comme M. Gandoulf, et la négation d'un Bordone,
» il n'y a pas à hésiter. Il faut bien que ce drôle jus-
» tifie la part qu'il a prise dans mon assassinat. »

Pages 416, 417 et 418 :

ANNEXE N° 50.

—

Fragment d'une lettre écrite par le colonel Chenet
à un de ses amis.

« Mon cher ami,

« ..... J'ai appris aujourd'hui que le commissaire du gouvernement chargé d'instruire mon affaire allait rendre une ordonnance de non-lieu, attendu qu'il lui est impossible, l'instruction terminée, de formuler un acte d'accusation. Cette instruction dure depuis trois mois et demi, et Bordone et Delpech ont été entendus. J'espère que mes assassins n'auront point à se plaindre qu'on ne leur a pas laissé le temps de fouiller dans mon passé pour justifier leur assassinat.

» Eh bien! le commissaire ne trouve rien que les preuves d'une infâme vengeance dont j'ai failli être victime.

» Je me suis donc immédiatement rendu chez le général Crouzat, commandant la 8ᵉ division militaire, et voilà ce que je lui ai dit :

» Mon général, je viens d'apprendre que mon affaire est instruite et que le commissaire ne pouvant formuler un acte d'accusation, va vous soumettre une ordonnance de non-lieu. Je viens vous prier, mon général, de ne pas l'accepter et de me donner des juges. Je suis victime de la jalousie et de la haine de Bordone et Delpech, mon affaire a fait du bruit, sept juges *m'ont lâchement condamné à mort* en refusant d'écouter ma défense et ont réfusé d'entendre mes témoins à décharge.

« Ma condamnation a fait du bruit, il me faut des juges qui, devant le monde entier rendront un arrêt ; il faut que mes assassins soient démasqués. »

Tels sont, MM. les jurés, les passages incriminés pour outrage vis-à-vis d'un dépositaire de l'autorité publique.

M. LOYSEL appelé de nouveau, ne répond pas. (On paraît s'étonner de l'inexactitude de ce militaire. A son défaut, on procède à l'audition d'un autre témoin.)

Déposition de M. Gandoulf.

GANDOULF, Georges, 26 ans, né à Moulins ; rentier, domicilié au château de Sceaux.

M⁰ PORTE. — Je prie le témoin de donner des explications sur la mission dont il a été chargé par le colonel Chenet près du chef d'E at-major général.

M. GANDOULF. — Préciser l'heure, je ne le puis pas ; si vous me demandez cela, il m'est impossible de le dire ; tout ce qu'il y a de certain, c'est que j'ai déjà fait cette déposition au Conseil de Lyon, *que je l'ai faite précédemment à Autun*, que je la fis faire par M. Lorendo, qui est ici du reste, et qui est venu témoigner pour prouver la chose.

Quant à moi, je ne puis que répéter la même chose ; j'ai été chercher, par ordre, la permission de nous transporter en arrière, auprès du général Bordone.

Je reçus l'ordre du colonel Chenet de me rendre auprès de M. Bordone *pour demander la permission* que je viens d'indiquer, et M. Bordone me répondit : «Comment vous envoie-t-on, vous, blessé ? Il me demanda où nous étions, où se trouvait le couvent de Saint-Martin, et me fit indiquer cette position sur une carte. Son fils et un autre officier se trouvaient là assis sur un canapé près de la cheminée, et ces deux messieurs ne se dérangèrent pas. Ils m'offrirent une cigarette ou un cigare, je crois, que je fumai, dans le bureau.

Après avoir indiqué la position sur la carte, le général Bordone me dit : *vous pouvez partir*.

M. LE PRÉSIDENT. — Avant que d'autres questions vous soient posées, dites-nous, si vos souvenirs vous le permettent, ce que vous savez sur la matinée du 1ᵉʳ décembre. Etiez-vous au poste Saint-Martin ?

M. GANDOULF. — J'étais à la mairie, où on avait formé une ambulance.

M. LE PRÉSIDENT. — A quel endroit vous trouviez-

vous, lorsque vous avez reçu du colonel Chenet l'ordre
d'aller au quartier général?

M. GANDOULF. — Pour retrouver ma compagnie, autant que je puisse m'en souvenir, je fus obligé de *la
rejoindr au couv nt Sa nt-Marnn. Je ne puis pas certi-
fier ce fait là;* il me semble que c'est là, mais je pourrais me tromper, peut-être.

M. LE PRÉSIDENT. — Vous souvenez-vous si les dispositions de départ étaient déjà prises?

M. GANDOULF. — Je n'ai rien vu de cette chose-là; il
se peut que ce soit, mais je n'ai rien vu.

Mᵉ FOREST. — A-t-on attendu votre réponse au couvent pour faire les dispositions du départ?

M. GANDOULF. — Je n'en sais rien; j'ai fait réponse
au colonel Chenet; mais tout cela *c'est un fait jugé par
la Cour martiale.* J'ai remis la réponse au colonel Chenet *sur la promenade dite des Tombeaux.*

M. LE PRÉSIDENT. — Nous avons sous les yeux la déclaration de M. Gandoulf au Conseil de guerre de Lyon.
Nous allons vous la lire.

« Je faisais partie de la guérilla Marseillaise (par ordre
de Garibaldi). Malgré les ordres écrits dont j'étais porteur, étant seul officier monté, je fus pris pour communiquer entre l'état-major et le corps. Après l'affaire
de Pasques, n'ayant plus de nouvelles de M. Delpech, je
me ralliai au colonel Chenet, l'officier le plus élevé en
grade après lui, qui, le 1ᵉʳ décembre, me donna l'ordre
de me rendre à l'état-major de Garibaldi. L'ordre me
fut donné par le colonel Bordone, après m'avoir fait
montrer sur une carte photographique la route que nous
devions suivre. Me trouvant dans le cabinet de M. Bordone avec son fils et un autre officier, je lui demandai
ses ordres, et il me répondit ces mots : « *Certainement
oui.* Je suis retourné près du colonel Chenet, et *nous
avons quitté Saint Martin pour nous rendre au point désigné.*

» D. — Savez-vous pourquoi vous avez quitté le
couvent?

» R. — Je n'en sais rien par moi-même, mais j'ai
appris par un officier digne de foi, M. Drascowith, que
sa compagnie n'avait plus de cartouches. Ce que je

puis dire, c'est que ma compagnie n'en avait plus, que M. Chenet en avait fait demander et qu'on ne lui en avait pas délivré. Je sais aussi du chef de gare qu'au moment de l'attaque, il a fait partir deux wagons de cartouches.

» D. — A quelle heure vous êtes-vous présenté à l'état-major général pour demander l'autorisation ?

» R. — *Je ne saurais préciser l'heure,* mais je sais que c'était dans la matinée.

» D. — Vous êtes parti de Saint-Martin en même temps que le colonel Chenet, avez-vous remarqué si M. de Saulcy était présent ?

» R. — Non, je n'y ai pas fait attention.

» D. — Vous êtes parti le 1er décembre avec la guérilla et vous avez couché le soir à Montcenis ; vous êtes arrivé à Roanne le 4 ?

» R. — Je sais que la guérilla Marseillaise qui était adjointe à la guérilla d'Orient fut envoyée par le général Bressolles à Saint-Etienne, au lieu de s'arrêter à Roanne.

» D. — Le 4, arriva l'ordre d'arrestation du colonel ?

» R. — Je ne sais pas, mais le même jour pareil ordre arriva pour moi, et je fus envoyé à l'état-major général de Lyon entre deux gendarmes ; là, je ne fus relâché qu'à cause des deux pièces dont j'étais porteur, c'est-à-dire *un congé illimité* pour me faire soigner des blessures que j'avais reçues, un certificat attestant l'origine de ces blessures, pièces signées par le docteur Margaillan et par le commandant de place.

» D. — Quel est le motif de l'ordre d'arrestation donné contre vous ?

» R. — On disait que nous avions fui devant l'ennemi.

» D. — Mais vous ne pouviez pas avoir la responsabilité du fait, puisque vous n'étiez pas chef de corps ?

» R. — Ce qu'il y a de certain c'est que j'ai été arrêté.

» D. — Etiez-vous présent à Roanne lorsque l'ordre d'arrestation est arrivé ?

» R. — Non, j'étais à Saint-Etienne, et j'ai été arrêté ce jour-là même. »

Vous aviez fait le trajet entre Autun et Roanne

avec les hommes; avez-vous eu occasion de parler de
l'ordre donné par M. Bordone dans la matinée du 1ᵉʳ décembre?

M. GANDOULF. — Je n'en ai parlé à aucun, vu que je
suis resté tout le temps *en arrière de la colonne*, ne pouvant aller très vite; étant assis sur mon cheval au lieu
d'être monté, il m'était très difficile d'aller assez vite
pour suivre les hommes, j'avais une ordonnance pour
tenir mon cheval.

M. LE PRÉSIDENT. — Plusieurs officiers se préoccu-
paient de ce départ, quelques-uns étaient mécontents,
ils ne trouvaient pas la situation régulière et ils se de-
mandaient sur qui la responsabilité pouvait peser. Si
vous aviez été présent au milieu de ces hommes, vous
n'auriez pas pu manquer de faire connaître à ceux qui
s'inquiétaient ainsi de la marche dirigée par M. Chenet,
qu'il était autorisé à agir ainsi et que tout était régulier?

M. GANDOULF. — *Je me suis trouvé en queue de la colonne* avec quelques traînards qui m'ont demandé où
nous allions. J'ai répondu ceci : « Nous allons à Couches-les-Mines, » et voilà tout ce que j'ai dit; « maintenant nous n'avons plus rien, *il pourrait très bien se faire
que nous allions nous rééquiper et nous remonter, mais je
n'en sais rien.* »

M. LE PRÉSIDENT. — Vous aviez besoin de vous remonter?

M. GANDOULF. — Nous n'avions plus rien.

M. LE PRÉSIDENT. — Ni cartouches?

M. GANDOULF. — Ni cartouches...

M. LE PRÉSIDENT. — Ni chaussures?

M. GANDOULF. — Ni chaussures. Je dirai même mieux,
nous n'avions même plus de pantalons; M. Delpech en a
demandé à Lyon ainsi que des vêtements, et tout ce
qu'il fallait pour remonter le bataillon.

M. LE PRÉSIDENT. — Nous arrivons maintenant au
point capital de votre déclaration : vous affirmez que
vous avez reçu l'ordre du colonel Chenet d'aller à l'é-
tat-major pour demander l'autorisation, non pas d'aller
à Roanne, mais d'aller dans les bois, en arrière d'Autun, afin d'assurer la retraite?

M. GANDOULF. — J'affirme ce que j'ai dit déjà dans

mes deux dépositions, *semblables comme fond, sinon comme forme.*

M. BORDONE. — Le point capital de la déposition de M. Gandoulf est celui que vous lui avez posé tout à l'heure, et sur lequel il n'a nullement répondu. Est-il parti du couvent Saint-Martin avant de venir à l'état-major, ou est-il venu à l'état-major avant de partir du couvent Saint-Martin? Permettez moi de préciser : le couvent Saint-Martin était confié à la guérilla d'Orient à laquelle était adjointe la guérilla Marseillaise pour défendre cette position, qui était une des trois par lesquelles l'ennemi pouvait arriver à Autun.

De même que le faubourg Saint-Martin, le faubourg Saint-Pierre et le faubourg Saint-Jean étaient gardés par d'autres troupes. Eh bien! le faubourg Saint-Martin a-t-il été abandonné avant qu'on ait obtenu cette prétendue autorisation de le quitter, ou est-on venu à l'état-major, après l'avoir quitté? Ce que l'on verra tout à l'heure, car monsieur a dit qu'il y avait chez moi mon fils, qui a fait la campagne avec moi et que je ne peux naturellement pas appeler ici comme témoin, et un autre officier avec lequel M. Gandoulf pourra être confronté. M. Gandoulf aurait pu faire très utilement cette déclaration au moment du procès d'Autun; il n'a pas trouvé convenable de rester 24 heures de plus dans cette ville, pas plus que d'avoir mon approbation pour quitter sa brigade. Si la mémoire de M. Gandoulf n'est pas assez précise pour dire comment il est parti du couvent Saint-Martin (chose capitale cependant) et comment il est venu à l'état-major, nous le dirons, nous, ou du moins les témoins le diront.

M. GANDOULF. — Je regrette vivement que M. Margaillan, médecin en chef, qui a eu l'obligeance de se charger de toutes les formalités nécessaires pour moi à Autun ne soit pas là, sans quoi je prouverais que toutes les formalités pour mon départ ont été remplies.

M. BORDONE. — M. Margaillan, pas plus que qui que ce soit, n'avait le droit de délivrer un permis de convalescence, moins encore un congé illimité, il y avait pour cela un Conseil de santé sur la présentation duquel l'état-major prononçait. M. Gandoulf n'a jamais eu d'autorisation de ce genre et s'il l'avait eue, sa présence dans la fugue de la guérilla n'aurait pas plus de raison d'être que sa présence à Autun; il n'aurait eu dans ce cas qu'à se rendre au lieu désigné pour sa convalescence. La vérité, c'est qu'il n'était pas blessé et qu'il n'avait aucun permis.

M. LE PRÉSIDENT. — Etes-vous allé à l'état-major dès la matinée, avant les préparatifs de départ?

M. GANDOULF. — Dès la matinée.

M. LE PRÉSIDENT. — Ou bien la guérilla était-elle en marche? Nous avons entendu hier un témoin qui a déclaré, je crois, tenir de vous que, en partant, et *pendant que la troupe était déjà en mouvement*, on vous avait dit d'aller à l'état-major pour demander l'autorisation?

M. GANDOULF. — Je ne puis me rappeler ce fait là.

M. LE PRÉSIDENT. — En partant, a dit le témoin, M. Chenet vous aurait donné l'ordre d'aller à l'état-major?

M. GANDOULF. — Pour ce fait-là, je *puis affirmer une chose*, c'est que je ne m'en rappelle plus.

M. LE PRÉSIDENT. — M. Ferrière, n'avez-vous pas dit hier à la Cour, — votre déclaration a été faite sous la foi du serment, et vous êtes encore sous l'influence du serment prêté hier, — que le témoin Gandoulf vous avait raconté qu'en partant, M. Chenet lui avait donné l'ordre d'aller chercher l'autorisation du départ.

M. FERRIÈRE. — Ce que je puis affirmer c'est que, *en route, auprès du poteau de Couches-les-Mines* et du Creuzot, le capitaine Gandoulf a quitté le bataillon, et qu'il est revenu nous rejoindre après. C'est le capitaine Belloc, ou M. Ollive, qui a fait la déclaration dont vous parlez : je n'ai jamais su si M. Chenet lui avait donné l'ordre d'aller à l'état-major.

M. GANDOULF. — *Je ne puis rien affirmer.*

M. FERRIÈRE. — Quant aux munitions je dirai ceci : moi, simple soldat, j'avais à Pasques 80 cartouches; nous nous sommes toujours trouvés à 1 kilomètre, ou à 1 kilomètre 1|2 à peu près de l'ennemi; il était inutile de tirer dans ces conditions; il n'y a eu que les hommes qui étaient dans Pasques, au nombre de cinquante ou soixante, qui aient pu user en partie leurs cartouches, mais moi j'affirme que quand je suis arrivé à Autun et tous mes camarades, ou une grande partie du moins de ceux qui étaient avec moi, avaient presque toutes leurs cartouches ; j'en avais 60 pour mon compte. Il est vrai qu'il y avait des hommes qui avaient usé un certain nombre de cartouches, mais nous en avions 30 ou 35 en moyenne.

M. LE PRÉSIDENT. — C'est M. Gandoulf qui vous a parlé de la démarche qu'il aurait accomplie ?

M. FERRIÈRE. — M. Gandoulf ne m'a jamais adressé la parole que quand nous sommes allés le trouver pour demander son appui.

Mᵉ FOREST. — Je demande la permission de rappeler au témoin Ferrière un passage de sa déposition. Lorsqu'il a été invité à s'expliquer sur le point de savoir pourquoi M. Gandoulf n'était pas venu déposer devant la Cour martiale, il a dit qu'il s'était présenté chez ce témoin pour insister auprès de lui, afin de l'amener devant la Cour ; que M. Gandoulf a refusé, a résisté, mais qu'il a donné une attestation (c'est le mot dont s'est servi M. Ferrière) qui a été lue, d'après M. Chenet, devant la Cour martiale, et qu'elle commençait par ces mots que j'ai écrits sous la dictée du témoin : *Etant en route, le colonel Chenet m'a envoyé à l'état-major*, etc. Je demande à M. Ferrière si ce qu'il a dit hier est bien la vérité, et si l'attestation donnée par M. Gandoulf, qui ne voulait pas aller lui-même déposer devant la Cour, ne commençait pas par ces mots ?

M. FERRIÈRE. — Parfaitement.

M. LE PRÉSIDENT. — Vous souvenez-vous, monsieur Gandoulf, d'avoir donné une semblable déclaration.

M. GANDOULFE. — Je me rappelle parfaitement M. Ferrière, qui a été chercher M. Lorendo et qui est revenu à l'hôtel où je me trouvais ; il m'a dit qu'il avait vu Mᵐᵉ Chenet, et m'a prié de donner une attestation, si je ne pouvais pas venir. Je lui dis : « Je suis souffrant, je pouvais à peine me tenir, je retourne dans ma famille. » Voici ce que j'ai dit, M. Ferrière a raison.

Mᵉ FOREST. — Tout à l'heure, M. Ferrière disait que

la guérilla était en route lorsque M. Gandoulf est revenu à l'état-major ?

M. FERRIÈRE. — Je l'ai vu partir; comme j'ai dit hier, j'étais à la tête des éclaireurs, M. Gandoulf et le colonel étaient eux-mêmes à cheval *à la tête des éclaireurs*. M. Gandoulf a quitté en route la colonne et est revenu, je ne sais pas si c'est une demi-heure ou une heure après.

M. GANDOULF. — Je ne me rappelle plus le point précis où j'ai rendu l'ordre.

M. FERRIÈRE. — Mais de plus, je désirerais rappeler un fait à la mémoire de M. Gandoulf; *je ne suis pas allé trouver le capitaine Lorendo*, nous sommes venus vous trouver à votre hôtel.

J'ai dit au capitaine Gandoulf : Mme Chenet vient de nous dire que vous pouviez attester l'ordre de départ par écrit; nous n'en savons rien, nous autres. Je viens vous prier de rester, de déposer devant la Cour martiale, parce que cela peut nous rendre notre colonel. J'ai insisté, j'ai dit : c'est une question capitale, restez, je vous en prie ! Vous m'avez répondu : Il faut que je parte pour Bordeaux. J'ai encore insisté avec toute la force de caractère que je peux employer quand je crois avoir à chercher à sauver un homme innocent, au moins dans l'intérêt de notre bataillon ; je faisais dans ce moment-là tout ce que les hommes de cœur doivent faire. Vous m'avez dit : « Il faut que je parte! » Voyant votre décision bien arrêtée, je dis : au moins, signez une attestation du fait, et alors vous avez dicté au capitaine Lorendo qui a écrit cette attestation.

M. LE PRÉSIDENT. — Reconnaissez-vous avoir signé une attestation ?

M. GANDOULF. — Je le reconnais.

Me PORTE. — Il y a une attestation qui a été envoyée à la Cour martiale qui a disparu. La seconde déclaration confirme la première.

M. GANDOULF. — Elle a été faite en second lieu, mais le sens doit être le même. Si vous vouliez faire appeler M. Lorendo, lui, peut-être se souviendrait-il que c'est dans ces termes.....

M. LE PRÉSIDENT — Permettez-moi de vous demander

comment il se fait que vous n'ayez pas compris que vous deviez rester 24 heures de plus à Autun ?

M. GANDOULF. — Il m'était matériellement impossible d'y rester.

M. LE PRÉSIDENT. — Il s'agissait de la vie du colonel ?

M. GANDOULF. — C'est justement pour çà que je ne pouvais pas y rester ; je devais recevoir une lettre de Mme Chenet qui m'eût dit le jour, et, si *j'avais été chez moi,* je serais revenu si j'avais pu.

M. FERRIÈRE. — Mais moi, qui savais que le jugement devait avoir lieu le soir même, je l'ai formellement dit au capitaine : « C'est la vie du colonel, restez, je vous en prie ! » J'ai fait une démonstration très forte auprès du capitaine Gandoulf pour qu'il restât.

M. LE PRÉSIDENT. — Si le colonel Chenet pouvait être sauvé, il ne pouvait l'être que par vous. C'était donc une situation qui s'imposait à votre conscience. Il me semble que toute espèce de motif devait être abandonnée en présence d'une nécessité aussi impérieuse.

M. GANDOULF. — Si j'avais pu, je serais resté ; je ne le pouvais pas.

M. LE PRÉSIDENT. — Si vous eussiez été à la place du colonel Chenet, amené de Roanne à Lyon, puis à Autun, et attendant le jugement qui devait être exécuté le lendemain matin, vous expliqueriez-vous qu'un homme qui a entre les mains le moyen de vous sauver ne se présentât pas devant la Cour ?

M. GANDOULF. — Oui, monsieur, dans les circonstances où j'étais à ce moment-là.

Me PORTE. — Vous ne pouvez pas les dire?

M. GANDOULF. — Non, monsieur, *et je ne les dirai pas.*

M. FOREST. — Elles sont faciles à deviner.

UN JURÉ. — C'est singulier : est-ce que vous ne pouvez pas les dire ?

M. GANDOULF. — Non, monsieur.

M. BORDONE. — Il y a beaucoup d'indécision dans la déposition de M. Gandoulf ; mais il y a une chose qu'il ne peut pas avoir oubliée ; car, si on peut oublier des réponses verbales, on n'oublie pas des faits (rires). D'où est parti M. Gandoulf pour venir à l'état-major, afin de demander cette prétendue autorisation qui n'a jamais existé? M. Gandoulf était-il au couvent Saint-Martin dans une chambre où M. Chenet a fait réunir les officiers de la guérilla d'Orient pour leur parler de l'opportunité du moment et de la forme du départ? Etiez-vous présent à cette séance?

M. GANDOULF. — Non.

M. BORDONE. — M. Gandoulf ne répond rien à la première question. Il dit non, pour la seconde, cela me suffit pour le moment, tout à l'heure nous verrons le reste.

M. LE PRÉSIDENT. — De quel point êtes-vous parti pour faire la démarche?

M. GANDOULF. — Je l'ai déjà dit, *je crois* que c'est de cette promenade dite des Tombeaux.

M. LE PRÉSIDENT. — Où est-elle située?

M. GANDOULF. — Je ne connais pas Autun; je ne le connais que très peu.

Mᵉ PORTE. — Où était le lieutenant-colonel lorsque 'ordre a été reporté?

M. GANDOULF. — Je crois que c'est à quelque distance d'Autun, autant que je puis m'en souvenir.

Mᵉ FOREST. — A quelque distance d'Autun! (Sensation.)

M. LE PRÉSIDENT. — Il était seul ou avec ses hommes?

M. GANDOULF. — Seul, au devant du bataillon. (Hilarité générale.)

Mᵉ FOREST. — A quelque distance d'Autun, en avant du bataillon!

Mᵉ PORTE. — En arrière du bataillon!

M. GANDOULF. — *Je ne peux pas le dire!*

Mᵉ PORTE. — Le fait de l'autorisation est certain; il vous a été donné?

M. GANDOULF. — Certainement, mon Dieu.

M. LE PRÉSIDENT. — Sur ce point, qui est capital, êtes-vous affirmatif absolument?

M. GANDOULF. — Absolument affirmatif.

M. LE PRÉSIDENT. — Vos souvenirs ne vous trompent pas?

M. GANDOULF. — Sur ce point, je suis sûr. La meilleure preuve est, qu'au Conseil de guerre j'ai indiqué la forme du cabinet et les paroles du général.

Mᵉ PORTE. — Qui a dit : « *Certainement oui?* »

M. GANDOULF. — Oui, d'une façon toute *bénigne* ; il trouvait ça tout naturel.

M. BORDONE. — Je le nie.

M. LE PRÉSIDENT. — Opposez-vous un démenti ?

M. BORDONE. — Le plus absolu !

Mᶜ FOREST. — M. Delpech demande à être entendu.

M. LE PRÉSIDENT. — M. Gandoulf, avez-vous su que très peu de temps avant la démarche à l'état-major, Garibaldi était allé au couvent pour dire qu'il fallait conserver cette position, la fortifier et en créneler les murs ?

M. GANDOULF. — Non, je n'y étais pas.

M. LE PRÉSIDENT. — M. Delpech ?

M. DELPECH. — Je crois pouvoir dire que je connais, moi, les motifs qui ont empêché M. Gandoulf de rester à Autun : c'est qu'il était hors d'état d'expliquer sa présence dans cette ville, où il était venu à la suite du colonel Chenet et en état de désertion comme lui. M. Gandoulf désirait s'en aller afin de ne pas passer en jugement et de ne pas être pris. Je vous affirme qu'il n'y a pas d'autres raisons que çà.

M. GANDOULF. — Je prouverai que je n'ai jamais déserté !

M. LE PRÉSIDENT. — Il y avait bien un ordre d'arrestation, cet ordre a été exécuté, mais il n'y a pas été donné suite ?

M. GANDOULF. — Parfaitement.

M. BORDONE. — Il y avait un ordre général ; devait-il toucher le témoin ? je n'en sais rien. Pour un chef d'état-major, les fuyards sont des êtres impersonnels. Je n'ai jamais connu M. Gandoulf, je n'ai vu apparaître son attestation qu'au Conseil de guerre de Lyon, alors que dans cette situation, moi-même qu'on prétend l'ennemi né de M. Chenet, et qui ne lui ai jamais fait cet honneur, j'aurais trouvé parfaitement cruel et intempestif, inutile enfin, de condamner à mort l'homme qui l'eût même mérité dix fois, parce que cette condamnation à si grande distance de l'événement, n'avait plus de raison d'être, que les Cours martiales n'ont d'autre but que d'atteindre immédiatement es lâches et surtout de frapper le moral des troupes qui seraient tentées de les imiter. Nous avons eu beaucoup de débandés après l'affaire du 26 novembre devant Dijon, M. Gandoulf a pu être poursuivi; je n'en sais rien; on ne poursuivait pas telle ou telle personne, l'ordre était général, et ceux qui étaient pris étaient frappés. Le copie-lettres que MM. les jurés pourront consulter prouve tout cela surabondamment. Tous les préfets en arrière des lignes que nous occupions avaient ordre de faire arrêter les officiers qui n'étaient pas porteurs d'autorisation en règle, et de *refuser le boire et le manger* aux corps ou fractions de corps en situation irrégulière, jusqu'à ce qu'ils se remissent en route pour rallier Autun.

Mᵉ PORTE. — Ce qu'il y a de certain, c'est que cette accusation ne s'est pas produite au Conseil de guerre de Lyon; j'en prends acte. Mais à Lyon jamais un reproche n'a été adressé au témoin, *d'une loyauté et d'une bravoure parfaites.* (Rires généraux.)

Mᵉ FOREST. — L'incident a été soulevé par M. Gandoulf lui-même; il nous a dit tout à l'heure que lui aussi il avait été arrêté et conduit à Lyon entre deux gendarmes, et il a ajouté que s'il a été relaxé, c'est parce qu'il était blessé et qu'on ne pouvait pas le considérer comme un fuyard.

M. GANDOULF. — On m'a fait des excuses de m'avoir arrêté.

Mᵉ FOREST. — Cela répond parfaitement à l'observation de M. Delpech; il craignait de se faire arrêter et il ne se présentait pas à la Cour martiale.

M. GANDOULF. — Vous tenez à ce que je vous le dise, eh! bien, j'avais ordre à ce moment-là, non pas ordre, mais on m'avait prié d'envoyer trouver M. Gambetta avec une lettre du colonel; je connaissais une personne à Lyon qui pouvait le faire et ce voyage était indispensable.

M. CHENET. — C'est vrai, messieurs, M. Gandoulf est parti pour me sauver, il est allé en mission pour me sauver; c'est lui qui est allé chercher l'ordre à l'état-major. M. Bordone, tout à l'heure, vient de dire qu'il a lancé un ordre d'arrestation général contre les dé-

8

bandés; non, pour moi, non! Le capitaine de gendarmerie de Roanne, le 4 décembre au matin, a reçu une
dépêche et il est arrivé au café, où j'écrivais, et où il
m'a dit : « Je vous arrête, » en me mettant la main sur
l'épaule. Je me relève : « Capitaine, appelez-moi d'abord
colonel, j'ai mes insignes sur le bras. — Je n'ai pas
à vous appeler colonel, je vous arrête, moi; vous n'êtes
pas un colonel pour moi! » et cela d'une façon très im-
pertinente. Je dis : « Capitaine, veuillez me donner
l'ordre dont vous êtes porteur pour mon arrestation ? »
Il exhiba cet ordre : « Les autorités civiles et militaires
ont ordre d'arrêter partout où il se trouvera M. le lieutenant-colonel Chenet, qui a fui devant l'ennemi en
abandonnant le poste qu'il commandait et en entraînant
sa troupe à sa suite. » Donc, l'ordre est formel pour
moi et il n'est pas fait pour tout le monde.

M. BORDONE. — Je n'ai jamais dit qu'il n'a pas été envoyé de l'état-major, signé par moi ou tout autre, un
ordre spécial touchant M. Chenet; *il méritait bien cette
distinction et un ordre spécial pour lui!* (Rires.) Mais voici
des dépêches que vous allez trouver toutes à cette date
et disant :

« Chef d'état-major à Préfets. » — Il en fut adressé
à presque tous les préfets en arrière des lignes que nous
occupions.

Il y a une série de dépêches de ce genre; le registre
est à votre disposition et elles peuvent toutes se formuler par ces mots : « Refusez aux troupes jusqu'au moment de leur départ pour Autun, le manger et le
boire ! »

M. LE PRÉSIDENT. — Vous souvenez-vous M. Gandoulf, si l'ordre d'arrestation était personnel en ce qui
vous concernait?

M. GANDOULF. — Non, du tout.

M. BORDONE. — Je ne sais pas si M. Gandoulf était
considéré comme fuyard. Je ne m'en souviens pas, je
ne me suis pas occupé de lui.

M. LE PRÉSIDENT. — Vous ne vous souvenez que des
poursuites dirigées contre la guérilla d'Orient ?

M. BORDONE. — Il y en a eu d'autres; — celle par
exemple qui a été spécialement dirigée contre le chef

de bataillon, M. Deplace, qui avait abandonné son poste. Quand il arrive un homme ou une troupe dans un lieu de garnison, on ne sait pas toujours d'où il vient; on le lui demande et on informe le quartier d'où il est parti; sa situation connue, on donne ordre de prendre telles ou telles mesures à son égard. C'est ainsi que M. Chenet a été arrêté à Roanne, après une dépêche qui nous a été adressée. On comprend qu'il n'était pas possible de laisser la guérilla d'Orient se promener ainsi avec son chef, voilà pourquoi un ordre personnel et formel l'a touché.

M. PORTE. — Il était bien facile à toucher, puisqu'il restait à Roanne. Enfin, qu'il soit bien constaté que si le témoin ne s'est pas présenté à la Cour martiale, il n'a pas manqué de se présenter au Conseil de guerre de Lyon.

M. LE PRÉSIDENT. — Nous avons là sa déclaration.

Mᵉ PORTE. — Est-ce qu'il ne serait pas à la connaissance du capitaine Gandoulf que le couvent Saint-Martin n'était pas, précisément, considéré comme un poste ?

M. GANDOULF. — Je ne sais pas.

M. LE PRÉSIDENT. — Vous ne connaissez pas la localité ?

M. GANDOULF. — Non, monsieur.

Mᵉ PORTE. — Pardonnez-moi, M. Delpech, je disais que nous avions la plus grande confiance dans votre loyauté, nous devons vous rendre cette justice. Je vous demande, et c'est très important, si le couvent Saint-Martin était considéré comme un poste stratégique ou si, seulement, il avait été assigné au colonel Chenet comme casernement.

M. DELPECH. — Il m'est impossible de répondre à cette question et je vais en donner la raison. J'ai occupé, avec la deuxième brigade, alors que M. Chenet n'était pas encore venu à l'armée, et après qu'il l'a eu quittée, le quartier nord-est de la ville, et j'avais la défense d'un secteur qui n'était pas dans la direction du couvent Saint-Martin. Je ne connais pas cet endroit.

Mᵉ PORTE. — Je demande la permission à M. Delpech

de lui rappeler ce qu'il a dit dans sa déposition devant le Conseil de guerre de Lyon :

« J'ajoute que d'après des renseignements ultérieurs, j'ai acquis la preuve que le couvent Saint-Martin avait été assigné comme cantonnement à la guérilla d'O-rient. »

M. DELPECH. — Je ne le conteste pas.

Mᵉ FOREST. — Le capitaine Williame peut répondre à la question.

Mᵉ PORTE — *Elle a déjà été jugée ;* je ne tiens pas à ce témoignage.

M. LE PRÉSIDENT. — Contestez-vous l'authenticité de l'ordre donné par le général Garibaldi? Il est certain que s'il a été donné, c'était une position stratégique.

Mᵉ PORTE. — Il a pu donner l'ordre le matin, mais il ne l'a pas donné à M. Chenet.

M. LE PRÉSIDENT. — Mais sur le fait de l'ordre donné, vous ne contestez pas l'authenticité?

Mᵉ PORTE. — Nous ne savons pas si l'ordre a été donné; on le prétend, mais jusqu'à présent rien ne le prouve.

Mᵉ FOREST. — Je tiens à éclairer un point de la déposition de M. Gandoulf, car la Cour comprend son importance. Ce témoin a dit tout à l'heure qu'il était à la mairie, à l'ambulance, au moment où il a reçu l'ordre de se rendre à l'état-major. Je voudrais que M. Gandoulf eût la bonté de nous dire de qui il a reçu l'ordre, quelle personne le lui a donné?

M. GANDOULF. — Je ne pouvais pas à la fois être à la mairie et recevoir l'ordre du colonel. Je n'ai pas été compris. Je m'exprime peut-être mal, mais ce qu'il y a de certain, c'est que j'étais logé à l'hôtel presque en face de la mairie, que le matin je suis allé faire ce que j'ai dit et que je me suis rendu ensuite à la recherche de ma compagnie qui se trouvait au couvent Saint-Martin à ce moment-là.

M. LE PRÉSIDENT. — C'est au couvent Saint-Martin que l'ordre a été donné?

M. GANDOULF. — J'ai dit tout à l'heure vers la promenade des Tombeaux.

Mᵉ FOREST. — Permettez-moi de vous rappeler que

vous avez dit, que vous aviez rencontré le colonel sur
la promenade des Tombeaux?

M. GANDOULF. — La promenade des Tombeaux est
dans Autun.

Mᵉ FOREST. — Il n'y a pas possibilité de tirer quelque
chose de précis de M. Gandoulf; cependant, en répon-
dant à une partie de la déposition de M. Ferrière, il
a déclaré qu'il avait porté l'ordre verbal à M. Chenet,
alors qu'il était à quelque distance d'Autun.

M. GANDOULF. — Près d'Autun.

Mᵉ FOREST. — Est-ce bien vrai, cette fois?

M. GANDOULF. — Je vous le répète, monsieur.

Mᵉ FOREST. — Par conséquent, lorsque l'ordre est arrivé à la connaissance du colonel Chenet, il avait déjà
quitté le couvent Saint-Martin.

M. BORDONE. — Il est impossible de ne pas faire remarquer encore une fois ce que la déposition de M. Gandoulf a d'étrange. Je n'insisterai pas là-dessus, mais ce
qu'il faut que MM. les jurés sachent, c'est qu'après l'affaire d'Autun, et avant le procès de Lyon, MM. Chenet
et Gandoulf ont très longtemps *cohabité* ensemble, et
qu'ils ont eu tout le temps de préparer dans l'intimité,
les étranges choses que vous venez d'entendre.

Le sieur PIERRI, Jacques, 28 ans, propriétaire, demeurant à Constantinople, déclare que la discipline de
la guérilla, dans laquelle il était capitaine, était bonne,
et qu'il restait aux hommes six ou sept cartouches
mouillées, à Autun.

Déposition de M. Loysel.

LOYSEL, Charles, général de brigade, membre de
l'Assemblée nationale, demeurant rue d'Isly, 10.

Mᵉ PORTE. — Je prie M. le président de demander à
M. le général Loysel ce qu'il pense de M. Chenet.

M. Loysel expose longuement qu'il est entré en relation avec M. Chenet en 1865, à Mexico; qu'étant chef
de cabinet de l'empereur Maximilien, il a reçu ce militaire, qui a servi dans l'armée mexicaine comme lieutenant, puis comme capitaine de gendarmerie, et qu'on

a été satisfait de ses services. Il ajoute : « En 1871, au moment de la réunion de l'Assemblée nationale, j'appris la situation déplorable dans laquelle il se trouvait. J'avais connu M. Chenet si vaillant soldat, que je devais supposer qu'il était une victime ; toutes les présomptions étaient en sa faveur; les renseignements que je recueillis ne firent que confirmer ces présomptions. Aussi, je répondis immédiatement à M. Chenet. Cependant, il avait un tort grave à mes yeux ; je ne le lui cachai pas; il avait eu l'honneur de porter l'épaulette d'officier français, il avait quitté Constantinople mû par les meilleurs sentiments pour offrir son épée au pays, et il aurait dû avoir assez *de respect de lui-même* pour ne pas venir se mettre sous les ordres d'aventuriers qui ne pouvaient inspirer que la méfiance la plus légitime. (Rumeurs.)

Mᵉ FOREST. — Le témoin ne dépose pas, il accuse.

M. LOYSEL. — Je crus devoir intervenir, parce que les honnêtes gens doivent se sentir les coudes, comme on dit dans l'armée, et je m'adressai avec les plus vives instances à M. le général Leflô. Je lui demandai qu'on fît, comme le demandait M. Chenet, la révision la plus prompte de ce scandaleux jugement; il voulut bien avoir égard à ma recommandation, et M. Chenet fut dirigé sur Lyon, pour être jugé par un vrai tribunal, par des officiers français, ces juges qui ont une seule passion, celle du devoir! Mes présomptions furent immédiatement justifiées, puisqu'il fut rendu à la liberté et acquitté par un vrai tribunal, comme j'ai eu l'honneur de vous le dire.

Mᵉ PORTE. — Vous avez été scandalisé de voir une accusation comme celle qui consistait à dire que M. Chenet avait abandonné son poste devant l'ennemi?

M. LOYSEL — Plus que scandalisé, j'ai été indigné.

M. LE PRÉSIDENT. — C'est une appréciation morale. Quant aux faits en eux-mêmes, vous ne les connaissez pas?

M. LOYSEL. — Non, monsieur.

M. LE PRÉSIDENT. — Allez-vous asseoir, général.

M. LORENDO, Etienne-Georges, déclare que les hom-

mes de sa compagnie n'avaient plus que 7 ou 8 cartouches à Autun, que la discipline était bonne, mais
que des plaintes s'étaient produites après Pasques,
parce que les troupes trouvaient tout accaparé par les
autres corps, et que en allant à Roanne, des hommes
ont quitté leurs officiers pour se rendre à Lyon. Il était
chez lui lorsque le bataillon a quitté Autun et ne la
joint que hors de la ville. Il a entendu dire qu'il y avait
eu une réunion des officiers avant le départ, mais il
ne sait pas ce qui s'y est passé.

Déposition de M. Deschamps.

DESCHAMPS, Eugène-Félicité, 33 ans, rentier.

Mᵉ PORTE. — Combien de cartouches étaient entre
les mains de soldats de la guérilla d'Orient, au commencement de décembre 1871 ?

M. DESCHAMPS. — Une dizaine de cartouches à peu près.

Mᵉ PORTE. — Est-ce qu'il n'est pas à la connaissance du
témoin que le colonel a fait demander des cartouches
la veille du 1ᵉʳ décembre ?

M. DESCHAMPS. — C'est moi-même qui ai été chargé
de faire cette demande.

M. LE PRÉSIDENT. — Racontez-nous ce que vous avez fait.

M. DESCHAMPS. — Je suis allé à la préfecture, au
commandant de place ; on m'a reçu fort mal, en me
disant qu'on n'avait pas le temps, de repasser. J'ai demandé des habillements pour nos hommes, et on m'a
donné un ordre à cet effet. Le lendemain, j'y suis retourné encore, mais, là, on était en mouvement, et on
n'a pas pu me recevoir. Je suis allé pour dire au colonel qu'on ne pouvait pas me donner ce que je réclamais, mais je ne rencontrai pas le colonel ni le corps.

M. LE PRÉSIDENT. — Vous n'avez pas rencontré le colonel ?

M. DESCHAMPS. — Il était parti.

Mᵉ PORTE. — Est ce que les hommes n'étaient pas
mécontents ? Qu'est ce qui s'est passé à Montcenis ?

M. DESCHAMPS. — J'étais de grand'garde ; je n'ai pu
réunir que 16 à 17 hommes.

M. LE PRÉSIDENT. — Savez-vous dans quelles conditions on a quitté le couvent Saint-Martin?

M. DESCHAMPS. — Je ne sais pas. J'étais à l'autre bout de la ville.

Me PORTE. — Est-ce que vous n'avez pas fait prévenir le colonel de ce qui se passait à l'avant-garde à Mont-cenis?

M. DESCHAMPS. — Parfaitement; nos hommes ne voulaient pas rester, et plusieurs sont partis.

M. LE PRÉSIDENT. — Ils se débandaient?

M. DESCHAMPS. — Oui.

Me PORTE. — Et quelle a été la réponse de M. Chenet?

M. DESCHAMPS. — Il m'a écrit un mot de billet, me disant qu'il allait venir et faire fusiller les hommes qui quitteraient leur poste.

M. LE PRÉSIDENT. — A partir de ce moment, les hommes sont restés.

M. DESCHAMPS. — Parfaitement.

Me FOREST. — Je tiens à faire constater si ce passage de la déposition du témoin est bien dans sa pensée : Vous avez dit tout à l'heure que vous aviez été envoyé par M. Chenet pour avoir des cartouches, que le premier jour on ne pouvait pas vous en donner, que vous y êtes retourné le lendemain, mais qu'on était trop occupé, et que vous êtes retourné au couvent Saint-Martin?

M. DESCHAMPS. — Pas au couvent, à l'hôtel où demeurait M. Chenet.

Me FOREST. — Et vous avez ajouté qu'il n'y était plus?

M. DESCHAMPS. — J'ai rencontré en y allant un de nos hommes qui m'a dit que nous n'étions plus à Saint-Martin.

Me FOREST. — Donc, au moment où vous alliez rendre compte de votre mission, le colonel et la guérilla avaient déjà quitté le couvent Saint-Martin.

M. CHENET. — Je suis allé également à l'état-major et on m'a refusé aussi des cartouches.

Me FOREST. — Je demande à qui M. Chenet s'est adressé à l'état-major?

M. CHENET. — Voilà le Bon : « Bon pour la quantité de 10,000 cartouches pour carabines Minié, pour compléter l'armement du corps de la guérilla d'Orient. Autun 30 novembre 1870, vu et approuvé : Colonel Chenet. »

M⁰ FOREST. — Bien, mais le colonel Chenet, qui s'est présenté lui-même à l'état-major, à qui s'est-il adressé?

M. CHENET. — Je ne me rappelle pas à qui je me suis adressé.

M. BORDONE. — Mon adversaire vient de dire que comme on ne lui avait pas remis de cartouches il s'est transporté lui-même à l'état-major; je lui demande à quelle heure?

M. CHENET. — A neuf heures du matin.

M. BORDONE. — A quelle heure prétend-il avoir donné à M. Gandoulf l'ordre de venir solliciter une autorisation de départ?

M. CHENET. — A neuf heures quarante-cinq minutes.

M. BORDONE. — Pourquoi, étant à l'état-major, *où il y avait tant de galons*, M. Chenet n'a-t-il pas demandé à quelqu'un cette autorisation qu'il faisait demander par M. Gandoulf quelques minutes après? (Rires et vif mouvement d'approbation.)

M. CHENET. — Mon officier, M. Deschamps, se tuait en courses et en demandes pour avoir des cartouches, et, n'en obtenant pas, je l'ai envoyé à l'état-major; mais comme il m'avait rencontré et qu'il m'avait dit : je ne puis pas obtenir de cartouches, je sortais de mon hôtel à huit heures 1/2, je suis allé à l'état-major. Là, non-seulement j'ai demandé des cartouches, des souliers, mais j'ai demandé des ordres. On m'a répondu : Des ordres ! mais il n'y en a pas : — J'ai dit : Comment? On peut être surpris, l'ennemi peut venir ! — Restez tranquille, laissez-nous en paix! C'est exact ce que je répète. (Rires.)

Je me suis rendu au casernement; je n'ai pas trouvé deux officiers. La preuve, M. le Président, c'est que voilà trois officiers que je fais venir; aucun n'y était. Ils étaient tous logés en ville, et moi j'étais obligé, comme je le disais, d'être toujours le chien du quartier. Quand M. Belloc a dit qu'il y avait eu une réunion, il était mon secrétaire particulier; il aimait beaucoup à dormir, et

c'est le colonel qui a chargé la cantine de son secrétaire.
Si quelqu'un était au quartier, ça ne peut être que
M. Ollive, et je ne m'en souviens pas ; mais, pour y
avoir une réunion au quartier. je jure encore une fois
que je ne suis pas entré dans une chambre du couvent Saint-Martin ; seulement, lorsque je suis arrivé,
j'ai vu un brouhaha incroyable ; tous les hommes sens
dessus-dessous. Je me suis dit : qu'est-ce que je vais
faire? J'ai fait prendre les armes, parce que pour un
chef qui veut mettre sa troupe en ordre, il n'y a rien de
tel qu'une prise d'armes ; pour cela il n'y a rien de tel
que de prendre ses hommes et de faire une marche. Je
voulais *faire un petit tour et revenir*. Alors je me suis
dit : puisque c'est comme çà, l'état-major est parfaitement tranquille ; il dort sur ses deux oreilles : il va y
avoir quelque chose. Alors j'ai dit à M. Gandoulf *en
dehors du couvent:* Faites-moi donc le plaisir d'aller au
quartier-général et de demander l'autorisation de me
mettre en route sur le Creuzot et Montcenis, de manière
à couvrir Couches-les-Mines et la ligne de retraite.
M. Gandoulf partit, et moi je marchai encore avec ma
troupe. *Je ne quittais pas les alentours du couvent.* (Rires.)
Enfin l'officier est arrivé. Je m'étais mis en marche ; si
on veut discuter sur le mot, et il me dit : colonel, de la
part du général Bordone, vous devez occuper cette
position ; et il m'a montré la position sur la carte. Je
me suis mis en route, et, en allant à l'extrémité des
bois, *j'ai pris position*. Il était onze heures et demie. Je
suis resté là jusqu'à quatre heures du soir en envoyant
en grand'garde la guérilla Marseillaise sur le chemin
de fer de Marmagne. Enfin, à la nuit tombante, étant
plus près de Montcenis que d'Autun, j'ai été coucher à
Montcenis. Donc, *je n'avais nullement envie de quitter
Autun;* seulement, une fois à Montcenis, il y a eu une
révolte ; là grand'garde s'y est révoltée ; les hommes
n'ont plus voulu marcher ; ils n'avaient plus de souliers,
plus de vêtements secs. Alors, j'ai écrit à mon chef de
brigade qu'il fallait que je me ravitaille. J'ai télégraphié
au général commandant la division à Lyon. J'ai reçu
sa réponse et je suis parti. Voilà comment les choses se
sont passées.

M. LE PRÉSIDENT. — Vous avez fait, ainsi, une démarche à l'état-major le matin ?

M. CHENET. — Oui, il était neuf heures.

M. LE PRÉSIDENT. — Vous êtes revenu au couvent Saint-Martin ?

M. CHENET. — Oui.

M. LE PRÉSIDENT. — Et vous avez fait prendre les armes. Vous dites que vous avez alors envoyé M. Gandoulf pour demander l'autorisation ; mais, lorsque vous êtes ainsi revenu, ne vous a-t-on pas dit que Garibaldi avait fait une tournée le matin et qu'il avait donné l'ordre de fortifier la position ?

M. CHENET. — Non, si on m'avait dit que Garibaldi avait donné l'ordre d'occuper la position, mon devoir, comme soldat, eût été de l'occuper, et je n'ai jamais *failli aux ordres que j'ai reçus ;* je veux qu'on m'obéisse, et je commence par obéir ; et si j'avais jugé à propos de faire une demande malgré les ordres de Garibaldi, j'aurais prévenu l'état-major, j'aurais dit : « Faites attention et dites qu'on m'avait donné la position de Saint-Martin à garder, qu'on me fasse remplacer ! » Or, derrière la position de Saint-Martin, j'ai traversé trois ou quatre lignes d'infanterie, 6 à 8,000 hommes, à mon coup d'œil, moi qui ai un peu d'habitude. J'ai traversé 8,000 hommes d'infanterie qu'il était parfaitement facile d'amener, pour me remplacer, lorsqu'il a été reconnu qu'il n'était plus occupé et avant que l'ennemi arrive.

M. LE PRÉSIDENT. — Vous n'avez pas connu la visite faite par Garibaldi ?

M. CHENET. — Non.

M. LE PRÉSIDENT. — Vous avez fait demander par M. Gandoulf d'aller occuper un point qui protégeait Couches-les-Mines ?

M. CHENET. — Pour éviter une surprise.

M. LE PRÉSIDENT. — Est-ce sur ce point que vous vous êtes rendu ?

M. CHENET. — C'est sur ce point.

M. LE PRÉSIDENT. — N'êtes-vous pas arrivé à Montcenis le soir ?

M. CHENET. — Oui.

M. LE PRÉSIDENT. — Quelle est la distance entre Couches et Montcenis?

M. CHENET. — Nous avons marché environ *deux heures* avant d'arriver au point où j'ai fait manger mes hommes. On a dit que je n'avais pas pris mes dispositions; c'est un capitaine qui l'a dit, mais je ne relève pas les accusations de mes inférieurs. Mes troupes étaient parfaitement placées en grand' garde, et vigilantes.

M. LE PRÉSIDENT. — D'après l'autorisation qui vous aurait été donnée selon vous, cette position ne devait-elle pas être conservée par vous un peu plus longtemps?

M. CHENET. — Non, l'ennemi s'étant retiré, il n'y avait plus lieu de garder la position, d'autant plus que j'étais informé par des officiers garibaldiens qui passaient et par tout le monde, qu'il était en retraite. Du reste, si on m'avait dit à moi, Chenet : « Colonel, vous avez quitté un poste, vous allez le reprendre, » *je l'aurais enlevé*, et je n'avais pas 400 hommes.

M. FOREST. — On a souvent parlé d'une position à occuper; on a dit que ce point avait été indiqué sur une carte; je demande à ce qu'il soit précisé par M. Chenet et qu'il veuille bien dire le nom du pays où il s'est arrêté, ainsi que la distance de ce pays à Autun.

M. LE PRÉSIDENT. — C'est, en d'autres termes, la question que je posais.

M. CHENET. — C'est le premier village dès qu'on arrive sur le plateau en quittant les bois. Une observation stratégique : à la droite d'Autun il y a un grand ravin, par conséquent il n'y avait pas d'attaque à craindre de ce côté; il fallait donc garder l'extrémité du ravin sur le plateau; voilà ce que j'ai fait.

M⁰ FOREST. — Ce n'est toujours pas la réponse à ma question. Puisque M. Chenet ne sait pas le nom du village, il peut au moins dire avec *ses connaissances stratégique* (hilarité générale), à quelle distance ce village était d'Autun?

M. CHENET. — Il y a quelques maisons qui se trouvent sur la route.

M⁰ FOREST. — Mais encore à quelle distance?

M. CHENET. — A deux heures de marche, environ 8 kilomètres.

Mᵉ FOREST. — Je tiens à rappeler qu'un témoin, un officier, a déposé hier que pendant 14 kilomètres la marche de la guérilla d'Orient ressemblait plutôt à une débandade et à une fuite qu'à une marche, j'ajoute que ce même officier a déclaré que pendant toute la journée, et, c'était un jour de bataille, *on a tourné le dos à l'ennemi*.

M. VACHTER, Alfred-Oscar, 46 ans, homme de lettres, boulevard de Clichy, 79, ex-secrétaire au Mexique de la commission d'organisation de l'armée, confirme la déclaration de M. Loysel, en ce qui concerne la conduite du sieur Chenet dans ce pays.

TÉMOINS CITÉS PAR M. BORDONE POUR LA PLAINTE EN DIFFAMATION CONTRE CHENET ET MIDDLETON.

M. BAUMEZ, Charles-François, intendant militaire à Paris et sous-intendant militaire à l'armée des Vosges, s'exprime ainsi : « Le chef de l'état-major de l'armée des Vosges ne s'occupait pas habituellement des questions administratives ; je n'ai jamais eu à requérir son intervention directe, par conséquent, je ne connais pas de faits qui puissent donner lieu de l'accuser, de lui faire un reproche quelconque à ce point de vue.

Mᵉ FOREST. — Vous n'avez rien à dire de la conduite de M. Bordone en dehors de cela ?

M. BAUMEZ. — Il était chef d'état-major, son action était beaucoup plus une action de commandement qu'une question d'administration. Je le voyais tous les matins dans son cabinet, au rapport avec tous les chefs de service, et je le répète, au point de vue administratif, je n'ai jamais eu à me plaindre de l'intervention de M. Bordone.

M. MARTINET, Gabriel-Henri, 54 ans, directeur des contributions indirectes à la Rochelle, déclare qu'il était officier-payeur à l'armée des Vosges, que M. Bordonc a toujours rendu un compte exact, fidèle et loyal des sommes qu'il a pu avoir entre les mains ; c'est le témoin qui payait les dépenses sur réquisition du général. — Il ajoute :

« Avant moi M. Bordone avait eu à disposer d'environ 343,000 fr., sur lesquels 290,000 fr. ont été payés directement par les payeurs généraux ou les receveurs publics des finances, pour les besoins de service, équipement, vivres, etc., etc. M. Bordone n'a donc pas eu entre les mains ces fonds-là. Il est resté une somme de 75,000 fr. qui avait été donnée : 25,000 fr. à un M. Frapolli qui a été pendant trois ou quatre jours chef d'état-major à l'armée des Vosges, et 50,000 fr. à M. Bordone. Avec cette somme de 50,000 fr., il a fait face aux premières nécessités de l'armée des Vosges avant l'établissement de la trésorerie, et il en a rendu compte le 17 mars au ministre, en mettant à l'appui toutes les pièces justificatives des dépenses. Le tableau récapitulatif, avec ces pièces déposées par M. Bordone, a été fait dans mon bureau.

Mᵉ FOREST. — M. Martinet a-t-il eu connaissance que M. Bordone ait jamais exigé une somme de 150,000 fr. d'un receveur des finances de Dôle, et qu'il ait détourné cette somme ?

M. MARTINET. — C'est impossible, M. le receveur des finances ne pouvait pas donner d'argent sans une réquisition régulière du général Garibaldi, et M. Bordone n'a jamais rien touché à la caisse des finances de Dôle,

M. LE PRÉSIDENT. — Est-ce que ce fait est incriminé ?

Mᵉ FOREST. — Il aurait fallu incriminer toutes les pages du livre, mais on a dit que M. Bordone avait volé 150,000 francs à Dôle, au receveur Du reste le récit a été fait d'une façon aussi pittoresque que pour les chevaux vendus.

M. LOYSEL. — M. le président, voulez-vous me permettre de me rendre à mon poste ?

M. LE PRÉSIDENT. — Parfaitement.

Mᵉ FOREST. — Monsieur le président, les témoins qui ont été entendus hier s'opposent au départ de M. le général Loysel.

M. LOYSEL. — Je demande à faire une observation :

Je suis obligé d'aller à l'Assémblée nationale, et je n'ai pas l'honneur de connaître M. Bordone.

M. BORDONE. — Je n'ai pas, non plus, l'honneur de connaître M. Loysel. (Rires.)

M. LE PRÉSIDENT. — Il a répété à plusieurs reprises qu'il ne pouvait présenter que des considérations d'ordre moral; il ne sait rien des faits sur lesquels est basé le délit de diffamation.

(M. Bordone se lève pour répondre, son avocat le prie de se rasseoir.)

Mᵉ FOREST. — M. Bordone s'oppose énergiquement au départ de M. Loysel; pour ma part, je serais désolé qu'il ne fût pas là quand je lui répondrai. Il a oublié que parmi ces aventuriers de l'armée des Vosges, qui ont jugé M. Chenet, il y a des officiers supérieurs de la marine, des chefs de bataillon du génie, de hauts fonctionnaires des finances et des ponts et chaussées, des hommes enfin que personne n'a le droit d'insulter. (Vive approbation.)

M. Loysel va s'asseoir au banc des témoins.

M. le Président lit une lettre de M. Kodowith, officier de l'armée autrichienne, témoin du sieur Chenet qui rend hommage à la bravoure déployée par celui-ci au Mexique.

M. DE LA TAILLE, Marie-Charles, inspecteur des chemins de fer de Paris à Lyon et à la Méditerranée, en résidence à Clermont-Ferrand déclare qu'une seule fois, il a vu monter une dame dans le même train que M. Bordone.

Mᵉ FOREST. — Cette dame était Mᵐᵉ Layet, dont le mari est confiseur à Autun. Les époux Layet, mariés légitimement, ayant des enfants, jouissant de la plus grande considération à Autun ne pouvaient pas, comme toutes les personnes qui étaient dans cette ville, circuler pour les besoins de leur commerce, tous les trains étant requis pour l'armée; comme il y avait nécessité, pour ses affaires qu'elle se rendît à Lyon, avec son mari, Mᵐᵉ Layet profitant d'une tolérance des autorités militaires est montée dans le train où avait pris place

M. Bordone et non dans le compartiment où il se trouvait d'ailleurs avec M. de la Taille lui-même.

Voilà la femme qu'on a appelée une prostituée!

M. BORDONE. — Le témoin doit se souvenir que plusieurs fois il m'a, lui-même, demandé de laisser monter diverses personnes dans ces trains spéciaux, et que je ne m'y suis jamais opposé, puisque chaque fois, dans les bureaux de la gare même, je signais les réquisitions que me présentait le chef de gare.

M. DE LA TAILLE. — Dans la pratique, nous, employés du chemin de fer, lorsque des voyageurs voulaient prendre des trains spéciaux, pour mettre notre responsabilité à couvert, nous nous faisions donner une réquisition de l'autorité militaire. Pour Mme Layet, il y a eu spécialement une réquisition de transport pour des marchandises qui ont été livrées, et que Mme Layet et son mari ont refusé de payer; il s'agissait de 180 francs : M. Layet a présenté une réquisition de l'état-major; je ne pourrais dire de qui elle était signée, pour transporter gratuitement Mme Layet et les marchandises qu'elle apportait, et qui étaient considérées comme approvisionnement de guerre. Le chef de gare refusa de l'accepter; on le menaça de le faire arrêter.

M. BORDONE. — Moi?

M. DE LA TAILLE. — Non, pas vous monsieur, pas vous.

M. LE PRÉSIDENT. — C'est tout ce que vous savez?

M. DE LA TAILLE. — Sur ces transports? Oui monsieur.

M. ORDINAIRE. — M. le Président, je demande la parole.

M. LE PRÉSIDENT. — Parlez, monsieur.

M. ORDINAIRE. — Il y a eu une réquisition, en effet, donnée par l'état-major; cette réquisition a été signée par moi, avec l'approbation du général Bordone. C'était pour faire venir des provisions : il n'y avait plus d'épiceries à Autun; les soldats ne trouvaient plus rien, et nous avons cru devoir donner cette autorisation d'aller faire des provisions sur réquisition. Il s'agissait bien véritablement d'approvisionnements pour l'armée. Maintenant, quant à la menace d'arrestation du chef de gare; je puis en parler savamment; c'est dans une autre circonstance qu'elle s'est produite. Nous avions besoin de

couvertures, de munitions de toutes espèces, d'approvisionnements qui étaient au Creuzot. M. Bordone me
chargea d'aller demander à la compagnie, de mettre un
train à notre disposition pour aller chercher les effets
dont on avait le plus grand besoin. Le chef de gare me
dit qu'il voulait en référer à l'Administration centrale,
et qu'il ne pouvait pas mettre ce train à notre disposition. Je suis retourné à l'état-major ; M. Bordone m'a
renvoyé auprès du chef de gare, qui a, cette fois, prétendu qu'il n'avait personne pour conduire la machine.
M. Bordone répondit: *S'il n'y a pas de mécanicien, moi-
même je monterai sur la locomotive, et je conduirai le train.
Il faut absolument que ces munitions et ces effets d'équipement arrivent de suite à Autun.* Le chef de gare dit qu'il
ne pouvait le donner. C'est alors que je lui fis remarquer qu'il s'exposait à se faire arrêter. Le train a été
livré aussitôt.

Mᵉ FOREST. — Je profiterai de la présence de M. Ordinaire pour éclaircir un point qui est encore obscur.
M. Gandoulf a dit devant le Conseil de guerre de Lyon
qu'il y avait dans le cabinet du chef d'état-major un
officier qui a fumé une cigarette avec lui. Voudriez-
vous confronter M. Gandoulf avec M. Ordinaire, afin
de savoir si l'officier dont il a parlé est bien lui?

M. Gandoulf s'avance.

M. LE PRÉSIDENT. — Reconnaissez-vous en M. Ordinaire, l'officier qui se trouvait dans le cabinet de M. Bordone?

M. GANDOULF. — Mon Dieu, du moment qu'on reconnaît M. Ordinaire pour s'être trouvé dans le cabinet en
même temps que moi, si tout le monde reconnaît qu'il
s'y trouvait avec moi? (Rires.)

M. ORDINAIRE. — C'est que je prétends justement le
contraire ; je ne vous y ai jamais vu, et notamment le
1ᵉʳ décembre au matin.

M. GANDOULF. — Eh bien, alors ! monsieur n'était pas
avec moi dans le cabinet ; j'ai dit que je ne le connaissais pas ; je ne le connais pas.

M. LE PRÉSIDENT. — Vous avez fumé une cigarette
avec cet officier?

M. GANDOULF. — Oui.

9

M. LE PRÉSIDENT. — Et vous ne reconnaissez pas M. Ordinaire?

M. GANDOULF. — Non, monsieur.

M. BORDONE. — Dans la matinée du 1ᵉʳ décembre, M. Ordinaire a-t-il quitté mon cabinet ?

M. ORDINAIRE. — Depuis la veille, nous nous attendions à une attaque; j'ai passé la nuit à l'état-major, et j'y suis resté toute la matinée. Je n'ai quitté le bureau que quelques minutes, de dix heures et demie à onze, pour aller déjeuner. C'est le seul moment où je me sois absenté.

M. MOUSSY, Jean-Marie, 32 ans, négociant à Mâcon.

Mᵉ FOREST. — MM. les jurés se rappellent un dialogue lu par M. le Président, entre M. Bordone et M. Moussy. Est-il vrai, M. Moussy, que vous ayez acheté 50 chevaux dont M. Bordone avait touché le prix, et qu'il aurait ensuite revendus à un autre marchand, et que vous ayez été sur le point de perdre argent et chevaux?

M. MOUSSY. — Je répondrai au tribunal ce que j'ai déjà dit partout, que je ne connais pas M. Bordone; je le connais depuis hier matin à dix heures, où je l'ai vu pour la première fois, ici. (Hilarité générale.)

Mᵉ PORTE. — C'est Middleton.

M. LE PRÉSIDENT. — C'est Middleton, selon vous, qui doit porter la responsabilité?

Mᵉ PORTE. — Oui.

Mᵉ FOREST. — Mais enfin, vous avez fourni les arguments !

M. FOULC, Denis, 32 ans, rentier à Avignon, confirme les dires des témoins précédents en ce qui concerne les ordres donnés d'une manière générale pour l'arrestation des fuyards.

Mᵉ FOREST. — Que savez-vous sur Middleton?

M. FOULC. — Voici l'affaire : A Mâcon, étant près de l'amiral Penhoat, je portai une dépêche à M. Bordone. M. Middleton désirait lui parler, mais il lui dit : « Monsieur, j'ai à vous dire que vous ne faites plus partie de l'armée, par ordre de l'amiral. Voici votre révocation. » Il demanda copie de l'ordre, et quelques jours après parut une note insultante sur l'état-major. M. Bordone fut le premier à nous dire : laissez ces gens-là tranquilles, vous n'avez pas à vous en occuper.

M. LE PRÉSIDENT donne la parole à Me Porte.

Me PORTE attendra que son confrère fasse sa preuve, et il lui répondra dans une seule plaidoirie. Il se borne à lire, avec quelques commentaires, les articles dans lesquels le délit de diffamation aurait été commis et ajoute : *le procès est la lutte entre l'armée régulière et l'armée irrégulière*, quand toutes deux auraient dû se tendre la main, car toutes deux ont rendu de grands services qu'il serait indigne et ingrat d'oublier. Il est bien certain que c'est cette rivalité, et pas autre chose qui a *été cause de ce procès, il n'y en a pas d'autres*. Cela dit, Me Porte cède la parole à son confrère.

Plaidoirie de Me Forest

Me FOREST. — Messieurs, M. Chenet a, le premier, porté une plainte contre M. Bordone ; je pensais qu'il l'aurait justifiée en entrant dans des détails qui nous auraient fourni l'occasion de nous disculper d'une manière complète. Il n'a pas jugé convenable de le faire ; chacun se défend comme il l'entend, mais il me semble que dans cette affaire encore, M. Chenet *s'échappe*. Je ne m'en plains pas, puisqu'il me permet de vous démontrer plus tôt que ce que M. Bordone a écrit, il l'a écrit consciencieusement, que ce qu'il a dit est l'expression de la vérité, et que, aujourd'hui encore, devant la justice, il n'a pas à retrancher une syllabe, une lettre de tout son livre.

Je suis obligé pour la défense de M. Bordone, de vous parler d'hommes et de choses qui, sans être dans le procès que vous avez à juger, y tiennent cependant par plus d'un point et d'une manière nécessaire, et d'abord je dois vous dire que la bataille d'Autun était déjà un fait du domaine de l'histoire, lorsque parut, au commencement de septembre 1871, une brochure signée Middleton, ayant pour titre : GARIBALDI ET SES

OPÉRATIONS A L'ARMÉE DES VOSGES. Cette brochure est d'un bout à l'autre, je ne crains pas de le dire, la glorification banale, fanfaronne, de son véritable auteur, M. Chenet; et d'un bout à l'autre aussi, elle est le dénigrement calculé, le travestissement grotesque de tous les chefs de l'armée des Vosges! Je n'ai pas besoin d'insister là-dessus, vous avez entendu la lecture de plusieurs passages de ce factum, et vous savez maintenant ce qu'il faut penser de la bonne foi, et de la loyauté de ses auteurs.

A peu près à la même époque, M. Bordone, ancien chef d'état-major de cette armée des Vosges, faisait, lui aussi, un livre, et, dans ce livre, que je puis appeler un ouvrage sérieux, il ne pensait pas le moins du monde à parler de M. Chenet; pour vous en convaincre, vous n'avez qu'à prendre le premier fascicule, et vous verrez qu'il n'y est nullement question du lieutenant-colonel de la guérilla d'Orient. Ce n'est qu'après la publication de cette œuvre, signée Middleton, en octobre 1871, que M. Bordone, dans son second fascicule, répondit à toutes les infamies qui avaient été débitées contre lui et ses compagnons d'armes par M. Middleton, et par celui qui avait ténébreusement collaboré avec lui.

En effet, dans cette partie de son ouvrage, M. Bordone trace le récit de la bataille d'Autun; il le fait avec des documents officiels, authentiques, dont plusieurs, comme vous avez pu le voir pendant les débats, émanent de M. Chenet lui-même. Dans ce récit, M. Bordone a fait tomber d'une manière impitoyable la couronne de lauriers que M. Chenet avait si modestement placée sur sa propre tête. De là, bien des colères; de là aussi, la comparution de M. Bordone devant votre justice.

Enfin, messieurs, je vous le demande, dans l'état même du procès, et après ce que les témoignages vous ont appris, M. Bordone, écrivant un livre d'histoire, appuyé sur des documents authentiques, était-il autorisé à dire que le jour de la bataille d'Autun, M. Chenet a quitté le poste du couvent Saint-Martin qui avait été confié à sa défense? A-t-il eu rai-

son de dire, et a-t-il été démontré, qu'une heure
après l'abandon de ce poste par M. Chenet, les
Prussiens étaient entrés dans Autun, avaient pénétré
presque au cœur de la ville par cette position abandonnée par la guérilla d'Orient? — Evidemment, oui.
Toutes les dépositions que vous avez entendues sont
venues confirmer, non-seulement la matérialité de ce
fait, mais encore donner l'explication de la fuite de
M. Chenet. S'il en est ainsi, M. Bordone n'était-il pas
en droit de dire qu'il eût été plus sage, plus prudent,
de la part de M. Chenet, de ne pas chercher à transformer en un fait d'héroïsme ce qui n'était qu'un acte
de lâcheté. J'adresse cette question à vos consciences
après le débat qui a eu lieu devant vous, et après les
dépositions des témoins.

La plainte de M. Chenet contre M. Bordone porte la
date du 11 décembre 1871 ; une instruction a lieu,
puis, M. Bordone est assigné à comparaître devant la
Cour d'assises à la date du 15 mars dernier. Il s'y présente, comme il s'est présenté aujourd'hui, accompagné de tous les témoins que vous avez entendus, mais
là, on lui a fait observer qu'il y avait des nullités de
procédure, et malgré les observations de M. Bordone
qui déclarait de la manière la plus formelle, la plus
précise, couvrir toutes ces nullités, et accepter le débat, l'affaire a été renvoyée à une autre session, et
c'est pour cela que vous en êtes saisis aujourd'hui.

Cet incident fâcheux de procédure pour un prévenu
qui habite Avignon et pour des témoins dispersés sur
les points les plus opposés de la France, a cependant eu
pour M. Bordone un bon côté. Voici comment :

M. Bordone savait bien qu'il avait été outragé, diffamé, par M. Middleton, mais à côté de ce nom, il n'y
en avait pas d'autre. M. Bordone n'avait pas à s'attaquer à un tel personnage, et il l'aurait laissé parfaitement tranquille, mais en prenant connaissance du
dossier de l'instruction suivie contre lui il a jeté les
yeux sur un interrogatoire subi par M. Chenet, devant
le magistrat instructeur; malgré toutes ses habiletés,
toute sa stratégie (rires), le colonel Chenet avait été obligé
de reconnaître qu'il avait fourni les documents du

livre de Middleton et qu'il n'avait pris part à sa rédaction *que pour mitiger ce qu'il y avait de trop vif dans l'expression!* Je vous laisse le soin d'apprécier le sens et la portée de cette dernière phrase de M. Chenet : « Vous vous rappelez les expressions ; vous avez déjà entendu quelques lectures, vous serez obligés, d'en subir d'autres encore, et vous jugerez si M. Chenet a commis oui ou non le délit de diffamation que nous lui imputons.

Dans ces circonstances, il n'y avait pas à hésiter et cette fois, le vieux guérillero (rires), c'est le nom qu'il se donne avec beaucoup de complaisance, s'était découvert! Aussi, à la date de mars 1872, M. Bordone portait plainte contre MM. Chenet, Middleton, Garnier et Balitout. Vous savez quelle est la déclaration qui a été faite au commencement de cette audience. M. Bordone, après avoir pris connaissance de l'instruction, a pensé qu'il ne pouvait pas retenir au procès MM. Garnier et Balitout, et en ce qui les concerne, il s'est loyalement désisté de sa plainte. Quant à M. Middleton, il n'y avait pas possibilité de l'atteindre.

Un mot, messieurs, sur cet homme, pour n'y plus revenir.

Une lettre d'un juge d'instruction au tribunal de Marseille, jointe au dossier, nous a appris que M. Middleton était poursuivi pour faits d'escroquerie à propos de détournement commis au préjudice de l'Etat, et qu'il avait trouvé le moyen d'échapper aux poursuites dirigées contre lui en se réfugiant en Belgique, à Bruxelles. Lorsqu'il a su qu'une plainte en diffamation était portée contre lui par M. Bordone, il a eu l'impudence d'écrire au parquet de M. le procureur général à Paris, qu'il habitait Bruxelles, rue de la Montagne-aux-Herbes et qu'il se tenait à la disposition de la justice ; c'est là que lui furent signifiés les actes de la procédure. Depuis, j'ai appris, et M. l'avocat général pourra confirmer mon dire, ou le rectifier s'il n'est pas exact, que le parquet de Bruxelles a répondu au parquet de Paris, que M. Middleton était en ce moment détenu à Bruxelles. Voilà, messieurs, le co-auteur, l'associé de M. Chenet ; je n'en veux pas dire davantage, *il est absent.*

Il reste M. Chenet, qui se prétend diffamé, et qui
déclare n'avoir jamais diffamé personne. Cependant, il
accuse effrontément M. Bordone, de trahison et d'entente avec l'ennemi. Voici ce que je lis à la page 78 de
la brochure Middleton-Chenet :

« Un motif de santé leur fit choisir la confortable de-
» meure de Commarin, beaucoup plus exposée qu'Ar-
» nay-le-Duc à un coup de l'ennemi.

» Entre Bordone et les Prussiens les choses parais-
» saient se passer en famille. »

Ah ! vous ne diffamez pas !

Le jury appréciera.

Je ne veux pas mettre sous vos yeux tous les passages
diffamatoires ; la tâche serait impossible. Le livre a 4 ou
500 pages, et à chacune d'elles on rencontre ces mots,
à propos de M. Bordone : *Voleur, basardeur de bibelots
de l'armée des Vosges, assassin, souteneur de filles, médecin
avorteur, coureur de tripots,* etc. Voilà, messieurs, le
langage qui a été modifié dans son expression, dans ce
qu'il avait de trop vif, par M. le colonel Chenet ! (*Hilarité générale.*) Nous arriverons tout à l'heure aux détails,
et vous aurez une idée plus complète du livre et de ses
auteurs.

M. Bordone se présente donc devant vous à un double
titre ; d'abord comme prévenu et ensuite comme plai-
gnant. Sa plainte, vous l'avez compris à son attitude
pendant les débats, n'a pas eu d'autre but que d'amener une discussion complète, pour lui comme pour
M. Chenet ; car nous espérons bien que la plaidoirie
qu'il a fait présenter tout à l'heure n'est pas son dernier
mot sur cette affaire.

Il faut plus à M. Bordone qu'une satisfaction personnelle, car ses préoccupations sont bien au-dessus des
personnalités ; il faut, et c'est une occasion qu'il a
longtemps cherchée, que la vérité soit opposée à la
calomnie, et que l'armée des Vosges soit vengée de
tous ses détracteurs ; il faut enfin que la lumière se fasse
sur ces hommes qui se sont battus pour la France sans
souci de leur personne, et qui ne doivent pas être trai-
tés comme on a osé le faire aujourd'hui à cette audience.

Messieurs, on vous a parlé beaucoup de M. le colonel

Chenet ; cependant, permettez-moi d'en dire un mot ; je ne veux rien négliger de ce qui peut lui être favorable, maisje ne veux rien oublier non plus de ce qui peut établir ses torts envers ses supérieurs à l'armée des Vosges.

M. Chenet s'est engagé comme musicien dans un régiment de cuirassiers. Dans l'espace de huit ou dix ans, il est arrivé au grade de sous-lieutenant. En avril 1865, il donnait sa démission, et il allait chercher au Mexique un avancement plus rapide. Dans son livre, où il parle de tant de choses, toujours à sa louange, il parle aussi de ses campagnes : Il cite le Mexique, la Crimée, la guerre de 1870-71. Tout cela est très bien. A-t-il fait toute la campagne de Crimée comme celle du Mexique? Cela ne me regarde pas, mais a-t-il fait, comme il le dit, toute la campagne 1870-71? Eh bien! Non. M. le colonel Chenet est arrivé à l'armée des Vosges le 23 ou le 24 novembre ; vous n'avez pas oublié la déposition de son chef de brigade, M. Delpech, et il l'a quittée définitivement le 1ᵉʳ décembre. Or, comme le mois de novembre a trente jours, sa campagne a duré six ou sept jours. Voilà sa campagne de 1870-71 ; elle avait besoin, je crois, de ce petit commentaire. (Rires.)

Jusqu'à présent, on ne vous a rien dit de M. Bordone. Je désire qu'il vous soit connu tout entier, et je veux que, au sortir de cette audience, il soit disculpé de toutes ces accusations si fallacieusement portées contre lui. Pour cela, messieurs, j'ai besoin de parler devant des juges éclairés, consciencieux et inaccessibles aux bruits du dehors. Vous savez aussi bien que moi que les hommes qui se sont jetés dans la mêlée des partis avec des convictions ardentes, sincères, loyales, sont toujours l'objet des ambitions jalouses et des haines politiques.

M. Bordone a peut-être, sur son chemin, froissé bien des gens, mais aussi il a été attaqué avec une haine aveugle, et, contre lui, tout se change en crime. Ainsi, c'est un homme flétri par la justice! On l'a répété bien des fois dans le livre Middleton ; c'est un homme chamarré de condamnations! C'est une expression inventée par une certaine presse, à la veille de votre audience, hier ou avant-hier, pour peser sur vos consciences, pour influencer votre décision; mais c'est une crainte que je ne peux pas avoir.

Eh bien! messieurs, je veux que vous connaissiez M. Bordone tout entier; que vous puissiez apprécier vous-mêmes les fautes, les délits, les crimes qu'on lui reproche, et je veux que l'opinion publique le traite comme il le mérite, c'est-à-dire avec justice, mais sans passion, sans cette haine aveugle qui ne craint pas, pour assouvir ses vengeances, de jeter le déshonneur dans les familles.

Tout d'abord, parmi ces flétrissures de la justice qui pèsent sur M. Bordone, se trouve un jugement du tribunal correctionnel de la Châtre qui, à la date du 13 mars 1857, l'a condamné à 10 francs d'amende. Je vous fais juges du fait pour lequel il a été traduit devant ce tribunal : Il était dans un bureau de voitures, attendant l'heure du départ, avec sa femme et son enfant. Un charretier insulte Mᵐᵉ Bordone, et M. Bordone n'a pas cru devoir en appeler à la justice ; mais il n'a pas voulu qu'on insultât davantage sa femme. A ce moment, il s'occupait déjà de politique, et, sans aucune espèce de plainte, il était traduit en police correctionnelle, et condamné à 10 francs d'amende. Je vous demande, dans de semblables circonstances, ce qu'un honnête homme, un père de famille pouvait faire, devait faire. Je ne dois pas vous demander ce que vous auriez fait vous-mêmes, mais je sais bien ce que j'aurais fait, moi, en pareille circonstance!

M. Bordone est accusé ensuite d'avoir été condamné par ce même tribunal de la Châtre, à la date du 2 juillet 1858, à 50 fr. d'amende pour détournement d'objet saisi. Je l'ai dit déjà, la politique a été l'occupation ardente, mais consciencieuse et loyale de toute sa vie; en même temps qu'il s'occupait de politique, il s'occupait aussi de mines, d'industrie. Après avoir fait des recherches à la Châtre, il les continuait à Limoges en opérant des sondages. Une sonde vint à manquer; il écrivit à la Châtre : Il paraît que la sonde envoyée par un de ses employés avait été saisie par le propriétaire de la mine. C'était un détournement d'objet saisi. M. Bordone est traduit devant le tribunal correctionnel

et condamné. Pensez-vous, messieurs, que ces deux
condamnations puissent motiver les diffamations répan-
dues dans la brochure Middleton-Chenet, et dans les
journaux qui font de M. Bordone un misérable que le
bagne ne voudrait pas accepter.

Il y a une troisième condamnation, c'est la dernière:
vous voyez, il en est chamarré ! Cette fois c'est bien
plus grave. A la date du 24 juillet 1860, à Paris, il a été
condamné pour escroquerie à deux mois de prison.
Là-dessus, j'ai à vous donner des explications complètes; il faut aujourd'hui que la Cour d'assises soit la
réhabilitation de M. Bordone, et cette réhabilitation
que la loi lui refuse, que la justice ne peut lui donner,
il faut qu'il la trouve devant vous.

Voici ce qui s'est passé : En 1859, M. Bordone était à
Paris; il reçoit chez lui la visite d'un individu appelé Malherbe, avec lequel il était en relations. Cet homme voit
sur son bureau un petit instrument qu'on appelle clep-
sydre. « C'est une horloge à mercure, » et il dit : « C'est
une idée, cela est nouveau; il y aurait quelque chose à
faire ! » M..Bordone lui répond : « C'est un jouet, un
joujou ; c'est bon pour amuser les enfants, » et il écon-
duit M. Malherbe. Celui-ci revient plus tard, insiste sur
cette idée, et dit : « Je vous assure qu'il y a là une affaire
commerciale; voulez-vous que je la fasse avec vous ?
Vous resterez en dehors, mais prenons un brevet. Je
suis allé au ministère des travaux publics, là je n'ai
rien vu de pareil. *C'est nouveau; la forme est nouvelle!* »

M. Bordone se laisse convaincre par M. Malherbe,
ils prennent *un brevet collectif* pour cet instrument et
forment une association. L'association, n'a pas donné
les résultats commerciaux qu'attendait M. Malherbe,
tous deux avaient avancé chacun une somme de 11 ou
1,200 francs, la mémoire de M. Bordone ne peut pas
fixer le chiffre d'une manière exacte ; M. Bordone ne
s'occupait pas de cette affaire, il faisait des essais à
Cherbourg pour le compte du Ministre de la marine,
et à ce moment même avait lieu l'expédition des Deux-
Siciles; il connaissait déjà Garibaldi, il l'accompagne
encore dans cette expédition, et pendant qu'il était là-
bas, un jugement était prononcé contre lui. Aujour-

d'hui, il est définitif, la prescription l'a atteint; je vous dirai tout à l'heure quels sont les effets de cette prescription, mais permettez-moi de vous démontrer, avec pièces à l'appui, que ce que je viens de vous dire est vrai.

M⁰ Laurier, avocat à Paris, était en 1860, chargé de défendre M. Bordone. Lorsque j'ai appris par celui-ci qu'il avait eu un avocat, je lui ai dit d'aller le trouver. Or, voici la lettre qui m'est adressée par mon confrère :

« Mon cher confrère,

» Les détails du procès de M. Bordone sont sortis de ma mémoire, mais sur le gros de l'affaire mes souvenirs sont restés positifs. Il s'agissait d'un brevet d'invention pris par M. Bordone et son associé devenu son adversaire, pour une espèce d'horloge à mercure.

» Des avances avaient été faites qui nécessitaient un compte à établir entre les deux associés, avances peu considérables, autant qu'il m'en souvient. M. Bordone, à ce sujet, fut actionné en police correctionnelle, l'affaire me paraissait sans danger sérieux pour lui, mais encore fallait-il se défendre et, pour cela, se présenter à l'audience. Sur ces entrefaites, M. Bordone entraîné par Garibaldi partit pour l'expédition de Marsala, il ne se présenta point à l'audience, ne put être défendu et fut condamné par défaut.

» Quand il revint, le jugement avait acquis l'autorité de la chose jugée. — Je suis convaincu que, encore aujourd'hui si on révisait le procès devant un tribunal d'honneur, on n'y trouverait point matière à une condamnation correctionnelle.

» Votre dévoué,

» Clément LAURIER.

» Paris, mars 1872. »

Ainsi, il résulte bien de cette lettre que M⁰ Laurier avait été chargé de la défense, que la défense, c'était son appréciation, n'avait pas une tâche bien difficile à remplir, que l'affaire paraissait bonne, mais que pour la faire triompher il aurait fallu la présence de M. Bordone. Celui-ci absent, l'affaire a été jugée, et il a été condamné.

Je sais bien, messieurs, que vous pouvez me dire : mais enfin, quelle est donc l'authenticité que cette lettre de M. Laurier peut donner aux faits que vous venez d'énoncer ? Elle n'établit pas le moins du monde que M. Bordone n'était pas en France, à Cherbourg, par exemple ou à Avignon, et qu'il n'a pas pu venir.

Je réponds que nous avons entre les mains une lettre très précieuse ; cette lettre porte la date du 8 juin 1860; elle a pour entête imprimé : « Charles Boudin, avoué de 1re instance, rue Louis-le-Grand 9, à Paris, » et a été adressée à M. Bordone, à la Châtre. On disait de faire suivre ; elle est allée à Avignon, rue des Vieilles-Études, ensuite à Turin, puis en Sicile et de là elle est revenue. Elle porte tous les timbres de la poste de ces diverses localités. Or, voici ce que disait cette lettre :

« Monsieur, Me Boudin me charge de vous informer qu'il est nécessaire que vous vous rendiez immédiatement à Paris, si vous voulez que votre affaire soit jugée sans retard ; sans quoi elle subira une remise indéfinie.

« Veuillez agréer mes très humbles civilités.

« E. CROUILLET (principal). »

Donc, en 1860, pour ce procès, M. Bordone avait chargé non-seulement un avocat, mais encore un avoué. L'avoué le prévient en lui disant : « *Venez, car si vous ne venez pas votre affaire sera indéfiniment retardée.* » La lettre ne lui parvient pas, et l'affaire n'a pas subi, comme disait l'avoué, des délais indéfinis, mais elle a été jugée, et M. Bordone, qui se battait en Sicile, a été condamné, par défaut, bien entendu. Je vous disais tout à l'heure que la prescription était arrivée : lorsqu'il y a eu contre un individu une condamnation en police correctionnelle, au bout de cinq ans la peine, aussi bien que l'action civile se trouve prescrite, et aux termes de l'art. 641 du Code d'instruction criminelle, lorsque cette prescription est acquise, l'individu qui a été condamné par défaut ne peut plus faire purger le défaut; il est rivé à sa condamnation !

Ainsi, ce jugement avec lequel on fait tant de bruit pour flétrir la vie de cet homme, est un jugement qui l'a condamné par défaut, contre lequel personne ne peut plus revenir, car, jusqu'à ce jour, il s'est adressé au Ministre de la justice, au Parquet, il a demandé la révision de son procès, et il a toujours été accueilli par cette fin de non-recevoir que j'ai indiquée. Cet homme, messieurs, peut-il rester à perpétuité, avec les haines qui sont déchaînées contre lui, sous le coup de cette condamnation, et ne doit-il pas s'estimer heureux de faire entendre devant la justice et le public, que la condamnation qui l'a frappé est intervenue en son absence, qu'elle a été prononcée alors qu'il ne pouvait pas se défendre, et qu'aujourd'hui la loi lui refuse le droit de se justifier. Si le jugement reste contre lui par défaut, la décision que vous rendrez, ou du moins les explications que vous venez d'entendre serviront à le justifier et ne permettront plus qu'on le pose comme un escroc; car enfin, cette qualification ne peut s'appliquer à celui que la prescription empêche de se défendre et de démontrer son innocence. Vous m'avez compris, et je n'ai pas besoin d'insister davantage.

On n'a pas seulement diffamé, calomnié M. Bordone à propos de ses actes, mais on l'a fait aussi à propos de sa qualité, de ses titres. Que n'a-t-on pas dit, que n'a pas dit M. Chenet en parlant de M. Bordone et de ses déprédations à l'armée des Vosges. On vous a dit qu'il avait emporté de cette armée assez de fortune pour vivre loin des onguents, et comme il y a un mot qui se prête assez bien à ridiculiser un homme, on le traite d'apothicaire. Tout ce qu'il y a de plus injurieux, tout ce qu'on a pu trouver de plus blessant pour l'amour-propre d'un homme, d'un père de famille, rien ne lui a été épargné. Si M. Bordone était apothicaire, pharmacien, il n'aurait pas à en rougir, c'est une profession assez honorable, je crois, mais il n'est pas pharmacien, il est docteur en médecine, et a servi dans la marine pendant dix ans; il a été chirurgien-major à bord de l'*Ulloa*; voici une pièce que je fais passer sous vos yeux, elle porte la date du 30 janvier 1848 :

MINISTÈRE DE LA MARINE ET DES COLONIES

Direction du personnel et des opérations maritimes

« Monsieur, je vous annonce avec satisfaction que Sa Majesté, par une ordonnance en date du 19 de ce mois, vous a nommé, sur ma proposition, chirurgien de 2ᵉ classe de la marine.

« Recevez, monsieur, l'assurance de ma parfaite considération.

« Le ministre secrétaire d'Etat de la marine et des colonies.

« Duc de Montebello. »

Je pense, qu'après cette justification, on ne lui contestera plus cette qualité ; et cependant si, on la lui contestera encore, et demain, dans cette presse que je vous ai signalée, on tournera encore toutes ces pièces en ridicule !

Je vous ai dit qu'il avait été chirurgien major à bord du vaisseau l'*Ulloa* ; dans une publication faite avant-hier, on a dit qu'il avait été obligé de quitter l'*Ulloa*, parce qu'il avait mangé la grenouille — toujours des expressions choisies ! Ce sont les armes qu'on emploie vis-à-vis d'un tel adversaire ; quand on n'en a pas de bonnes, les mauvaises font néanmoins leur effet, et un homme n'est jamais mieux tué que par ces armes-là ! Eh bien, voici une pièce émanant de la marine impériale ; elle est conçue dans les termes suivants :

PORT DE TOULON

Service de santé.

« Le directeur du service de santé certifie que M. Bordone, Joseph-Philippe-Toussaint, chirurgien auxiliaire de 2ᵉ classe, ex-chirurgien-major de l'*Ulloa*,

a été débarqué de ce bâtiment et licencié sur sa demande, à l'effet de se rendre dans sa famille à Paris.

« Signé : RAYNAUD. »

Cette pièce officielle constate bien que M. Bordone a été chirurgien-major de l'*Ulloa*, et que c'est
sur sa demande qu'il a été débarqué, pour aller
rejoindre sa famille à Paris. Si, comme on l a publié
non-seulement dans des journaux, mais encore dans
certains livres, il s'était rendu coupable de vol, de détournement, on ne lui aurait pas donné ce certificat,
et le commandant de l'*Ulloa*, ne l'eût pas à deux reprises, et longtemps après son débarquement proposé deux
fois pour la croix de la Légion d'honneur, ainsi que le
prouvent les lettres et la proposition du capitaine de
vaisseau Baudais, et de l'amiral Bouet-Willaumez, qui
passeront sous vos yeux. Ces pièces, ces documents
dont les termes sont si nets seront-ils un passeport
pour M. Bordone auprès des gens qui le diffament?
C'est ce que je n'affirmerai pas; demain saura vous le
dire, mais, jusque-là, je n'ai pas grande confiance.

Cela dit sur la situation de M. Bordone, comme chirurgien, je dois, puisqu'on lui a tant reproché d'avoir
eu des galons de colonel, puis de général, pendant la
campagne 1870-71, vous faire connaître un peu ses
antécédents.

M. Bordone, dont personne du reste ne conteste l'activité dévorante, le grand courage et le patriotisme
ardent, ainsi que vous le verrez dans le rapport de l'a-
miral Penhoat au ministre de la marine, sur la campagne de 1870-71, a été plus militaire qu'il n'a été
civil, passez-moi l'expression.

En effet, pendant la campagne de Crimée, en 1854 et
1855, est-ce que M. Bordone est resté en France pendant que nos troupes, pendant que ses camarades de
l'*Ulloa* et de la marine rivalisaient de courage? Pas le
moins du monde : il était libre de tout service à Paris,
mais immédiatement il reprend du service et il va
à Sébastopol avec des hommes de l'armée régulière,
qui n'étaient pas des aventuriers, et il a eu l'honneur

de faire toute la campagne en compagnie d'un amiral.

M. Bordone ne s'occupait-il pas de science militaire ? Voici des documents émanant des ministères de la guerre et de la marine qui datent de 1853 à 1859; les uns sont signés par M. l'amiral Romain-Desfossés, les autres par l'amiral Hamelin, ministre de la marine, et ils prouvent que cet homme qu'on dit avoir été chassé de l'*Ulloa*, a continué à vivre avec ses anciens chefs dans des termes spécialement bienveillants et sympathiques.

M. Bordone, qui avait été dans la marine, avait étudié les questions d'artillerie et avait inventé un obturateur pour les pièces de gros calibre. Il fallait faire des essais et des expériences. Voici la lettre qui lui a été adressée à ce sujet par l'amiral Romain-Desfossés :

« Monsieur Bordone,

» Monsieur le Ministre de la guerre désire que vous remettiez vous-même la lettre ci-jointe au commandant du génie à Vincennes.

» Cet officier supérieur est invité à vous faciliter le moyen de visiter les forts détachés de Vanves et de Joinville qui, dans l'opinion du maréchal, conviennent parfaitement aux expériences que vous allez préparer.

» L'Empereur couche tous les soirs à Saint-Cloud, et cette circonstance s'oppose à ce que le parc réservé soit mis à notre disposition.

» Soyez assez bon, monsieur, pour me faire connaître le résultat de votre examen des lieux que le ministre de la guerre met à notre disposition, afin que j'avise, s'il y a lieu, les membres de la commission, et que je leur donne, ainsi qu'à vous-même, rendez-vous pour le samedi 21 du courant.

» Je ne ferai du reste cette convocation que lorsque vous m'aurez fait connaître que vos dispositions sont terminées, et que ce jour est à votre convenance.

» Je me réjouis sincèrement, monsieur, de la tournure toute favorable que semble devoir prendre votre affaire, et de l'impression favorable qu'a laissée dans

l'esprit de la commission notre conférence d'aujour-
d'hui.

Recevez ici, monsieur, les assurances de ma haute
considération.

» ROMAIN-DESFOSSÉS.

» 13 juillet au soir. »

L'amiral Romain-Desfossés est un homme sérieux, qui
ne juge que sur des actes et après examen; voilà comment il a apprécié les idées de M. Bordone et comment il traite celui qui, suivant MM. Chenet et Middleton
aurait été chassé de l'*Ulloa* pour avoir *mangé la grenouille*.

Je tiens une autre lettre dans laquelle il s'agit d'un
affût sans recul. Cette lettre porte la date du 17 novembre 1859, elle est signée par M. l'amiral Hamelin.
Permettez-moi d'en lire quelques lignes avant de la faire
passer sous vos yeux :

» J'ai décidé, en outre, que vous suivriez la confec-
» tion et l'essai de votre affût, dont on s'occupera aussi-
» tôt après votre arrivée dans ce port, et qu'il vous serait
» accordé, comme indemnité de frais de route, une
» somme de 500 francs.

» Cette disposition exceptionnellement bienveillante,
» à cause de vos bons services dans la marine, ne pour-
» rait pas être renouvelée.

» Suivant les résultats obtenus, il sera ou non donné
» une suite ultérieure à l'affaire dont il s'agit.

» Recevez, Monsieur, l'assurance de ma parfaite
considération.

« L'amiral, ministre de la marine :

« HAMELIN. »

Après la campagne de Crimée, M. Bordone a fait celle
d'Italie en 1859; je n'ai pas besoin de dire que là encore
il était, sinon tout à fait avec l'armée française, au moins
avec les armées de la France et de l'Italie. Cette campagne, il l'a faite aussi depuis le commencement jusqu'à la fin, et il a eu l'honneur d'être à l'extrême aile

gauche de l'armée. C'est là qu'il a appris à connaître Garibaldi et qu'il a pu apprécier les qualités militaires de ce général. Plus tard, en 1860, Garibaldi a entrepris l'expédition des Deux-Siciles; M. Bordone était à Cherbourg, ainsi que vous l'avez vu par la lettre précédente de l'amiral Hamelin.

Aussitôt que le général fit ses dispositions, mon client le suivit, et il a fait avec lui toute la campagne des Deux-Siciles. Quand l'armée méridionale est revenue dans la haute Italie, il a commandé le dépôt du génie à Casale, et après avoir fait rapidement, à tous ses anciens officiers, un cours de fortifications permanentes et passagères, il les a tous fait confirmer dans l'armée régulière, avec les grades qu'ils avaient obtenus dans l'armée méridionale. Cela fait, il est rentré dans ses foyers, sans rien demander pour lui.

Voilà les antécédents militaires de M. Bordone; je les résume en trois mots : la Crimée, l'Italie et les Deux-Siciles.

Maintenant que vous connaissez les accusés, je pourrais entrer sans crainte dans le vif du procès que vous avez à juger; mais, comme ce n'est pas tant sa personne que M. Bordone défend dans cette affaire que l'armée des Vosges qui a été tant calomniée, laissez-moi vous dire comment elle a été créée, dans quelles circonstances et à quel moment.

On était à la date du 19 septembre 1870; à cette époque, je n'ai pas besoin de vous le rappeler, les armées allemandes foulaient le sol de la patrie, notre armée régulière avait complétement disparu à Reischoffen et à Sedan; Paris lui-même était assiégé, investi complétement, mais la France n'était pas encore vaincue, et, à ce moment, si mes souvenirs sont exacts, dans tout le pays il n'y avait qu'un cri : *Résistance, résistance à outrance*, et dans les départements, de tous côtés, se formaient ces compagnies dont vous avez tant entendu parler depuis deux jours, et qu'on appelait des compagnies franches.

Il est bien certain que ces compagnies, divisées, éparses sur toute l'étendue du territoire, sans lien qui les réunît, sans une main puissante qui pût en faire une masse à opposer à l'ennemi, il est bien certain que ces compagnies franches ne pouvaient avoir aucune action sérieuse et ne devaient aboutir à aucun résultat.

Il fallait à leur tête un homme énergique et possédant une grande influence sur ce qu'on appelle des soldats improvisés. M. Bordone a pensé que Garibaldi était l'homme de la situation, et il lui a écrit pour lui dépeindre l'état dans lequel se trouvait la France et lui demander s'il pouvait compter sur son concours. Garibaldi ne fit pas attendre sa réponse; immédiatement il lui expédiait ces mots : « *La France est malheureuse, si je puis sortir de ma prison, je serai avec vous.* » La réponse était courte, mais digne d'une grande âme. En même temps que M. Bordone écrivait à Garibaldi, il allait à Tours ; il fallait que son projet fût accepté par le gouvernement de la Défense nationale. Garibaldi, aux yeux de la plupart des membres de ce gouvernement, pouvait rendre de grands services à la France, et on dit à M. Bordone : « Allez vite, et amenez-nous Garibaldi! »

Il faut vous dire cependant messieurs, que c'est avec ses propres ressources et sans l'aide matérielle du Gouvernement ni de personne, que M. Bordone poursuit son entreprise. — Je ne vous raconterai pas ce qu'il a fait pour amener le général, mais il a eu le courage de se jeter dans une yole, d'aborder Caprera, de recevoir le général et de regagner, malgré la surveillance de la croisière de vaisseaux italiens ; le paquebot qui devait les amener en France.

Le 9 octobre, ils étaient à Tours.

Garibaldi a-t-il fait des conditions ? a-t-il demandé quelque chose pour lui, pour ses amis? pour M. Bordone? On a parlé beaucoup de galons, et puisque l'occasion se présente, permettez-moi une digression : Ricciotti Garibaldi, le plus jeune des fils du général, avait, à une affaire qu'on appelle l'affaire de Châtillon, avec 250 à 300 hommes surpris 800 prussiens ; la moitié de ce corps a été complétement détruite, l'autre moitié est restée prisonnière, et il amenait 85 chevaux sellés, équipés, dont il a fait sa cavalerie ; il n'avait pas un cavalier! C'était un acte audacieux, 12,000 Prussiens entouraient la ville de Châtillon ; un général était tué, un officier supérieur restait de même sur le carreau. Après cette expédition Ricciotti trouva entre les mains de ses francs-tireurs, un coffret renfermant de précieuses reliques. Il écrivit aussitôt cette lettre au prince Frédéric-Charles.

« Prince,

» J'ai l'honneur de faire remettre en vos mains, divers objets ainsi que des papiers trouvés sur la personne de deux officiers supérieurs (appartenant à votre armée), et tombés bravement sous les balles de mes francs-tireurs, le 19 novembre, à l'attaque de Châtillon-sur-Seine.

» Sachant combien ces souvenirs peuvent être chers à une famille, et ignorant le nom des victimes, j'ai pensé qu'il vous serait facile de trouver la destination de ces précieuses reliques.

» Le commandant en chef de la 4e brigade,

» R. GARIBALDI. »

Lorsque la connaissance de ce fait d'armes parvint à Tours, immédiatement le Ministre de la guerre, décora Ricciotti, avant même que son père connût l'affaire de Châtillon.

Lorsque cette décoration arriva à la connaissance de Garibaldi, il répondit qu'il ne voulait pas que son fils fût décoré, qu'il n'y avait pas de privilége, ni pour ceux qui commandaient, ni pour ceux qui se battaient, qu'il fallait attendre la fin de la campagne, et qu'alors lui seul ferait des propositions.

Je vous demande pardon, de cette digression, mais, je crois qu'elle était nécessaire pour faire bien connaître l'esprit de ces aventuriers.

Garibaldi reçoit à Tours la mission de défendre la vallée de la Saône. Il accepte cette défense, avec le titre de général commandant l'armée des Vosges. Cette armée n'était qu'un nom; elle n'existait pas même sur le papier. Immédiatement Garibaldi écrit à ses deux deux fils qui étaient en Italie, puis à un homme dont vous connaissez sans doute le nom, un homme héroïque, celui-là, un Polonais, le général Bosak. Tous trois se mettent à sa disposition, lèvent en Italie et en Suisse quelques troupes avec lesquelles ces hommes, ces aventuriers se sont jetés dans la vallée de la Saône à Dôle : c'est cette ville ouverte que Garibaldi avait choisie comme quartier-général, parce que, quoique ouverte, elle avait une importance capitale par sa position entre les forêts de la Serre et de Chaux et sur les lignes ferrées qui conduisent dans l'Est et le Midi.

Quelques jours après, le 17 octobre 1870, Garibaldi avait 3,000 hommes, la plupart n'étaient pas armés ; cependant il occupe le mont Rolland, la forêt de la Serre et Pesmes.

Les désastres avaient commencé pour nous, et se continuaient.

Le général Cambriels, chargé avec des troupes nombreuses de la défense de Besançon et de Belfort, avait été obligé de se replier, et les Prussiens avaient fait leur première entrée à Dijon à la date du 31 octobre 1870. Dans ce moment critique, alors que les Prussiens étaient maîtres de Dijon, que l'armée de Cambriels qui devait protéger Belfort et Besançon était dans l'impossibilité de se mouvoir, parce qu'elle était coupée, que les Prussiens envahissaient la vallée de la Saône pour s'avancer sur le Creuzot et sur Lyon, c'est la petite troupe de Garibaldi qui, par les combats de Saint-Jean-de-Losne, de Brazey et de Genlis, protégeait la vallée de la Saône et en empêchait l'accès à l'armée prussienne. Lisez le livre de M. de Freycinet messieurs, vous y verrez tout au long cet aveu caractéristique : « A partir de cet instant, l'armée des Vosges fut seule chargée des intérêts de la France dans l'Est. »

L'occupation de Dijon par l'armée prussienne causait au gouvernement de la Défense nationale la plus grande inquiétude ; le Ministre craignait que les armées prussiennes ne traversassent les défilés du Morvan, pour aller prendre à revers l'armée de la Loire qui était alors en formation. Le Gouvernement prit la résolution d'abandonner la ligne du Jura pour aller défendre les défilés du Morvan qui protégeaient la route du Midi par le Creuzot et Lyon. Il pensait aussi que Garibaldi avec ses soldats, pourrait empêcher les Prussiens de se glisser entre les montagnes du Morvan et la Nièvre, sur les derrières de l'armée de la Loire.

A cette occasion, Garibaldi reçut du Ministre de la guerre la dépêche suivante :

« *Guerre à général Garibaldi, Dôle* :

» Nous nous décidons à abandonner la ligne du Jura, en laissant des garnisons à Besançon et à Auxonne; l'ennemi paraît, par diverses routes, se porter sur le Morvan et tâcherait peut-être de gagner Nevers en évitant Chagny; je pense que ce qui serait le plus avantageux, c'est qu'avec vos vaillantes troupes vous alliez défendre les défilés du Morvan, propices pour vos mouvements et vos hardis coups de main. Tâchez de couvrir la direction de Nevers, le colonel Bonnet est à Chagny avec des forces et de l'artillerie, prêt à vous donner la main.

» DE FREYCINET. »

Voici la réponse de Garibaldi au ministre :

« *Merci de votre confiance, j'exécuterai le mouvement demandé.* »

J'appelle votre attention sur le laconisme de cette réponse si ferme et si digne. « Merci de votre confiance! » On va l'envoyer au poste le plus périlleux, dans les défilés du Morvan, du côté d'Autun, à l'effet d'arrêter les Prussiens dont la masse est considérable à Dijon et dans la Côte-d'Or. Les arrêter, avec quoi? Avec ses vaillantes troupes, mais si peu nombreuses et si mal armées; vous allez voir, messieurs, comment Garibaldi a su répondre à l'attente du Ministre de la guerre et du Gouvernement dans cette seconde mission.

Le général qui se maintenait dans la vallée de la Saône, exécute immédiatement son mouvement, et il arrive à Autun, à la date du 11 novembre 1870.

Le général Bordone, à qui tous les officiers qui l'ont vu à l'armée des Vosges rendent justice, s'occupe immédiatement des travaux de fortification autour d'Autun, et Garibaldi de son côté distribuait cette petite armée qui pouvait compter tout au plus 12,000 hommes, dans les défilés du Morvan, à Nolay, Épinac, Bligny, Château-Chinon, Arnay-le-Duc, et tous les points intermédiaires avec Autun pour centre.

Je vous ai parlé déjà de Ricciotti à propos de l'affaire de Chatillon, permettez-moi de vous rappeler un mot que j'ai entendu dans une discussion à propos de l'armée des Vosges, et qui caractérise bien l'emploi que Garibaldi savait faire de ses forces; on disait, qu'entre les mains de Garibaldi, la 4e division commandée par son fils Ricciotti, n'était autre chose qu'une fronde, qu'il lançait alternativement et à chaque instant du jour et de la nuit, contre les corps détachés de l'armée prussienne. En suivant les mouvements de Ricciotti et de sa troupe opérant toujours à une grande distance de la base d'opération, on est frappé de la justesse de cette expression. Si vous lisez le livre du général Bordone, vous verrez qu'en parlant de cette 4e brigade, il dit de Ricciotti, que du matin au soir et du soir au matin, il escadronnait entre Montbard et Châtillon. Je vous recommande ce mot « *escadronner,* » car l'escadron et la fronde entre les mains de ce vieux guerrier si héroïque, caractérisent bien l'emploi qu'il faisait de ses forces.

Garibaldi, pendant que ses brigades agissaient ainsi sous sa direction, avait en face de lui cinquante-huit mille Prussiens, commandés par divers généraux sous la direction des généraux Zastrow et Werder. Il y avait un plan dans la distribution de ses forces, et ce plan, le voici : il voulait attirer l'attention des Prussiens à Auxerre, à Tonnerre, à Châtillon-sur-Seine, et préparer contre Dijon une marche offensive où il n'aurait affaire qu'à une partie des troupes de Werder.

Si vous aviez sous les yeux une carte de l'état-major que j'ai ici et qui vous sera soumise, dans la salle de délibération, vous comprendriez, sans être militaires ni stratégistes, comme je l'ai compris moi-même, que cette distribution de ces forces si faibles, mais redoutables pour une armée régulière, tenaient les Prussiens en éveil à Tonnerre, à Auxerre, à Chatillon et les empêcheraient de se réunir facilement s'il exécutait son plan de tenter une marche de nuit contre la ville de Dijon. L ordre de marche a été donné le 21 novembre 1870, toutes les troupes devaient être réunies dans la soirée du 24 novembre, à Pont de Pany, afin d'exécuter ensemble la marche de nuit et la surprise sur Dijon.

C'est à cette date du 24 novembre, que M. Chenet apparaît pour la première fois à l'armée des Vosges. Vous vous rappelez la déposition qu'a faite hier son chef de brigade M. Delpech.

M. Chenet vous a exposé lui-même, comment il avait organisé sa guérilla avec les deniers, bien entendu, de la municipalité de Marseille. Il vous a dit ce qu'étaient ses soldats, qu'ils étaient très bien équipés; d'autres témoins ont même dit qu'ils étaient les mieux équipés de l'armée des Voges. J'ajoute qu'ils étaient les mieux armés, car ils avaient des carabines Minié et des chassepots, tandis que presque tous les mobiles et mobilisés se battaient avec des fusils à silex et à percussion. Le corps de M. Chenet, bien organisé, bien armé, arrive d'Aix à Lyon, il est bien entendu qu'il n'arrive pas à pied, soit par marches forcées, soit par étapes, il vient en chemin de fer. Ce n'est, par conséquent, pas dans cette marche qu'il a usé ses souliers, que les vêtements ont été détériorés, que les cartouches qu'il apportait, car M. Chenet a dit qu'il ne voulait pas aborder l'ennemi sans avoir des munitions et qu'il en avait apporté d'Aix ou de Marseille, que ces munitions ont été usées.

M. Chenet arrive à Lyon, il vous a dit que sa pensée était d'y rester, mais il avait compté sans le général Bressolles. A son arrivée dans cette ville on lui dit qu'il ne pouvait pas s'y arrêter et qu'il fallait immédiatement partir vers Chagny. Il est obligé d'obéir pour bien des raisons, il vous les a dites, permettez-moi de les rappeler. Il veut se faire obéir, et il obéit aux ordres qu'il reçoit. Nous verrons tout à l'heure s'il a bien tenu cette parole qu'il s'est donnée à lui-même. mais toujours est-il qu'il est obligé de quitter Lyon, toujours en chemin de fer, et d'arriver à Chagny; là, il trouve une dépêche qui l'invite à rejoindre à Epinac la seconde brigade de l'armée des Vosges. Ah! messieurs, cela n'allait plus au colonel Chenet; il ne voulait dépendre d'aucune armée; il a fait la guerre au Mexique, et un général vous a dit qu'il l'avait faite d'une manière très brillante. Je veux le croire, mais je n'ai pas besoin de la déposition du général, pour savoir comment la guerre se faisait au Mexique; le lieutenant-colonel de la guérilla Chenet a pris le soin de nous l'apprendre lui-même.

Quoi qu'il en soit, M. Chenet était peu satisfait d'être embrigadé, et, à la page 34 de l'ouvrage de Middleton, je trouve un passage qui ne laisse aucun doute à ce sujet. C'est M. Chenet qui parle et non pas Middleton :

« Au reçu de cette dépêche, le colonel fut bien tenté de résister à cet ordre provenant d'une autorité presque illégitime : mais descendre du train et ne pas se conformer à cette dépêche, c'était commettre, aux yeux des républicains, un délit contre la discipline qui entraînait les peines les plus sévères ; puis, considération beaucoup plus sérieuse, on était presque en face de l'ennemi. Le colonel surmonta son aversion pour le condottiere italien ; il savait que l'indiscipline était en ce moment la plaie la plus grande de l'armée française ; il ne voulait pas, lui, ancien militaire, l'encourager par son exemple. Il se soumit, car il était décidé à combattre pour la grande cause. Toutefois, il se réserva le droit de protester après avoir obéi. »

Je retiens de ce passage deux choses: C'est que M. Chenet est tenté de désobéir à l'ordre qu'il reçoit de son général, et que, pour motiver sa désobéissance ou sa tentation de désobéissance, il regarde cet ordre comme venant d'une autorité presque illégitime. Il faisait une belle entrée à l'armée des Vosges. (Rires.) Il allait faire partie d'une brigade, et, à ses yeux, le chef de cette brigade est une autorité illégitime ! Vous comprendrez qu'il devait être peu tenté d'obéir aux ordres d'une pareille autorité. Il ajoute que descendre du train et ne pas se conformer à cette dépêche était, aux yeux des républicains, un délit contre la discipline. Ah ! Vous avez été arrêté par les peines sévères qui vous menaçaient, et vous dites : Aux yeux des républicains ?

Eh ! bien, voyons, permettez-moi de m'adresser à

ceux qui ne sont pas républicains, qui se battaient dans l'armée régulière, et de leur demander si, à leurs yeux, désobéir à l'ordre de son général n'entraînait pas des peines sévères? Je ne veux pas insister, ce serait presque de la cruauté.

Une raison plus sérieuse, dit M. le colonel Chenet, l'a décidé à obéir à cet ordre provenant d'une autorité presque illégitime, c'est qu'on était presque en face de l'ennemi. Comment le saviez-vous? Vous l'ignoriez quand vous occupiez le poste du couvent Saint-Martin, alors que les Prussiens étaient sur toutes les routes, annoncés depuis deux jours de tous côtés, et vous arrivez d'Aix par chemin de fer, vous descendez à Epinac, et vous devinez que vous êtes en présence de l'ennemi, c'est pour cela que vous ne désobéissez pas à l'ordre de l'autorité illégitime! Allons, ce n'est pas sérieux; je passe. Vous savez comment M. Chenet a été reçu par M. Delpech, par M. le colonel Delpech, donnons lui sa qualité, vous avez vu hier avec quelle loyauté, avec quelle modestie, il sacrifiait sa personne, son individualité, vous disant : « *Quand M. Chenet est arrivé, j'étais enchanté, j'étais fier : je ne suis pas soldat, c'était par dévouement que j'avais obéi aux ordres de Garibaldi ; je pensais que M. Chenet serait très-utile à côté de moi, lui qui s'était battu au Mexique, qu'il pourrait prendre ma place.* Ce sont les propres paroles de cet homme vaillant, sa conduite à Pasques l'a prouvé. Après avoir facilité l'armement, l'équipement de la guérilla d'Orient à Marseille, il a présenté le colonel Chenet dès son arrivée à Garibaldi, qui lui fit le meilleur accueil. Voici, dans le livre Middleton, le langage que M. Chenet prétend avoir tenu à Garibaldi : « *Mon général, j'ai organisé une guérilla ; je désirerais ma liberté d'action.* »

Donc, le premier jour de votre arrivée, c'est vous qui le dites, ce n'est pas Middleton qui a pu inventer cela, parlant au général Garibaldi, vous vous exprimez ainsi : *Je suis chef de guérilla, je voudrais opérer moi-même, pour mon compte, sans aucune espèce de contrôle,* et vous prêtez à Garibaldi, toujours par la plume de Middleton, une réponse qui n'est pas la sienne.

La seule conclusion que je veuille tirer de ce propos

tenu par M. Chenet, c'est qu'il prouve une fois de plus qu'il ne voulait pas se battre avec l'armée des Vosges, mais pour son compte personnel, et cela commence à expliquer sa conduite pendant les six ou sept jours qu'il est resté à l'armée.

Faut-il quelque chose de plus? Lorsque M. Chenet est arrêté, il envoie une dépêche à son chef direct qu'il avait abandonné dans la vallée d'Ouche, après avoir désorganisé sa brigade, emmenant la guérilla marseillaise qui ne lui appartenait pas. Voici ce qu'il lui écrit entre autres choses: *Je suis chef de guérilla opérant pour mon compte*, à la date du 4 décembre; c'est-à-dire qu'il oppose pour sa défense, qu'il est maître d'agir à sa guise; il n'avait pas encore inventé l'autorisation verbale qu'il a prétendu plus tard avoir été donnée par M. Bordone. M. Bordone a donné cette autorisation! et il viendrait le nier? lui, nier quelque chose? mais il aimerait mieux cent fois se faire fusiller si le fait était vrai!

Enfin, vous voyez qu'il y avait parti pris, M. Chenet ne voulait pas faire partie de l'armée des Vosges. La soirée du 24 novembre arrive, tous les corps de Garibaldi sont concentrés à Pont de Pany; M. Chenet, attaché à la brigade Delpech, est à l'arrière-garde. Il ne va pas coopérer à l'action qui se prépare. Lorsque la nuit est arrivée, les troupes toutes ensemble, sous la direction de Garibaldi qui indiquait à chacun sa route, Menotti d'un côté, Ricciotti de l'autre, Garibaldi sur la voie du chemin de fer, Bosack sur un autre point, dans la nuit sombre, au milieu d'une pluie fine, comme des soldats de guérillas, allant chercher leur proie, voulant l'étreindre, la prendre ou se faire tuer; ces hommes, au nombre de 8,000 se mettent en marche et vont attaquer les Prussiens à Dijon, 35 à 40,000 hommes. C'était un acte audacieux, mais la victoire ne sourit qu'à l'audace, et ce n'était pas la première fois qu'un pareil coup était tenté, et avait réussi : mais il faut compter avec les hasards de la guerre. Si Garibaldi était habile, si ses troupes étaient bien disciplinées, s'il croyait les faire défiler au milieu des Prussiens sans donner l'éveil, il pouvait se faire qu'un de ses soldats heurtât du pied un Allemand au milieu de la nuit, que le signal fût donné et qu'alors l'action fût précipitée, engagée prématurément. C'est là, malheureusement, ce qui arriva à un chef, sur le talent duquel tout le monde est d'accord, et dont personne n'a contesté la valeur et le sang-froid.

Bosack, chargé de la conduite de la 1re brigade, heurta un Prussien, un coup de fusil est tiré, et immédiatement le combat s'engage de Velars à Plombières, près de Dijon. Il fallait prendre une détermination et la prendre immédiatement ; Garibaldi pouvait-il poursuivre sa marche ? Evidemment non, il fallait aller au secours de Bosack. C'est ce qui a été fait, et lorsque Bosack fut dégagé, lorsque le jour fut venu, lorsqu'on eut pris connaissance des forces ennemies, comme les Prussiens n'engageaient pas l'action parce qu'ils attendaient des renforts, le 26, à onze heures du matin, Garibaldi donna le signal de l'attaque, la guérilla d'Orient, et le colonel Chenet, ainsi que toute la 2e brigade, étaient en réserve, les 1re 3e et 4e brigades livraient la bataille que l'histoire appellera la victoire de Lantenay.

La lutte a commencé à onze heures ; les Prussiens avaient une artillerie nombreuse, beaucoup de cavalerie et une infanterie considérable, néanmoins ils furent repoussés de Pasques, de Prénois, de Darrois; un de ces villages a été pris et repris trois fois par ces aventuriers, qui étaient là, se faisant tuer pour l'honneur de la France. A la fin de la journée, les Prussiens étaient en pleine déroute et Garibaldi disait à Bordone : *Allons coucher à Dijon !* Et en effet, bien que se battant depuis le matin, ses soldats poursuivent la baïonnette dans les reins, l'armée prussienne jusque dans Dijon ; personne ne devait tirer un coup de fusil, et parmi ces mobiles, et mobilisés, ces garibaldiens à chemises rouges, personne ne tira un coup de fusil !! Les Prussiens furent refoulés jusque dans l'intérieur de la ville; les canons, les mitrailleuses, rien n'a arrêté ces hommes.

On était maître de Dijon lorsqu'un dernier coup de mitrailleuse fut tiré ; la panique s'empare d'une troupe qui voyait le feu pour la première fois, et alors que

Werder et les officiers prussiens avaient bouclé leurs sacs, qu'ils avaient quitté la ville, ces jeunes miliciens, victorieux toute la journée sont entraînés dans une retraite qui, malgré tous les efforts de ceux qui commandaient, les ramène à l'endroit où ils s'étaient si vaillamment battus le matin.

Le lendemain, les Prussiens, qui avaient repris l'offensive, trouvaient sur le plateau de Pasques la brigade du commandant Delpech, qui avait été à l'arrière garde, qui n'avait pas donné la veille, et qui, par sa position sur la ligne de bataille, devait protéger la retraite des troupes qui étaient allées jusqu'à Dijon. Vous avez entendu un témoin vous dire que la guérilla d'Orient n'avait été engagée que jusqu'à concurrence de soixante hommes, et que si ceux-là avaient tiré toutes leurs cartouches, tout ce qui restait de la guérilla avait ses munitions au complet; c'est un détail que vous n'oublierez pas, il est important dans l'affaire, il servira à établir si M. Chenet a abandonné le couvent d'Autun parce qu'il n'avait pas de munitions.

La brigade dont faisait partie le colonel Chenet a soutenu avec courage l'attaque des Prussiens à Pasques, et je puis bien dire, puisque M. Chenet a tant répété que c'est à lui qu'en revient tout l'honneur. que c'est lui qui a empêché la déroute de l'armée des Vosges, que c'est lui seul qui, avec quarante hommes, a arrêté toute l'armée prussienne comptant 30,000 hommes, chose qui me paraît un peu difficile à croire, que toute la brigade Delpech a été engagée, que cinquante hommes seulement de la guérilla d'Orient ont pris part au combat, et que si l'honneur de cette affaire du plateau de Pasques revient à quelqu'un, c'est au commandant Delpech et à un officier d'état-major de l'armée régulière, M. Jolivalt, qui centralisait le service de l'état-major de la brigade.

C'est à partir de cette journée que commencent les faits les plus graves à la charge du lieutenant-colonel Chenet. Le commandant de la brigade vous disait hier que, pour lui, la désertion de M. Chenet avait commencé après l'affaire de Pasques; il a cherché à vous le démontrer; je vais l'établir avec des pièces officielles.

Après l'affaire de Dijon, le général Garibaldi avait donné à chaque brigade un ordre qu'elle devait exécuter. Celle de Delpech avait reçu l'ordre de défendre la vallée d'Ouche, en descendant du côté d'Autun. M. Delpech fait prendre à ses troupes les dispositions nécessaires pour la défense de cette vallée, et, à la date du 29 novembre, il expédie l'ordre que voici: Cet ordre est imprimé dans le livre de M. Bordone, à la page 204, je crois, et j'en tiens l'original à la main:

» Le capitaine Corso a ordre de se rendre à Arnay-le-Duc, pour diriger sur Thorey, Pont-d'Ouche et Veuvey toutes les troupes de la 2ᵉ brigade qui se trouvent à Arnay-le-Duc ou aux environs.

» Le colonel Chenet, avec son bataillon, occupera Veuvey, où il se rendra dans la journée du 30 novembre, en ayant soin de se faire précéder par une estafette, qui raisonnera avec le commandant de la brigade à Thorey, au château de M. de Varines.

» Bligny, 29 novembre 1870.

» Le commandant de la 2ᵉ brigade.

» Signé : DELPECH. »

Puis, je lis au dos de cette pièce originale : « Cet ordre a été communiqué à colonel Chenet, le 29 novembre, à huit heures du soir, par son aide de camp.

« Signé : CORSO. »

Le fait est incontestable ; nous n'avons pas seulement le livre de M. Bordone, mais la pièce originale, avec la signature Delpech et le timbre de l'armée des Vosges, donnant l'ordre à M. le colonel Chenet d'occuper Veuvey ; il s'y rendra dans la journée du 30, et nous avons la preuve que le 29, à huit heures du soir, cet ordre lui a été communiqué par le capitaine Corso.

Voilà un ordre que vous avez reçu, monsieur Chenet ; un ordre signé du commandant de votre brigade ; comment l'avez-vous exécuté?

Eh bien! Messieurs, M. Chenet va se tenir parole. Au lieu d'obéir à l'ordre qu'il venait de recevoir, et d'aller occuper Veuvey, il se dirige sur Autun ; au lieu d'arriver le 30 à Veuvey, il arrive le 30 à Autun. Que résulte-t-il de l'inexécution de cet ordre ? C'est que M. Delpech était abandonné avec ce qui lui restait de troupes, dans la vallée d'Ouche; c'est qu'un point important qu'il croyait occupé par la guérilla d'Orient n'était pas occupé. Ce qui est plus grave encore, c'est qu'en emmenant avec la guérilla d'Orient, un corps qui ne dépendait pas de lui, la guérilla Marseillaise, il désorganisait la 2e brigade et la réduisait à l'impuissance. C'est ce que le commandant Delpech annonçait à l'état-major dans une dépêche qui passera sous vos yeux. Le fait était accompli ; M. Chenet était à Autun au lieu d'être à Veuvey. A son arrivée, le 30, on lui confia le poste Saint-Martin, sur la route d'Arnay-le-Duc. La marche des Prussiens était annoncée de tous côtés, non-seulement par les éclaireurs de l'armée qui se trouvait à Autun, mais par Ricciotti qui, venant d'Arnay-le-Duc, avait envoyé prévenir que les routes étaient couvertes de Prussiens.

Vous avez entendu hier le sous-préfet qui était alors à Autun, dire que l'administration était prévenue. Les Allemands arrivaient par les routes de Châtillon, d'Arnay et de Montbard; leur objectif n'était pas difficile à deviner. Il y a, à côté d'Autun, un grand établissement, le Creuzot. Cet établissement, pendant la guerre, avait été transformé en fonderie militaire; on y fabriquait des armes. Le but des Prussiens était, d'abord, de prendre Autun, de détruire l'établissement du Creuzot, de se diriger ensuite sur Lyon et de se rendre maîtres du Midi, comme ils l'étaient du Nord-Est et de l'Est de la France.

Cette position de Saint-Martin, était-elle une position importante ? Vous avez entendu la discussion qui s'est engagée sur ce point, tous les témoins, à l'encontre de M. Chenet, ont été d'accord pour vous dire que c'était une position excessivement importante, mais cette déclaration n'était pas nécessaire pour vous convaincre ; c'est par Saint-Martin que les Prussiens sont en-

trés à Autun, ce fait est plus éloquent que tous les rai-
sonnements.

L'importance de cette position n'avait pas échappé à
l'état-major; on y avait mis la guérilla d'Orient, commandée par M. Chenet; vous savez ce qu'a dit Garibaldi
lorsqu'on lui annonça que les Prussiens arrivaient dans
Autun par le poste du couvent : « *Ce n'est pas possible,*
le chef de la guérilla d'Orient est là pour les recevoir ! »
On comptait donc sur une défense acharnée.

Mais n'y avait-il pas d'autres positions ? Il y en avait
deux, moins importantes, le poste de Saint-Jean et celui
de Saint-Pierre, et on avait pris pour ces deux positions
les mêmes précautions que pour le poste Saint-Martin,
c'est-à-dire que les dispositions militaires avaient été
prises tant à l'intérieur qu'à l'extérieur. On attendait
les Prussiens, on se préparait à les recevoir, et on ne
pouvait pas supposer qu'un chef de corps occupant un
poste, l'abandonnerait et permettrait ainsi aux Prussiens d'entrer au cœur de la ville sans tirer un coup de
fusil.

J'arrive au 1er décembre, nous sommes dans la matinée; je ne veux pas préciser l'heure, personne n'a pu
le faire, mais dans la matinée, Garibaldi qui avait bien
compris l'importance de ce poste, était allé lui-même le
visiter. Il rencontre dans ce poste non pas le colonel
Chenet, mais le capitaine adjudant-major qui le remplaçait, M. de Saulcy. Il lui dit : « *Vous êtes ici, vous êtes*
bien, les murs sont solides, continuez à les créneler, éclairez-
-vous par une grand'garde, je vais envoyer des renforts, et
vous tiendrez jusqu'au dernier homme ! »

Voilà, messieurs, ce qui a été dit par Garibaldi au
capitaine de Saulcy ; voilà ce qui a été répété par cet
officier, ce qui a éé confirmé par Garibaldi, ce qui a
été confirmé par les personnes qui étaient auprès du
général au moment de la surprise d'Autun, et à qui il
a parlé de sa visite du matin des renforts qu'il avait
envoyés, et du poste Saint-Martin laissé à la guérilla
d'Orient.

A onze heures et demie, les Prussiens entrent dans
Autun, précisément par ce poste du couvent Saint-
Martin qui avait été abandonné par M. Chenet; et pen-

dant la bataille d'Autun la guérilla d'Orient et son chef
étaient sur la·route d'Autun à Montcenis, tournant le
dos à l'ennemi.

Les Prussiens, maîtres d'un des quartiers de la ville
sans coup férir, solidement installés dans le couvent,
dirigèrent le feu d'une nombreuse artillerie sur le plateau du petit séminaire. Vous avez entendu hier, comme
témoin, un officier de marine, M. Ollivier, ancien militaire, officier de la légion d'honneur, faisant partie de
l'armée régulière ; c'est lui qui commandait, qui dirigeait l'artillerie de l'armée des Vosges, et c'est lui qui a
eu ce jour-là l'insigne honneur, avec quelques pièces
de montagne et de campagne en batterie sur le plateau
du petit séminaire, de faire taire l'artillerie prussienne ;
ce même jour, M. Williame, un autre témoin, officier
de la légion d'honneur, chef de bataillon du génie,
dans l'armée régulière, et qui commandait les mobiles
de l'Aveyron, s'est battu lui aussi à l'armée des Vosges ;
il était à la bataille d'Autun ; M. le commandant
Bruneau, un ancien officier supérieur d'infanterie de
l'armée régulière, qui avait repris du service pendant
la guerre de 1870, a fait toute la campagne avec l'armée des Vosges. Eh bien ! tous ces hommes, qui sont
des militaires éprouvés, de vieux soldats, qui tous portent l'insigne de l'honneur à leur boutonnière, protes-
tent contre la qualification d'aventuriers, qui leur a
été donnée tout à l'heure : Ils n'ont pas fait la guerre
du Mexique, eux, ils se sont battus pour la France, et
ils estiment que les aventuriers ne sont pas ceux qui,
comme Bosak sont morts glorieusement frappés par
les balles prussiennes, mais les lâches qui ont fui devant
l'ennemi.

Après l'aventurier Bosak, qui succombait au moment
où les Prussiens allaient surprendre l'armée de l'Est,
vient l'aventurier Delpech. Je veux parler de ce soldat
improvisé, mais calme et brave, qui en présence des
accusations odieuses portées contre lui, dans le livre
Middleton, a su faire taire une colère bien légitime, et
qui, en parlant de M. Chenet a dit : «Non, je ne crois pas
qu'il ait quitté son poste par lâcheté; je crois qu'il l'a
quitté par ambition.» Et c'est cet homme qui s'est battu

11

si vaillamment à Pasques,qui a résisté aux Prussiens avec
tant d'opiniâtreté, c'est cet homme qui n'est pas un militaire et qui risque sa vie pour protéger le mouvement
de retraite de l'armée, c'est cet homme qu'on veut flétrir du nom d'aventurier ! J'ai moi-même rougi de l'outrage, et je veux encore protester au nom de ces braves
qui, dans l'armée régulière ou dans l'armée irrégulière,
ont combattu pour la France malheureuse, courageuse-
ment et sans autre ambition que l'honneur du drapeau : Je viens protester surtoût au nom de ces étrangers qui, unis dans un même sentiment de patriotisme et d'amour pour la France, venaient se faire tuer,
alors que d'autres, qui sont Français, pour un motif ou
pour un autre, fuyaient les canons et les baïonnettes des
Prussiens! (Sensation prolongée.)

Je n'ai pas besoin de demander ce qu'était devenu
M. Chenet pendant la bataille d'Autun ; il vous l'a dit
lui-même, les témoins vous l'ont dit après lui. M. Chenet était parti, il avait quitté Autun. Il ne s'est pas arrêté comme il le prétend, en arrière des bois qui cou-
vraient Autun, pour soutenir la retraite ; il est parti, et
un témoin, un officier de la guérilla, vous a dit qu'en
quittant Autun, sa marche ressemblait plutôt à une fuite
qu'à une marche ; il vous a dit qu'on a fait de ce pas,
de cette course, 14 kilomètres sans se reposer, et que
pendant tout ce temps on tournait le dos à l'ennemi.
Voilà ce que vous avez entendu de la bouche de M. Ollive, officier de la guérilla d'Orient.—M. Chenet, arrive
à Montcenis, à 30 kilomètres d'Autun, il demande des
logements et fait une réquisition de 6,000 fr. Nous avons
une lettre du maire de Montcenis, dont l'original va
passer sous vos yeux, elle se trouve à la page 193 du
livre de M. Bordone ; il faut qu'on sache bien si M. le
colonel Chenet qui a quitté Autun pour soutenir la retraite, dans le cas ou l'armée des Vosges serait battue,
s'est vraiment arrêté à un point où il pouvait soutenir
la retraite, ou si au contraire, sa préoccupation depuis
le départ d'Autun n'a pas été de s'en éloigner le plus
possible.

Voici la lettre du maire de Montcenis :

« *Au citoyen Bordone, colonel chef d'état-major*
du général Garibaldi.

» Colonel,

» Le jeudi, 1ᵉʳ courant, le citoyen maire du Creuzot
me fit savoir, à *cinq heures du soir*, que les Prussiens
avaient attaqué Autun; au moment de cette nouvelle,
je reçus l'ordre de fournir logement à 350 hommes
guérilla d'Orient. Pensant que cette troupe venait s'é-
chelonner pour organiser la défense, soutenir la retraite en cas d'insuccès, vu l'heure avancée, je fis
délivrer des billets de logement avec ordre à la population, de nourrir les défenseurs de la patrie; cette distribution faite, nous reçûmes l'ordre de fournir logement à 350 hommes guérilla Marseillaise. J'obtempérai
de suite à cette nouvelle charge aux frais de notre patriotique population.

» A sept heures du soir le citoyen maire du Creuzot
m'avise que les Prussiens étaient repoussés d'Autun. Je
fis part au colonel Chenet de cette dépêche, je le priai
d'organiser la défense à Montcenis, de concert avec le
maire du Creuzot, il manifesta le désir de voir ce dernier; en effet, à dix heures du soir nous tenions conseil
en présence du président du comité de défense du Creuzot, et nous ne pûmes décider le colonel Chenet à rester
avec nous; il prétexta que ses soldats étaient sans cartouches, ce qui était faux, et qu'ils étaient mal équipés; qu'il fallait qu'il retournât à Lyon.

» Sa frayeur était telle qu'il fit sonner le rappel à
trois heures du matin, que je dus fournir une réquisition de dix-sept voitures pour conduire les fuyards à la
gare de Montchanain-les-Mines.

» Après son départ, je constatai le vol d'un fusil de
chasse à la mairie, fait pendant que je délivrais les billets de logement; le vol de mon propre cache-nez rouge,
à l'hôtel du Midi, le vol de trois doubles décalitres
d'avoine, de deux couvertures, d'un manteau et d'un
carafon en verre; chez un nommé Defrier, le vol d'un
pistolet; chez la plupart des habitants, le vol de cou-

teaux, d'instruments de tous genres et de volailles, alors
que j'avais ordonné que tout le monde serait nourri,
hébergé par la population qui a mis un empressement
extraordinaire à se rendre aux vœux de mon administration. Le vendredi, 2, j'eus la visite du général Delpech,
et parmi les voitures réquisitionnées, au nombre de dix,
une est restée aux mains de la colonne avec mon cheval. Je la réclame; des mauvais traitements ont été in-
fligés au conducteur, ainsi qu'à ceux de Routillon et de
Pelletier.

» Ainsi donc, colonel, aux procédés humains de la municipalité et de la population, les guérillas ont répondu
par des procédés de Vandales et d'indisciplinés, qui
ont indigné les honnêtes gens; il faut de toute nécessité que la Cour martiale soit sévère pour ces lâches et
ces fuyards qui compromettent la victoire de nos armes.

» J'ajouterai seulement, colonel, que le colonel Chenet désirait obtenir une réquisition de 6,000 francs, que
ni moi ni le percepteur nous n'avons pu fournir.

« Daignez agréer, colonel, l'assurance avec laquelle
je suis votre très humble et très obéissant serviteur.

» Le maire provisoire,

» *Signé :* BONTEMPS. »

Il faut que j'arrête votre attention sur un passage de
cette lettre : La bataille d'Autun a fini à cinq heures et
demie du soir; M. Chenet a répété plusieurs fois qu'il
était resté à son poste jusqu'à la fin de la bataille, et que
ce n'était qu'après le combat qu'il avait pris la direction de Montcenis ou du Creuzot, et il ajoutait qu'il
était arrivé à 10 heures et demie.

Eh! bien, voici ce que je lis dans cette lettre :
« A sept heures du soir, le citoyen maire du Creuzot
m'avise que les Prussiens étaient repoussés d'Autun.
Je fis part au colonel Chenet de cette dépêche, etc., etc. »

Il était donc avant sept heures à Montcenis, où il demandait des logements pour sa troupe, et c'est à la
même heure qu'on lui disait : Les Prussiens ont été
repoussés d'Autun, il faut organiser la défense ici.

Il y a trente kilomètres d'Autun à Montcenis. La bataille d'Autun s'est terminée à cinq heures et demie du soir, et avant sept heures M. Chenet était arrivé à Montcenis, *c'est une heure officielle.*

Admettrez-vous maintenant que le colonel Chenet et la guérilla aient attendu aux environs d'Autun et dans les bois, près de la ville, pour soutenir la retraite? Non! Cela est d'autant moins possible, que vous avez entendu plusieurs témoins qui ont déclaré qu'il n'y a eu qu'une course d'Autun à Montcenis.

Après cette fuite, M. Chenet, qui n'avait pas la conscience tout à fait tranqullle, jugea à propos de donner signe de vie au commandant de sa brigade, qu'il avait abandonné dans la vallée d'Ouche, et dont il avait refusé d'exécuter les ordres, en n'occupant pas Veuvey. A la date du 3 décembre, il lui envoie cette dépêche :

« Autun de Roanne, 3 déc. 1870.

» *Commandant guérilla d'Orient au commandant*
» *2ᵉ brigade, armée des Vosges. Autun.*

« Guérilla Orient, arrivée à Roanne pour se refaire ce matin; a besoin de huit jours pour se remettre en ligne; guérilla Marseille est à Saint-Etienne, *ralliée.*

« Signé : CHENET. »

M. Chenet est à Roanne avec sa guérilla, et c'est à ce moment que la pensée lui vient d'envoyer cette dépêche.

Je me demande quel pouvait être le but, la portée, l'objet de cette dépêche? Le commandant de la seconde brigade est dans la vallée d'Ouche, où il a été abandonné par M. Chenet, qui lui télégraphie de Roanne à la date du 3 décembre, qu'il a besoin de huit jours pour se refaire et que la guérilla Marseillaise est à Saint-Etienne. C'est un plaisanterie !

Vous trouverez que tout cela est bien extraordinaire, Mais ce qu'il y a de plus remarquable, c'est que le

même jour et à la même heure, M. Delpech télégra-
phiait de Marmagne, au chef d'Etat-Major, en ces
termes :

« Autun de Marmagne, 3 déc. à huit heures du matin.

» *Au Colonel d'état-major général, à Autun* :

» Grâce aux ordres laissés sur la route par le colonel
Chenet, il ne reste plus rien du bataillon guérilla Marseillaise ; tout mon monde se débande et court sur
Lyon ; je n'aurai pas 200 hommes pour aller à Epinac,
et il n'y en a pas beaucoup dont l'armement soit en
état. Puis-je aller de ma personne à Autun ?

« Signé : DELPECH. »

Voilà, à cette même date du 3 décembre, M. Delpech qui se plaint à l'état-major de ce que M. Chenet
l'a abandonné, qu'il a désorganisé sa brigade, et demande ce qu'il faut qu'il fasse de sa personne.

L'état-major avait ordonné l'arrestation de tous les
fuyards. M. Chenet est arrêté à Roanne, le 4 décembre,
sous l'inculpation d'avoir fui devant l'ennemi.

Il est entre les mains des gendarmes : eh ! bien, va-t-il
donner le motif de sa marche en arrière ? C'est bien le
cas : il était au poste Saint-martin, il reçoit un ordre
verbal qui lui dit : « Vous quitterez cette position, vous
irez prendre un poste en arrière dans les bois d'Autun
à l'effet de soutenir la retraite, vous pouvez vous en
aller tranquillement, vous n'avez rien à craindre ! » Le
colonel s'en va sur cet ordre qu'il affirme aujourd'hui
avoir reçu, mais que les circonstances repoussent, dé-
mentent ; que Bordone dénie, que la déposition si in-
certaine de M. Gandoulfe ne peut soutenir. Eh bien ! il
est arrêté, il va se justifier, il va dire qu'il est parti
sur un ordre de l'état major, non ! — il télégraphie :

« *Lieutenant-colonel Chenet, commandant guérilla d'Orient à état-major armée des Vosges, à Autun de Roanne :*

» Je pars pour Lyon à l'instant, après une arrestation publique et scandaleuse ; on a oublié qui j'étais et ce que j'ai fait : un homme comme moi se fait tuer mais ne fuit pas. *Je suis chef de guérilla, opérant pour mon compte.* L'action oubliée, je demande avant tout que ma troupe se repose à Roanne et se refasse avant de se porter en avant. Veuillez donner des ordres. Quant à moi, qui dit-on ai fui, je ne crains pas la balle aveugle et encore moins un Conseil de guerre.

» *Signé :* CHENET. »

Vous remarquerez que cette dépêche est adressée à M. Bordone, chef d'état-major. Si M. Chenet est parti avec cet ordre du chef d'état-major, qu'il ne peut pas encore suspecter de vouloir nier l'ordre qu'il avait donné, pour faire retomber sur lui la faute de l'abandon du poste, il va dire à M. Bordone, si celui-ci a donné l'ordre : « J'ai quitté le couvent Saint-Martin sur votre ordre ; qu'on me remette en liberté, moi, vieux soldat, vieux guérillero etc., etc. (Rires.)

Ici s'engage une discussion sur les mots *l'action oubliée.* M. Chenet prétend qu'il a écrit l'a-t-on oublié. M. Bordone fait passer au président la dépêche elle-même, en disant que dans son livre comme partout, les documents officiels sur lesquels il s'appuie n'ont reçu aucune altération. La dépêche officielle porte en en effet ; *l'action oubliée.*

Toujours, messieurs, la même emphase, la même pose théâtrale ! Cet homme n'a pas fui ! Un homme comme lui se fait tuer, et il ajoute : « *Je suis chef de guérilla opérant pour mon compte*, qu'on ne l'oublie pas ! Ma troupe a besoin de huit jours pour se reposer, qu'on les lui donne ! Quant à moi, qu'on dit qui ai fui, je ne crains pas..., etc., etc.

A quoi bon toute ces déclamations Comment, vous êtes arrêté pour avoir quitté le poste Saint-Martin, vous l'avez quitté avec l'ordre de M. Bordone, vous écrivez au chef d'état-major, et, au lieu de toutes ces forfanteries, je ne veux pas me servir d'expressions plus fortes, vous ne dites pas : J'ai quitté le couvent sur l'ordre verbal que vous m'avez fait donner par le capitaine Gandoulf, et, nonobstant cet ordre, on m'arrête comme un déserteur.

C'était forcé, c'était dans la situation ! Mais cet ordre n'était pas encore inventé pour une défense impossible.

Mais il y a mieux, écoutez M. Chenet; Il va vous dire lui-même les raisons pour lesquelles il a quitté Autun. Voici la lettre qu''il a écrite au général Garibaldi. J'ai la pièce originale entre les mains; elle porte la date du 7 décembre 1870. Il a été arrêté le 4 décembre; il a eu le temps de faire des réflexions. S'il a quitté son poste sur un ordre de ses chefs, il n'oubliera pas de le dire cette fois. Écoutez-le.

Je vous recommande cette lettre, non-seulement pour la forme, mais aussi pour le fond; elle est ainsi conçue :

« Lyon, le 7 décembre 1870.

» *Lieutenant-colonel commandant la guérilla d'Orient au général en chef Garibaldi, commandant l'armée des Vosges. Autun.*

» Général,

» Arrêté à Roanne sous l'inculpation terrible d'avoir fui devant l'ennemi ; j'ai été conduit à Lyon, où je suis malade.

» Vous devez comprendre, mon général, qu'un vieux soldat comme moi, ayant acquis une réputation de bravoure et des états de service comme ceux que j'ai, a hâte d'aller vous donner les explications qui justifieront sa conduite.

» Ma conscience est pure, mon acte *a été la conséquence d'une nécessité,* et, entre deux maux, j'ai choisi le moindre.

» Les hommes, exténués de fatigue, sans repos, sans vêtements, sans cartouches, voulaient se débander; je les ai persuadé (*sic*), leur promettant du repos et ce qui leur manquait, et, dans quelques jours, je vous aurai amené au feu 7 à 800 hommes qui se débandaient.

» Ils avaient confiance en moi. Une heure perdue enlevait à la France 800 défenseurs et amenaient (*sic*) de grands malheurs et le scandale d'une débandade.

» Avez-vous eu connaissance de mon affaire de Pasques du 27, savez-vous qui a rallié les hommes qui allaient fuir et qui, sous ma main, ont tenu le village pendant près de trois heures?

» Avez-vous eu connaissance de la retraite que j'ai fait exécuter en ordre et tout le monde parti. Vous a-t-on dit que, seul avec 40 hommes, j'ai tenu les derniers enclos, et que je n'ai quitté que lorsque l'ennemi m'avait tourné à droite, à gauche, et qu'il occupait avec son artillerie toute la grande route de l'endroit.

» Celui qui a fait cela, mon général, ne fuit pas; mais, quand sa troupe refuse de marcher parce qu'elle ne peut plus marcher, celui-là a du courage *quand il prend sur lui une mesure qui assure à la patrie une troupe qui aurait été perdue.*

» J'ai informé M. le commandant de la 2ᵉ brigade de la résolution que j'avais prise, et elle a été interprétée d'une façon bien pénible pour un officier qui a toujours su prouver ce qu'il valait.

» On vient de me prévenir qu'il fallait me rendre à Autun. Je suis trop malade pour me mettre en route; dès que je serai un peu mieux, je partirai.

» J'ai hâte de laver une tache que mon arrestation et l'accusation formulée contre moi vient de ternir mes beaux et brillants services (*sic*).

» On ne quitte pas sa position, on ne fait pas 800 lieux (*sic*) pour défendre sa patrie, en expulser l'étranger pour fuir.

» Du reste, Chenet, le dernier défenseur de Mexico, celui qui commandait la contre-guérilla Chenet, et qui a tenu *seul Mexico avec* 600 *hommes contre* 45,000 ennemis, a-t-il besoin de dire qu'il n'a pas peur et qu'il ne fuit pas? Aurais-je attendu si longtemps pour le faire?

» Mon général, dès que je pourrai supporter le trajet, je viendrai à vous. Salut et fraternité.

» Le lieutenant-colonel commandant la guérilla d'Orient.

» Signé : CHENET (1). »

Salut et fraternité ! !

C'est M. Chenet qui a écrit cela. (Hilarité générale.) Eh! bien, messieurs, je vous le demande, pourquoi toutes ces mauvaises raisons s'il en a une bonne; qu'importe qu'il ait été le dernier défenseur de Mexico, et qu'avec six cents hommes, il en ait vaincu quarante-cinq mille? Avait-il besoin de dire qu'il n'a pas peur, qu'il n'a pas fui, qu'il n'aurait pas attendu si longtemps pour le faire? Il n'a pas pu le faire plus tôt, les circonstances l'ont démontré; il a donné dans cette lettre toutes les raisons qui ont pu le déterminer, et qui l'ont déterminé à quitter le couvent Saint-Martin, le poste qui lui avait été confié, mais il n'y a pas un mot de la prétendue autorisation.

Ainsi, après avoir dit qu'il était arrêté sous l'inculpation terrible d'avoir fui devant l'ennemi, il écrit au général Garibaldi : « Ma conscience est pure, mon acte a été la conséquence *d'une nécessité.* » Je m'arrête, messieurs, c'est lui qui le dit, son acte a été la conséquence d'une nécessité. Son honorable défenseur voudra-t-il nous démontrer que la nécessité dont parlait son client à la date du 7 décembre, était l'autorisation verbale qu'il prétend lui avoir été donnée par M. Bordone? C'est une démonstration qui, dès à présent, me semble bien difficile à faire, et je ne crois pas que l'autorisa-

(1) Ce document, comme toutes les pièces officielles imprimées dans le livre de M. Bordone, sont reproduits avec une vérité photographique; on n'en a corrigé ni les fautes de français ni la ponctuation.

tion verbale de M. Bordone puisse être assimilée à cette force aveugle qui fait que l'homme est obligé de se soumettre, de s'humilier, de s'avouer vaincu. M. Chenet pouvait être vaincu *par la nécessité*, mais lui, le vainqueur de quarante-cinq mille hommes, si cette nécessité s'était appelée ordre verbal de M. Bordone, je vous assure qu'il aurait été victorieux, mais vous ne confondrez pas autorisation verbale avec nécessité.

« Entre deux maux, dit M. Chenet, il faut choisir le moindre. » Il n'y a qu'un mal, c'est qu'on n'ait pas eu l'autorisation de M. Bordone (rires), mais enfin, quels sont ces deux maux ? Vous allez le voir : « Mes soldats voulaient se débander, mes soldats manquaient de tout. » Voilà, messieurs, les deux maux, la débandade de ses troupes, si bien disciplinées entre les mains de ce chef si ferme, si valeureux, se faisant si bien obéir de ses hommes, la débandade en face de l'ennemi, car, pendant la journée, vous entendiez le canon, et au lieu de marcher au canon, vous lui tourniez le dos ! (Sensation.) Les soldats manquaient de tout, je n'admets pas qu'on manque de quoi que ce soit en présence de l'ennemi, et permettez-moi un exemple. Je ne vais pas le prendre dans la guérilla d'Orient : — Il y avait parmi les défenseurs d'Autun, des hommes, et j'en connais plusieurs, qu'on appelait les mobilisés de Saône-et-Loire ; j'ai eu l'honneur de causer avec eux de la bataille d'Autun et de l'armée des Vosges ; les mobilisés étaient armés de fusils à piston, vieux modèle, on ne pouvait pas les mettre en face des Prussiens; Garibaldi, d'après les conseils de M. Bordone, car c'est lui qui a eu cette idée, les a distribués dans la forêt de Planoise, et, lorsque après une lutte acharnée, de cinq heures, les Prussiens, tournés, débordés, furent rejetés sur leur centre, ils ont été reçus à cet endroit, non pas par M. Chenet et sa guérilla qui n'y étaient pas, mais par des hommes en blouses et en sabots. Voilà les hommes qui manquaient de tout, même de fusils, qui n'avaient pas de carabines Minié, de chassepots, mais qui ne craignaient pas de se faire tuer pour repousser les Prussiens. Ceux qui se battaient ainsi dans les bois, en arrière d'Autun, étaient des paysans commandés par ces aventuriers italiens ou polonais ; ceux-là n'ont pas été rencontrés à sept heures du soir à Montcenis, ni sur la route du Creuzot, et le lendemain, ils n'étaient pas à Roanne, ou à Saint-Etienne, mais celui qui les commandait peut être fier de ses soldats, et celui-là, malgré les calomnies et les diffamations, n'a pas à craindre une Cour martiale.

Messieurs, je crois vraiment, qu'après la lecture de cette lettre, écrite par M. Chenet au général Garibaldi, il lui est bien difficile de revenir sur le moyen de défense qu'il a fait triompher une fois, mais, je ne veux pas me laisser distraire et je veux aller jusqu'à la fin de cette lettre. Vous n'avez pas oublié que M. Chenet, dans cette lettre, calculant tout, prévoyant tout, comprenant bien quelle était sa situation, dit : j'ai prévenu mon chef de brigade de la résolution que j'avais prise; Il fait allusion à la dépêche envoyée à M. Delpech le 4 décembre.

Garibaldi pouvait dire : puisqu'il a prévenu son supérieur direct, immédiat, il n'est pas coupable, mais, est-ce que c'est une résolution prise sur l'ordre verbal de M. Bordone? Non, c'est M. Chenet qui la prend : *J'ai informé mon chef de la résolution que j'avais prise,* c'est-à-dire de quitter le couvent Saint-Martin. C'est donc vous qui avez pris cette résolution, ce n'est donc pas M. Bordone qui l'a prise à votre place, vous le dites vous-même, dans les termes les plus formels : *cette résolution a été prise par moi!*

Sans aller plus loin, après tous ces faits, tous ces actes, ces pièces, ces lettres dont les originaux étaient entre les mains du chef d'état-major de l'armée des Vosges, M. Bordone, dans un ouvrage que vous ne connaissez pas encore, mais que vous aurez la curiosité de lire, qui n'est que le recueil des documents officiels émanant du Ministre de la guerre, des Etats-Majors, a-t-il pu dire dans cet ouvrage que M. Chenet, le jour de la bataille d'Autun, a abandonné son poste, oui ou non? Quelle que soit votre décision, devant laquelle il s'inclinera, lui, qui parle au nom de l'histoire et sans passion, lui, qui a été témoin de tous ces faits, dans le cabinet duquel tout se concentrait, quel que soit le ver-

dict que vous prononciez, sa conscience lui dira toujours
que le matin de la bataille d'Autun, le 1er décembre,
le colonel Chenet a quitté son poste devant l'ennemi.
C'est sa conviction, et les convictions sont plus fortes
que les arrêts; elles s'imposent à la postérité, et les
arrêts de la justice disparaissent devant elle.

Je sais parfaitement que M. Chenet est un homme
de ressources, et il n'a pas été longtemps à comprendre
que la voie dans laquelle il s'engageait était périlleuse;
il savait qu'il s'agissait de sa tête; il vous l'a dit, il
vous l'a répété, aussi il a trouvé que toutes les raisons
exposées dans sa lettre à Garibaldi, manque de cartouches, de vêtements, débandade, que tout cela
ne justifiait pas sa fuite précipitée du couvent Saint-
Martin, et quand il allait être traduit devant la Cour
martiale, il se demande : mais voyons, est-ce que je
ne pourrais pas soutenir, par exemple, que j'ai reçu
un ordre verbal de quitter le couvent? Qui peut empêcher cela? Il fait venir Mme Chenet, se consulte avec
les personnes qu'il pouvait voir, et il dit : J'ai bien
reçu un ordre verbal, cet ordre m'a été donné par
M. Gandoulf; c'est par lui que j'ai reçu l'autorisation
de quitter mon poste! »

Vous vous rappelez, la déposition de M. Gandoulf,
je ne crains pas de dire que cette déposition est tout ce
qu'il y a de plus confus, de plus embarrassé, de plus
incertain, et j'ajoute que sur le même point sa ver-
sion a varié au moins cinq ou six fois. Il y a cependant
des points sur lesquels il n'y a pas possibilité de varier,
et je vais les rappeler à messieurs les Jurés. Le capitaine Gandoulf était blessé, il vous l'a dit, il a ajouté
même que sa blessure était très grave, qu'il était à
l'ambulance. Il vous a dit qu'il avait vu là, à côté de
la mairie, une personne qui lui avait dit de vouloir bien
aller demander à M. Bordone l'ordre de quitter le
couvent Saint-Martin. Ne trouvez-vous pas qu'on choisissait bien mal; M. Gandoulf était à l'ambulance,
blessé, malade, et on l'envoie à l'état-major? Cela n'est
pas vraisemblable. Vous savez que quelque temps auparavant, les débats l'ont établi, M. Chenet était allé lui-
même à l'état-major; les débats ont établi aussi que de-

puis le matin, depuis sept heures, on avait sellé les mulets, bouclé les sacs et préparé le départ. — Je me sers
de l'expression la plus douce. (Rires.)

M. Chenet va à l'état-major, et il ne demande pas
l'ordre pour s'en aller ; pourquoi ? Mais puisque vos
préparatifs de départ étaient faits, puisque les mulets
étaient chargés, ainsi que l'a dit M. Belloc, vous aviez
besoin d'un ordre pour quitter le couvent et vous ne
demandiez pas cet ordre ? Messieurs les jurés apprécieront.

Un moment après, M. Chenet rencontre M. Gandoulf à l'ambulance ; plus tard, M. Gandoulf a dit
que c'était sur la promenade des Tombeaux, et on
l'envoie à l'état-major. Comment, il est blessé, vous
y êtes allé une fois et vous n'y allez pas une seconde
fois ? Il s'agit d'une chose aussi grave que celle de quitter un poste qui vous était confié, et vous n'allez pas
vous-même prendre l'ordre de le quitter ? C'est encore
bien invraisemblable !

Cependant, j'ai pressé les questions et j'ai dit à
M. Gandoulfe : vous ne vous rappelez-pas la personne
qui vous a donné l'ordre, pouvez-vous dire au moins
à quel moment ou dans quel endroit vous avez transmis cet ordre ? — *Je ne sais pas, je ne me rappelle pas,
je ne peux pas dire.* Heureusement qu'un des témoins
est venu le tirer de cet embarras. Ce témoin, M. Ferrière, était un simple soldat à qui je reconnais, non-
seulement du courage et de la bravoure, mais encore
une grande loyauté et une grande franchise. Est-ce
un ennemi de M. Chenet, celui-là ? Il voulait le sauver, il a fait ce qu'il a pu, il a insisté auprès de M. Gandoulf, qui n'a pas voulu se déranger pour aller témoigner à la Cour martiale, il lui a arraché une attestation dans laquelle on disait qu'il y avait eu un ordre
donné par M. Bordone ; mais le témoin affirme que
M. Gandoulf a déclaré que, lorsqu'il a reçu ce prétendu ordre, la colonne était déjè en marche, et
M. Gandoulf est obligé de reconnaître l'exactitude de
cette affirmation.

Cet ordre verbal est nié par Bordone, il est nié par
l'officier d'état-major, M. Ordinaire, que Gandoulf

disait avoir rencontré dans le cabinet de M. Bordone,
J'ai demandé la confrontation de M. Ordinaire avec
M. Gandoulf. M. Gandoulf ne reconnaît pas M. Ordinaire. Je le comprends, il ne l'a jamais vu! Si M. Gandoulf était allé dans le cabinet du chef d'état-major,
M. Ordinaire qui a de la mémoire, l'aurait reconnu, et
si, comme le prétend M. Gandoulf, on lui avait montré un point sur la carte, si on avait fumé avec lui une
cigarette, il se serait rappelé ces faits, et il ne les nierait
pas, il viendrait au contraire confirmer la déposition
de M. Gandoulf, mais il n'a pas reçu d'ordre. Vous vous
rappelez la déposition de M. Ferrière; M. Gandoulf et
M. Chenet chevauchaient l'un à côté de l'autre en tête
de la colonne; Ferrière, par son rang de taille se trouvait à côté d'eux et suivait leur conversation. Il a entendu M. Chenet dire à M. Gandoulf, qui lui au moins,
ne fait pas blanc de son épée : « Allons donc, rester là-
bas, me faire tuer pour Garibaldi et les autres, pas si
bête, je m'en vais! »

Il n'était pas question de l'ordre verbal. Peut-on con-
tester cette déclaration? Est-ce un témoin suspect de
haine et d'animosité? Non! après l'arrestation de
M. Chenet, il n'a pas d'autre souci que de le sauver,
avec le concours de M. Gandoulf, qui refuse de se
présenter comme témoin devant la Cour martiale, sous
le prétexte que sa blessure l'oblige à partir immédiatement d'Autun. Pour aller de la place des Tombeaux où
habitait M. Gandoulfe jusqu'à l'endroit où siégeait la
Cour martiale, il fallait quelques minutes. Sa blessure
ne l'empêche pas de quitter Autun, de faire un long
voyage, et elle l'empêche d'aller sauver son colonel! Il
y a dans cette conduite quelque chose d'inexplicable,
mais la vérité s'impose malgré les réticences, et tout le
monde la devine. A la date du 13 décembre, on était
près des événements, toutes les circonstances étaient
encore dans la mémoire de chacun; on connaissait tout,
on savait tout, et M. Gandoulf n'aurait pas eu l'audace
de venir devant la Cour martiale d'Autun soutenir que
lui et le colonel Chenet avaient quitté le poste de Saint-
Martin avec un ordre verbal de M. Bordone; cela n'é-
tait pas possible! Voilà pourquoi M. Gandoulf a refusé

de se présenter comme témoin à propos de la condamnation à mort prononcée contre M. Chenet par la Cour martiale d'Autun. Un général français, témoin dans cette affaire, après avoir comblé d'éloges M. Chenet pour ses exploits au Mexique, et l'avoir vivement blâmé de s'être abaissé à apporter son épée à l'armée des Vosges, a ajouté que M. Chenet avait été acquitté par un Conseil de guerre composé d'hommes pleins d'honneur, (le général Février, le colonel Delaporte et d'autres dont les noms m'échappent), et mettant en opposition la Cour martiale d'Autun avec le Conseil de guerre de Lyon, il a voulu jeter sur les membres de cette Cour une flétrissure qu'ils repoussent énergiquement. Cette cour avait pour président le général Bosak, c'était un étranger, mais il y avait à côté de lui des hommes qui ne sont pas encore des généraux, mais qui peuvent le devenir, dont l'un est un officier de marine, officier de la légion d'honneur, et était directeur de l'artillerie à l'armée des Vosges; vous l'avez entendu, vous avez apprécié son caractère. Il y avait aussi un chef de bataillon du génie, officier de la Légion d'honneur, vous l'avez vu à votre barre; à la suspension de l'audience il avait encore le rouge au visage, et il me disait : Monsieur, je ne peux pas protester ici, mais je compte sur vous pour cette protestation! » (Vive approbation.)

Il y avait M. Bruneau, qui n'est pas présent à ces débats, un ancien commandant d'infanterie de l'armée régulière : Il y avait aussi Canzio et Delpech. *Une Cour martiale ainsi composée peut supporter avec avantage toutes les comparaisons.*

Tout le monde est d'accord pour reconnaître qu'en présence de l'ennemi, une Cour martiale a un devoir terrible à remplir, et il faut qu'elle le remplisse avec courage, parce que le salut en dépend; mais, après la guerre, quand tout est fini, quand le sang a coulé à flots, est-ce que vous pouvez demander à des soldats d'appliquer encore la peine de mort? Vous avez entendu des hommes qu'on appelle les ennemis de M. Chenet, vous avez entendu M. Bordone, dire : *Si j'avais jugé M. Chenet au Conseil de guerre de Lyon, j'aurais été le premier à l'acquitter :* Est-ce qu'il n'y avait pas assez de sang versé ?

Voilà ce que j'avais besoin de vous dire pour les juges de la Cour martiale d'Autun, et pour M. Bordone lui-même.

Je ne veux pas insister sur les dépositions des témoins, vous les avez entendus ; mais je veux vous rappeler les noms de MM. Ollive, officier de la guérilla d'Orient, Belloc, secrétaire particulier de M. Chenet, de M. Ferrière, qui vous ont dit (M. Ollive le premier), que M. Chenet tournait le dos à l'ennemi, que le départ d'Autun a été une fuite !

M. Ferrière, en parlant de l'attestation arrachée à M. Gandoulf, vous a dit qu'elle commençait par ces mots : *étant en route, le colonel Chenet m'a envoyé à l'état major!*

Ainsi, il était en route, la fuite était exécutée, lorsqu'il aurait demandé ce prétendu ordre qui n'a jamais été donné !

Voilà tout ce que je voulais dire sur ce point, le plus important du débat : l'autorisation verbale donnée par M. Bordone.

Un poste avait-il été confié à la guérilla d'Orient ?

M. Chenet, prétend que non.

Je vais demander à Garibaldi lui-même la réponse à cette question. M. Chenet ne le récusera probablement pas. Voici ce que je lis à la date du 13 décembre.

« Autun, 13 décembre 1870.

» Le chef d'état-major ayant donné l'ordre au lieutenant-colonel Chenet, d'occuper avec sa troupe la position de Saint-Martin, en avant d'Autun, j'ai moi-même sanctionné cet ordre en informant un capitaine de ladite troupe, de continuer l'occupation, de continuer à faire des meurtrières dans les murs et de défendre cette position. J'ai même, chemin faisant, rencontré la guérilla Marseillaise qui allait renforcer cette même position, et j'ai approuvé l'ordre qui avait été donné d'aller occuper Saint-Martin, concurremment avec la guérilla d'Orient commandée par le lieutenant-

12

colonel Chenet. Les faits se sont passés dans la matinée du 1ᵉʳ décembre, jour de la bataille sous Autun.

» Signé : GARIBALDI. »

La pièce originale, si je ne me trompe, est entre les mains de M. le Président.

Ainsi, il y avait un poste assigné à la guérilla d'Orient, ce poste était le couvent Saint-Martin, Garibaldi déclare qu'il avait commandé de continuer les meurtrières, de défendre cette position, qu'il avait envoyé des renforts et qu'il avait approuvé l'ordre donné par M. Bordone d'occuper le couvent.

Enfin, l'ordre avait été donné, et Garibaldi, par cette déclaration, vient encore à notre secours, chose bien inutile dans la circonstance; il déclare lui-même que M. Bordone avait donné l'ordre d'occupation, et qu'il l'avait confirmé ; c'est après cela que le chef d'état-major aurait donné l'ordre verbal d'évacuer Saint-Martin, et il n'aurait pas pris les trois mille hommes des mobiles de l'Aveyron qui se trouvaient en réserve sur le plateau du petit séminaire, pour occuper le couvent? Cela n'est pas admissible.

Il y a un homme, à qui M. Middleton a fait jouer dans son livre un rôle bien odieux, c'est le capitaine de Saulcy, que je ne connais pas, que M. Bordone ne connaît pas lui-même.

Ce capitaine de Saulcy a été entendu devant la Cour martiale, et voici comment il a déposé :

« J'ai reçu l'ordre du général Garibaldi de prévenir
» le colonel Chenet, qu'il eût à se maintenir au couvent
» St-Martin ; qu'il eût à y faire des créneaux et y pren-
» dre toutes les dispositions nécessaires pour repousser
» l'ennemi en cas d'attaque. Le colonel m'a répondu :
» vous n'avez pas d'ordres à recevoir du général Gari-
» baldi, vous ne devez en recevoir que de moi. »

La réponse, faite par M. Chenet au capitaine d'état-major de Saulcy, ne peut pas vous étonner de la part d'un homme qui visait à une indépendance complète. Depuis Chagny jusqu'au moment où il quitte Autun, son langage a été le même : agir pour son compte!

Par conséquent M. de Saulcy dit la vérité ; M. de Saulcy
remplaçait le colonel absent, c'était l'officier le plus
élevé en grade, c'est à lui que s'adresse Garibaldi,
c'est lui qui transmet les ordres à M. Chenet, et celui-ci répond : « Vous n'avez pas d'ordres à recevoir de
Garibaldi, mais de moi ! »

Il faut que nous examinions ensemble tout ce qui a
été dit à propos de M. de Saulcy : après sa déposition
devant la Cour martiale, il a été l'objet des attaques les
plus injustes. On l'a calomnié partout, en France, à
Constantinople qu'il habitait, car il était un de ces Français qui, au moment de l'invasion de la France, sont
accourus pour la défendre. Il a été tellement diffamé
dans les journaux de Constantinople, — je ne veux pas
dire par M. Chenet, qui habitait aussi cette ville, —
qu'il a été dans la nécessité de se défendre. Sa réponse
a été insérée dans le *Courrier d'Orient*. Je dois vous la
faire connaitre, car elle confirme sa première déposition. Elle est à la date du 9 mars 1872.

Voici cette réponse :

« *Au rédacteur :*

» Les journaux de Constantinople ayant publié des
faits calomnieux sur ma conduite en France, pendant
la lutte terrible à laquelle j'ai eu l'honneur de prendre
part, faits probablement mal interprétés par la presse
française, je vous serais reconnaissant de porter à la
connaissance de vos lecteurs, les rectifications et explications suivantes.

» Parti volontairement de Constantinople en septembre dernier, pour me mettre à la disposition de la 9e
division militaire, je fus nommé le 8 octobre, par décret de la République, au grade de capitaine adjudant-
major, dans la guérilla française d'Orient. Cette nomination est signée du général Darricau.

» Un mois après, j'entrai en campagne sous les ordres
du lieutenant-colonel Chenet, commandant la guérilla,
laquelle faisait partie de l'armée des Vosges.

» Le 4 décembre, le lieutenant-colonel Chenet est

arrêté à Roanne, sous l'inculpation d'avoir fui devant l'ennemi, il est conduit à Lyon : Il me confie alors le commandement du corps, que je suis chargé de ramener à Autun d'où il était parti. Cet ordre de marche m'a été donné par le général commandant la 8ᵉ division militaire.

» A mon arrivée à Autun, le 6 décembre, je reçus une lettre du général commandant la 2ᵉ brigade, qui m'annonçait ma nomination au grade de chef de bataillon, avec mission de réorganiser le corps de la guérilla d'Orient, grade que je déclarai ne pouvoir accepter, tant que la position de mon chef ne serait pas déterminée.

» C'est dans ces circonstances, que je fus appelé à témoigner devant la Cour martiale, présidée par le brave général Bosak, et chargée de juger le lieutenant-colonel Chenet.

» Voici les faits tels qu'ils s'étaient passés : Le 1ᵉʳ décembre à sept heures du matin, le général Garibaldi, en tournée, s'arrêta au couvent Saint-Martin, faubourg d'Autun, et demanda le chef de la guérilla. Le lieutenant-colonel Chenet étant dans l'intérieur de la ville, je me présentai au général pour recevoir ses ordres :

» — Vous êtes bien ici, me dit-il; les murs sont solides; faites quelques créneaux et ayez soin d'être éclairés par une grand'garde.

» Je courus immédiatement à l'hôtel du lieutenant-colonel Chenet, où je le rencontrai prêt à partir : les chevaux et les mulets étaient bridés. Il était dans un état de surexcitation difficile à décrire. Je lui transmis les ordres que je venais de recevoir. Pour toute réponse, il me dit qu'il avait décidé que la guérilla d'Orient quitterait son cantonnement. En effet, une heure après, le bataillon sortait de la ville d'Autun et se portait vers le Creuzot.

» Telle a été ma déposition à la Cour martiale, les faits étant connus de tous.

» D'ailleurs, le lieutenant-colonel Chenet n'a pas été condamné pour n'avoir pas obéi à l'ordre du général

Garibaldi, mais bien pour avoir quitté son poste, sans ordre et en présence de l'ennemi.

» La Cour martiale ayant condamné le lieutenant-colonel Chenet à mort, j'eus le bonheur d'obtenir du général Garibaldi, un sursis d'exécution qui sauva la vie à M. Chenet, dont la peine fut commuée.

» Dès lors, désigné, à la presque unanimité des voix, par les officiers de mon bataillon, j'acceptai, cette fois, le grade qui me fut conféré par Garibaldi.

» Depuis cette époque, j'ai constamment commandé le bataillon des chasseurs d'Orient jusqu'au 8 février, date à laquelle j'ai été nommé lieutenant-colonel et mis, sur ma demande, à la disposition du général Garibaldi. C'est au combat de Prauthoy, où le bataillon des chasseurs d'Orient que je commandais, s'est particulièrement distingué, que je fus mis à l'ordre du jour et proposé pour ce grade.

» Veuillez agréer, etc.   FÉLIX-JACQUOT DE SAULCY.

» Constantinople, 7 mars 1871. »

« Cette lettre est accompagnée de pièces justificatives que nous tenons à la disposition de toute personne qui voudrait les consulter. »

Vous avez saisi le caractère de cette lettre. M. de Saulcy n'avait pour M. Chenet que les sentiments les meilleurs; il raconte textuellement ce qui s'est passé; il dit que le colonel était prêt à quitter Autun à sept heures du matin. Est-ce une invention de sa part? M. Belloc, secrétaire du colonel, a dit qu'en effet les mulets étaient bridés et sellés à sept heures; il raconte qu'il a été chargé par M. Chenet lui-même, qui avait été arrêté à Roanne, de prendre le commandement de la guérilla; qu'on veut le nommer colonel, qu'il refuse, qu'il veut attendre que son chef soit justifié; il dit qu'il a reçu Garibaldi au poste Saint-Martin, qu'il va trouver immédiatement le colonel, qu'il lui transmet l'ordre du général, qu'il le trouve dans une grande irritation, qu'il lui répond : *« Je n'ai pas d'ordres à recevoir de Garibaldi ; je commande seul la guérilla d'Orient! »* Plus

tard, on a écrit et répété, que c'était l'ambition des galons qui avait poussé M. de Saulcy à faire une fausse
déclaration, à se parjurer, à perdre un innocent, à se
rendre complice de l'assassinat qu'on reproche à M. Bordone, et il est constant que M. de Saulcy a refusé la
place de lieutenant-colonel, qu'il ne l'a accepté que
plus tard, après la condamnation de M. Chenet. C'est
lui qui a obtenu une commutation de peine, qui a empêché l'exécution de M. Chenet, et qu'il n'a dû son nouveau grade qu'à la nomination, à la presque unanimité
de tous ceux qui composaient la guérilla! En même
temps que sa lettre, il déposait dans les bureaux du
Courrier d'Orient toutes les pièces justificatives à l'appui.

Après l'arrêt de la Cour martiale qui prononçait la
condamnation de M. Chenet, plusieurs officiers, M. de
Saulcy en tête, font des démarches pour obtenir une
commutation de peine qui est accordée par Garibaldi.
Il fallait autre chose à M. Chenet, il lui fallait la rétrac-
tation de la déposition de M. de Saulcy devant la
Cour martiale.

Dans ce but, Mme Chenet convoque chez elle tous les
officiers de la guérilla d'Orient ; pour ne rien ôter à
une mise en scène qui ressemble presque à un guet-
apens, je laisse la parole au livre Middleton : « Je désire
messieurs, dit Mme Chenet, convoquer tout le corps d'officiers pour une heure. »

« A une heure, tous les officiers se trouvèrent as-
semblés chez Mme Chenet, le capitaine au long cours
Bass, lieutenant au peloton des éclaireurs, prit la parole et s'adressa ainsi à M. de Saulcy ;

» Capitaine, devant le corps d'officiers ici réuni, je
vous demande si, sur l'honneur, vous pouvez jurer d'a-
voir transmis au colonel l'ordre de garder le couvent
de Saint-Martin?

» Le capitaine de Saulcy, pris au dépourvu, balbu-
tia : non,.... je ne puis pas... affirmer... que je lui ai
transmis l'ordre.

» — Alors, dit le lieutenant Bass, vous allez signer
cette attestation. »

Un officier rédigea quelques lignes. De Saulcy, prenant connaissance de cette pièce qu'on voulait lui faire signer, s'écria avec énergie :

« Non, non ! je ne puis signer cela, j'ai communiqué l'ordre ; ce que je puis attester, c'est qu'il ne l'a pas entendu, car il était dans ce moment dans un état de surexcitation difficile à décrire.

» — Soit, reprit Bass, dans tous les cas, vous allez signer ce que vous venez d'avancer. »

Ainsi, dans la chambre de Mme Chenet, devant tous les officiers réunis, il refuse en disant : J'ai communiqué l'ordre, mais on insiste et sous la dictée de M. de Saulcy, un officier écrivit ce qui suit :

« Je soussigné, de Saulcy, capitaine, commandant la guérilla d'Orient, *déclare et affirme*, que le 1er décembre, lorsque je suis allé communiquer au lieutenant-colonel Chenet les ordres du général Garibaldi, le colonel se trouvait dans un état de surexcitation tel que, bien que j'aie communiqué ledit ordre littéralement, il m'est impossible d'affirmer que le colonel ait entièrement entendu et compris les ordres que je lui transmettais.

» Devant la Cour martiale, en faisant ma déposition, je n'ai pu émettre cette idée.

» Je vous l'écris aujourd'hui pour que vous en fassiez l'usage que vous jugerez convenable.

« Autun, le 17 décembre 1870. »

Au fond, cette déclaration ne diffère de la déposition devant la Cour martiale, que par le mot *peut-être*.

Par conséquent, cette pièce obtenue dans les circonstances que vous connaissez, ne peut infirmer en rien, les dépositions géminées qu'avait faites le capitaine d'état-major de Saulcy, desquelles il résulte que le couvent Saint-Martin était un point stratégique, qu'on devait le créneler, envoyer une avant-garde, que l'ordre a été donné par Garibaldi de le défendre jusqu'au dernier homme, et qu'il a été transmis par M. de Saulcy, qui, venant de le recevoir, court à l'hôtel du colonel Chenet et le trouve disposé au départ. Il n'est pas possible qu'on vienne soutenir aujourd'hui qu'on n'avait pas de poste, alors qu'il est établi par tant de témoins et de pièces, que ce poste, dont la défense vous était confiée, vous l'avez abandonné, alors que les Prussiens allaient attaquer la ville.

M. Chenet vous a dit que la position qu'il devait occuper, sur l'autorisation de M. Bordone, était les bois en arrière d'Autun, pour soutenir la retraite, dans le cas où elle aurait eu lieu. Eh! bien, pendant ces débats, j'ai demandé souvent à M. Chenet quel était le point qui avait été occupé ; il n'a pas pu le dire. J'ai demandé ensuite à quelle distance d'Autun on s'était arrêté; M. Chenet, malgré l'insistance des questions qui lui ont été faites par M. le président lui-même, n'a rien voulu préciser et, malgré mes questions réitérées, je n'ai pu obtenir non plus aucune espèce de réponse. Cependant, un des témoins, un officier de la guérilla a dit : « *Pendant 14 kilomètres, nous courrions plutôt que nous ne marchions.* » C'était à quatorze kilomètres qu'on a ralenti le pas pour la première fois. Or, peut-on dire qu'à quatorze kilomètres, se trouvait cette fameuse position stratégique où il fallait se placer pour attendre la retraite de l'armée des Vosges, et protéger cette retraite ? Évidemment, non. M. Chenet, d'ailleurs, ne s'est pas arrêté; il a marché toute la journée, et comme je l'ai déjà dit, loin de marcher au canon, il a marché en lui tournant le dos.

Il y a une chose qui me frappe: Comment, vous savez, c'est vous qui l'avez dit, que l'armée des Vosges a été victorieuse à Autun, et vous l'abandonnez? On a bien vu des corps d'armée s'enfuir lorsque le corps principal avait été battu, et qu'il était en retraite; mais lorsqu'une armée est victorieuse, les plus lâches, au contraire, reviennent au lieu du combat.

Votre résolution de vous séparer de l'armée des Vosges était bien arrêtée, car au lieu de regagner Autun, vous alliez de Montcenis à Roanne!

Comprenez-vous qu'un chef de corps, entendant le canon toute la journée, ne marche pas au canon? S'il ne le fait pas, il manque non-seulement à tous ses devoirs, mais à l'honneur.

M. Chenet prétend qu'il a reçu un ordre verbal de

quitter le couvent Saint-Martin ; j'admets, par hypo-
thèse, qu'il ait reçu cet ordre. Est-ce que, avant d'être
remplacé, il doit quitter son poste? C'est une question
que je pose à M. Chenet lui-même.

Je suis à un poste de combat, une défense m'est confiée, de cette défense dépend peut-être le salut de l'armée, je reçois l'ordre d'aller prendre une autre position ; puis-je quitter mon poste avant d'être remplacé?
Les règles les plus vulgaires disent que celui qui occupe
un poste, bien qu'il ait l'ordre de le quitter, ne peut
l'abandonner que lorsqu'il a été remplacé, et il doit
obtenir de celui qui le remplace, l'attestation qu'il a
bien été remplacé.

Eh bien! le militaire Chenet, l'ancien sous-lieutenant de cuirassiers, le capitaine de gendarmerie au
Mexique, le commandant de la guérilla d'Orient, sur
un simple ordre verbal quitte, avant d'être remplacé,
un poste de combat, et M. Chenet serait admis à nous
parler encore de ses états de service et de sa science
militaire ? Ah! qu'il se taise, pour Dieu, car tout ce
qu'il pourrait dire tournerait contre lui et aggraverait
ses torts.

A propos de cette fameuse position qu'il est allé occuper en arrière d'Autun, que nous ne connaissons
pas, qu'il ne connaît pas lui-même, M. Chenet, le soldat du Mexique, ne craint pas de se mettre en face du
général Werder, et vous allez voir comment il se pose,
passez-moi l'expression ; vraiment la modestie n'est pas
son fort ! (Rires.)

« Le colonel Chenet mit sa troupe en marche et se
rendit à Montcenis, où il arriva à sept heures et demie
du soir... »

M. Chenet se donne un démenti à lui-même ici, il
prétendait, au cours des débats, n'être arrivé qu'à dix
heures et demie ; la vérité est plus forte ici que le vieux
guerillero ! (Hilarité générale.)

» La position que le colonel Chenet avait demandé à
garder, était de la plus grande importance ; car, s'il
avait été lui-même le général ennemi, c'est par là qu'il
serait venu attaquer Autun, afin de s'emparer des hauteurs et des bois qui dominent cette ville. »

Mais le général Werder n'est pas le colonel Chenet, et il n'a pas voulu attaquer Autun qui se présentait à lui du côté d'Arnay, en lui tournant le dos pour aller au Creuzot !

» Attaquer Autun par la route d'Arnay-le-Duc, eût été une faute, et il a toujours cru que le général Werder ferait une fausse attaque sur Autun par Arnay-le-Duc, avec une forte avant-garde, et pendant qu'il aurait ainsi amusé l'état-major de Garibaldi, il aurait lancé sa véritable troupe d'attaque, par la gauche à travers bois, afin de fondre sur la ville, après en avoir couronné les hauteurs. « C'est alors que l'ennemi au-
» rait trouvé le colonel Chenet lui disputant le terrain et
» donnant aux Garibaldiens, qu'il avait *déjà sauvés à*
» *Pasques*, le temps de se reconnaître, d'organiser la dé-
» fense ou d'effectuer la retraite, puisqu'ils ne savaient,
» ainsi que nous l'avons vu, ni se garder, ni se replier en
» ordre. »

Ainsi, d'après le colonel Chenet, les Garibaldiens ne savaient ni se garder, ni se replier en ordre ; il me permettra de lui dire aussi qu'ils ne savaient pas fuir ! M. Chenet, s'il avait été le général Werder, aurait attaqué par la gauche, à travers bois, afin de fondre sur la ville, et c'est alors — s'il avait fait cela ! — qu'il aurait trouvé le lieutenant-colonel Chenet ! le terrible Chenet, qui l'aurait mis en pièces et en morceaux, comme les 45,000 hommes du Mexique ! (Rires.)

Mais le général Werder n'est pas stratégiste à la manière de M. Chenet ; il n'est pas venu s'exposer à ses coups. Il a attaqué Autun comme il devait le faire ; il a trouvé une troupe à qui se mesurer, et les Prussiens, plus Français en cela que des Français qui ne sont pas des aventuriers, reconnaissent dans leurs récits de la campagne de l'Est et des Vosges, que les hommes qui se sont battus à Autun, ont été habilement et vaillamment commandés. Voilà ce que les Prussiens reconnaissent, et ce que les Français ne reconnaissent pas tous encore ; mais il faut espérer que tout le monde le reconnaîtra bientôt, car enfin, il faut que la vérité se fasse jour !

Je ne veux pas laisser à M. le colonel Chenet une

apparence de raison, l'ombre d'un motif, pour justifier
son départ du couvent Saint-Martin : les cartouches
ne manquaient pas ; vous avez entendu le témoin Ferrière qui était à l'attaque de Pasques, il a affirmé que
cinquante hommes au plus ont été engagés, et on n'a
pas dit le contraire ; ceux-là, a-t-il ajouté, ont pu user
toutes leurs cartouches, mais quant aux quatre cents
autres, ils n'ont pas tiré un coup de fusil et sont revenus à Autun avec leurs munitions complètes.

Il y avait beaucoup de munitions à Autun, pourquoi
en aurait-on refusé au colonel Chenet, s'il en avait demandé? J'ai interrogé sur ce point le directeur de l'artillerie, qu'a-t-il répondu? Si on m'en avait demandé,
j'en aurais donné ; on n'en a pas demandé. Je le crois
bien ; puisque dès sept heures du matin on se préparait
à fuir, les mulets étaient sellés : vous ne pouviez pas à
neuf heures demander des cartouches, dans votre marche si rapide, il ne vous fallait pas d'impédimenta.

Mettons donc les cartouches de côté. Il y a maintenant l'équipement. M. Chenet vous en parlé à plusieurs
reprises dans sa lettre à Garibaldi; c'était une des deux
nécessités invoquées ; l'armée des Vosges tenait la
campagne depuis le 14 octocre ; et vous, vous êtes
arrivé le 23 novembre à Epinac, par le chemin de fer;
vous étiez les mieux vêtus, les mieux équipés, les
mieux armés, et c'est après dix jours que ces vêtements
superbes, étaient tellement usés, que vos soldats si dis-
ciplinés, refusaient de marcher, voulaient se débander,
et qu'entre deux maux vous avez préféré le moindre;
Roanne et Saint-Etienne avaient, pour vous, d'autres
délices qu'Autun et vous êtes allé les chercher, mais
hélas ! vous ne les avez pas trouvées.

Donc, vos vêtements étaient neufs, à côté des autres,
et votre explication sur ce point, permettez-moi de le
dire, c'est le seul mot un peu dur dont je veuille me
servir, est misérable, misérable !

C'étaient là des circonstances atténuantes invoquées
par M. Chenet ; ces circonstances s'évanouissent devant
l'examen comme s'est évanouie l'autorisation verbale.
— Il ne reste rien pour sa défense. M. Bordone, au
contraire, a fait sa preuve; elle est éclatante ! il a pu

dire, sans commettre le délit de diffamation : *Le lieutenant-colonel Chenet, de la guérilla d'Orient, abandonna
le poste qui lui était confié, et quelques heures après son
départ, les Prussiens entrèrent par ce même faubourg jusque dans la ville d'Autun, sans qu'une sentinelle eût
signalé leur approche.*

C'est aujourd'hui un fait acquis à l'histoire de l'armée des Vosges. M. Bordone attend votre verdict avec
confiance.

Après l'arrêt de la Cour martiale, qui avait prononcé
la peine de mort contre M. Chenet, arrive la décision
du Conseil de guerre de Lyon, qui le déclare non coupable à l'unanimité. Je respecte cette décision ; mais la
Cour me permettra de faire remarquer qu'elle est du
30 mars 1871, que les événements du 1er décembre
étaient déjà loin, que l'armée des Vosges n'existait
plus, et que la France avait succombé dans une lutte
terrible.

Cet acquittement aurait dû suffire à M. Chenet; mais
non, il a voulu recommencer la guerre d'embuscades,
il s'est caché derrière Middleton, pour se livrer impu-
nément à l'outrage, à la diffamation, à la calomnie,
mais il a été démasqué, et aujourd'hui il est traduit
devant vous, avec son complice Middleton qui fait défaut, pour délits d'outrages et de diffamation : je pourrais, suivant son exemple, me borner à la lecture des
passages incriminés et attendre qu'il fasse la preuve
des faits diffamatoires; mais non, j'ai hâte de justifier
la plainte de M. Bordone. M. Chenet est-il coupable du
fait de diffamation, c'est-à-dire a-t-il participé à la rédaction et à la publicité du livre Middleton. Les preuves abondent, j'ai l'embarras du choix. Je commence
par un passage de son interrogatoire devant le juge
d'instruction, à propos de sa plainte contre M. Bordone.

Le voici :

« Le livre de M. Middleton n'est point mon œuvre.
J'ai simplement fourni à l'auteur tous les documents
que j'avais entre les mains, et me suis contenté d'atténuer *la vivacité de certains jugements* qu'il avait portés
contre mes adversaires. Aussi M. Bordone serait mal

venu à dire que sa publication est une réponse à celle de M. Middleton. Dans le livre publié par celui-ci, il n'y a que des faits dont je suis prêt à faire la preuve, et jamais une *expression injurieuse ni une imputation diffamatoire*, du genre de celles que contient contre moi la publication de M. Bordone... »

Il faut plus que du courage, il faut de l'audace pour faire à un juge une semblable déclaration : « Dans le livre publié par M. Middleton, il n'y a pas de fait dont je ne sois prêt à faire la preuve ! » Jusqu'à présent, M. Chenet n'a fait entendre aucun témoin pour établir *que M. Bordone avait trahi l'armée française, qu'il était en communication avec les Prussiens, qu'il avait bazardé les bibelots de l'armée des Vosges, qu'il avait enlevé 150,000 francs de la caisse d'un receveur des finances.* — Les allégations sont faciles; il n'en est pas de même des preuves.

Depuis son interrogatoire, M. Chenet s'est ravisé, il soutient qu'il est étranger à la brochure, et que la responsabilité tout entière doit peser sur Middleton. Voyons ce qu'il y a de fondé dans cette nouvelle prétention.

D'abord, vous avez entendu M. Donnaud, l'imprimeur, qui est ici sur ce banc, vous dire : avant de connaître M. Bordone, j'avais reçu la visite de MM. Middleton et Chenet, qui étaient venus me proposer l'impression de leur brochure. — Chenet n'y était donc pas étranger.

Il y a plus, MM. Chenet et Middleton vont ensemble chez M. Garnier, éditeur, pour lui vendre la 2e édition de leur ouvrage, la vente est acceptée moyennant 1,000 francs. M. Chenet touche 500 francs pour sa part, M. Middleton, 500 pour la sienne !

Ces faits-là ne s'avouent pas facilement; quand on est interrogé, on cherche à équivoquer, mais en présence de la déposition de M. Garnier, l'équivoque, était, je ne dirai pas impossible, *rien n'est impossible au lieutenant-colonel Chenet*, mais était difficile. Voici ce qu'il répond au juge d'instruction :

« Il est vrai que dans le traité fait avec Garnier, il a été stipulé que la moitié du prix me serait remise, mais c'était le résultat d'une convention passée entre moi et Middleton, pour me rembourser l'avance d'argent que je lui avais faite pour des besoins personnels et non pour les frais de publication. »

Vous apprécierez la sincérité de la réponse, et pour guider votre appréciation, je mets sous vos yeux la lettre suivante de MM. Chenet et Middleton, déposée à l'instruction par M. Garnier :

« Monsieur Balitout,

» Veuillez tenir à la disposition de M. Garnier les clichés de *notre ouvrage* dont vous êtes le dépositaire.

« *Signé :* CHENET, MIDDLETON. »

Eh bien ! c'est donc votre ouvrage ? — Vous dites non, mais c'est un démenti que vous vous donnez à vous-même. Poursuivons :

MM. Chenet et Middleton portent leur manuscrit à l'impression chez M. Balitout, celui-ci, interrogé sur le dépôt, répond : « J'ai fait la première déclaration pour le compte de Middleton et Chenet qui éditaient eux-mêmes leur ouvrage ; la seconde a été faite pour le compte de MM. Garnier frères. »

La participation de M. Chenet à la brochure Middleton est-elle assez démontrée, est-elle assez évidente ? Puisqu'il persiste à soutenir que la diffamation est le fait de Middleton et non le sien, il me force à mettre sous vos yeux certains passages qui portent sa signature, et qu'il ne renverra pas, je pense, à Middleton.

Page 285 :

« Hôpital militaire de Bordeaux.

« France incrédule ! tu apprendras donc dans quelques jours, comment Bordone, chef d'état-major de Garibaldi, pour cacher ses fautes et conserver son prestige auprès de son général, ne reculait pas devant un assassinat, et qu'il trouvait des hommes complaisants pour complices.

» France ! croiras-tu enfin tout ce qu'on t'a dit de cet homme !...

» Signé : CHENET. »

C'est bien M. Chenet qui parle, il s'adresse à la France, — ce sera son juste châtiment, — et dans cette lettre il ne craint pas de traiter M. Bordone d'assassin ! il l'accuse de ne pas avoir reculé devant un crime, et d'avoir cherché des hommes complaisants pour ses complices ! Y a-t-il rien de plus diffamatoire, de plus odieux ? C'est signé de son nom.

A la page 416, M. Chenet qui est dévoré du désir de poser et de poser toujours, suppose une lettre à un ami, pour trouver le moyen de diffamer encore davantage s'il est possible M. Bordone. Ecoutez :

« Mon cher ami,

» J'ai appris aujourd'hui que le commissaire du Gouvernement chargé d'instruire mon affaire, allait rendre une ordonnance de non-lieu, attendu qu'il lui est impossible, l'instruction terminée, de formuler un acte d'accusation. Cette instruction dure depuis trois mois et demi, et Bordone et Delpech ont été entendus. J'espère que mes assassins n'auront point à se plaindre qu'on ne leur a point laissé le temps de fouiller dans mon passé, pour justifier leur assassinat.

» Eh bien ! le commissaire ne trouve rien que les preuves d'une infâme vengeance dont j'ai failli être victime.

» Je me suis donc immédiatement rendu chez le général Crouzat, commandant la 8° division militaire, et voilà ce que je lui ai dit :

» — Mon général, je viens d'apprendre que mon affaire est instruite et que le commissaire, ne pouvant formuler un acte d'accusation, va vous soumettre une ordonnance de non-lieu. Je viens vous prier, mon général, de ne pas l'accepter et de me donner des juges. Je suis victime de la jalousie et de la haine de Bordone et Delpech ; mon affaire a fait du bruit, sept juges m'ont lâchement condamné à mort, en refusant

d'écouter ma défense et ont refusé d'entendre mes témoins à décharge.

» Ma condamnation a fait du bruit, il me faut des juges qui, devant le monde entier, rendront un arrêt ; il
faut que mes assassins soient démasqués.

» En outre, on pourrait croire qu'une ordonnance de
non-lieu cache de la complaisance, cela ne se peut pas,
ni pour moi, ni pour vous, ni pour le commissaire.

» A Bordeaux déjà, on m'a offert ma grâce et le grade
de colonel, comme réhabilitation, j'ai refusé, car on ne
gracie pas un innocent ; je voulais des juges, et aujour-
d'hui on me rendrait une ordonnance de non-lieu !
Non, mon général, aujourd'hui encore je vous demande
des juges, des juges !

» — Colonel, répondit le général, si le commissaire
rend une ordonnance de non-lieu, je ne vous donnerai
pas un Conseil de guerre. Vous avez donc déjà oublié
les terribles phases par lesquelles vous a fait passer la
Cour martiale d'Autun ? Je suis un vieux soldat, je sais
ce que j'aurai à faire.

» LE COLONEL. — Mon général, avez-vous pris connaissance de mon dossier?

» LE GÉNÉRAL. — Non, monsieur ; j'en prendrai connaissance quand il me sera remis par le commissaire
chargé de l'instruction.

» LE COLONEL. — Mon général, sur l'honneur et au nom
de la France, promettez-moi que vous me donnerez
des juges. Je suis innocent, il me faut un Conseil de
guerre public ; je n'ai rien à craindre. Je défie mes assassins, maintenant que je suis entre les mains de la
justice, de vieux et braves officiers qui me jugeront. Je
ne veux pas de pitié, je veux de la justice ; je veux des
balles si je suis coupable ; la réhabilitation si je suis
innocent.

» Le général garda quelques instants le silence, puis,
me saluant de la main : « Au revoir, colonel, je ferai
ce que ma conscience me dictera. »

» Et je le quittai, persuadé qu'il était de mon avis
et que cette honteuse affaire allait être lavée en plein
jour. »

A en croire M. Chenet, il n'y a plus alors qu'un in-

nocent (se tournant du côté de M. Chenet), celui-ci ; —
il n'y a plus alors que des assassins (se tournant vers le
banc des témoins), ce sont ceux-là.

C'est bien M. Chenet, ampoulé, emphatique ; vous le
reconnaissez, toujours le même style ; dans cette brochure, on emploie de préférence la forme du dialogue.
Elle saisit davantage l'esprit du lecteur, et employée
avec art, dans la brochure Chenet-Middleton, elle donne
aux imputations diffamatoires les plus étranges, une
telle vraisemblance, que, même les personnes de bonne
foi, les acceptent pour des vérités. Le dialogue, c'est la
diffamation distillée goutte à goutte, la diffamation
perfectionnée : M. Chenet qui n'aime pas les responsa-
bilités, veut faire porter les dialogues au compte de
Middleton, mais si celui que vous venez d'entendre
entre le colonel Chenet et le général Crouzat, commandant la 8° division militaire, et qui est frappé au
coin de tous les autres, est bien de M. Chenet, ne se-
rais-je pas autorisé à dire qu'il en est de même pour
les dialogues avec les marchands de chevaux et avec le
receveur des finances de Dôle ?

Continuons, page 78, la note, en parlant du général
Garibaldi et de Bordone :

« Un motif de santé leur fit choisir la confortable
demeure de Commarin, beaucoup plus exposée qu'Arnay-le-Duc à un coup de main de l'ennemi.

» Entre Bordone et les Prussiens, les choses paraissaient se passer en famille. »

Comment? M. Bordone, chef d'état-major est en communication avec l'ennemi, il vit en famille avec les
Prussiens ? Mais alors, c'est un traître ; si le livre de
M. Chenet avait été publié avant le licenciement de
l'armée des Vosges, M. Bordone aurait demandé à comparaître devant une Cour martiale ; c'eût été un moyen
de se justifier.

M. Bordone est accusé d'avoir bazardé les bibelots
de l'armée des Vosges et d'avoir vendu des chevaux de
l'État ; vous vous rappelez ce dialogue ignoble dont
les interlocuteurs sont MM. Bordone, Delpech et
Moussy, le marchand de chevaux qui, dans sa déposition comme témoin, a déclaré n'avoir jamais vu M. Bor-

13

done avant cette audience. Quel luxe d'expressions or-
durières et crapuleuses!

Allons, gardez votre vocabulaire pour vous, M. Chenet, et ne le prêtez pas aux honnêtes gens!

M. Bordone a volé 150,000 francs au receveur des
finances de Dôle : Pour alléguer un pareil fait et pour
lui donner une apparence de vraisemblance, il faut
être plus qu'un homme habile, il faut être un misérable! Vous allez voir le moyen qu'on a employé dans
ce livre : on prend le lecteur, on le fait monter en
wagon, on le fait voyager, et pendant ce voyage on lui
raconte tous les faits et gestes imputés à M. Bordone,
volant d'un côté, bazardant de l'autre, enfin, on arrive
à Dôle.

Pages 187, 188 et 189 :

« Réveillons-nous, réveillons-nous, nous voici arrivés. Que peut-il avoir à faire dans cette ville? sui-
vons-le à la piste, il nous l'apprendra lui-même. Tiens,
il s'arrête devant la recette particulière, je m'y atten-
dais. Comme il y entre hardiment! Assistons à ce petit
coup de théâtre.

« BORDONE, s'adressant à un garçon de bureau. —
M. le receveur particulier? Dites-lui qu'il se dépêche
de venir me parler, il sait bien que je n'ai pas l'habitude d'attendre : Allons, du leste. »

» Le garçon interpellé connaissait parfaitement son
paroissien, il disparut et ne tarda pas à reparaître, pour
prier M. le colonel chef de l'état-major de l'armée des
Vosges de vouloir bien se donner la peine d'entrer
dans le bureau du receveur.

» Bordone pénètre dans ce lieu, prend, sans en être
prié, une chaise, s'assied à califourchon, et allume un
cigare sans se préoccuper du gros rhume de cerveau
dont paraît souffrir M. le receveur.

« BORDONE. — Eh bien! combien avez-vous en caisse?

» LE RECEVEUR. — Ma foi, pas grand'chose, vous l'a-
vez déjà épuisée.

» BORDONE. — Je ne vous demande pas cela, je vous
ordonne de nous dire combien il vous reste en caisse,
c'est assez clair, ce me semble; allons, répondez, si

vous ne voulez pas que je vous fasse voir de quel bois
je me chauffe.

» LE RECEVEUR. — Mais après tout, je ne suis pas un
domestique pour que l'on me parle de cette façon-là.

» BORDONE. — Vous êtes ce que vous êtes, un serviteur du Gouvernement, et si vous faites tant de façons,
je vous fais destituer et peut-être pis encore. Allons,
s... n... de... D... vous déciderez-vous? Croyez-vous
que je sois venu ici pour le roi de Prusse?

» LE RECEVEUR, tout humilié, tremblant d'indignation. — *Cent cinquante mille francs !*

» BORDONE. — C'est bien peu, écrivez au receveur
général de Besançon, et faites venir des fonds.

» LE RECEVEUR. — Je ne le ferai pas ; je vous ai
donné tout ce que j'avais, allez vous-même chercher
des fonds à Besançon. »

» Bordone tire de la poche d'un portefeuille, un des
nombreux blancs-seings de Gambetta dont il était
bourré, le remplit et le tend au receveur. « Allons,
allons, hâtons-nous, que l'on me compte l'argent, dit-il.

» LE RECEVEUR, en sortant. — O pauvre France !

» BORDONE. — Que dites-vous? Eh ! le vieux, gare à
vous... »

» Le receveur vient, compte cent cinquante billets de
mille à M. Bordone qui les empoche et se retire sans
même saluer. »

» Eh bien! qu'en dites-vous, lecteur? C'est *raide*, n'est-
ce pas?

» Oui, c'est *raide*. Si vous tenez à savoir quel a été
l'emploi de ces fonds, adressez la demande au Gouvernement qui, peut-être fera en sorte de satisfaire votre
curiosité : pour moi, je ne puis répondre à votre question.

» Voyez notre homme, il entre maintenant dans un
restaurant : il va casser une croûte, avaler une bouteille de champagne au compte de la patrie en danger,
et ce soir, de retour dans ses domaines, « il fera fusiller
le premier venu qui osera dire qu'il n'est pas un grand
homme. »

» Mais toutes ces promenades ont dû vous épuiser :

allons, mon bon ami, prenez du repos, une bonne poignée de main et au revoir. »

Fantaisie et invention que tout cela! le détournement des 150,000 francs n'a jamais existé que dans l'imagination de MM. Chenet et Middleton.

Écoutez maintenant une lettre du receveur des finances de Dôle, que ses occupations ont empêché de se présenter à votre barre.

La lettre porte l'en-tête de la recette particulière de Dôle, et elle est légalisée par le maire; elle est adressée à M. Bordone. Pour ne pas abuser de vos moments, je ne vous en lis que la fin :

« Après avoir pris connaissance du passage qui vous concerne et qui trace une scène dialoguée entre vous, un garçon de bureau et moi, dans laquelle vous m'auriez demandé, avec des paroles tantôt grossières et tantôt menaçantes, ce que j'avais dans ma caisse, m'enjoignant de vous compter 150,000 francs, scène dans laquelle vous auriez eu, vis-à-vis de moi, des procédés et une conduite blessante et déplacée, par suite desquels je me serais trouvé « tout humilié et tremblant d'indignation; » scène dans laquelle encore vous auriez exhibé d'un portefeuille, un blanc-seing de M. Gambetta que vous auriez rempli, en m'intimant de vous compter 150,000 francs que je vous aurais en effet remis; *je déclare tout cela de pure invention et complétement controuvé.* Il ne s'est rien passé chez moi, entre nous, qui ressemble de près ou de loin à ce récit.

» Mon témoignage verbal ne différerait pas d'un mot avec cette déclaration.

« Recevez, monsieur, l'assurance de ma considération distinguée.

» *Signé :* GUILLAUME.

» Vu pour égalisation, etc., etc.

» Le maire de Dôle,

» *Signé:* PERRENOT. »

J'espère bien, pour l'honneur de mon client, que cette lettre, renfermée aujourd'hui dans cette enceinte, en sortira demain ; mais je suis assuré aussi que, malgré cette lettre, certains journaux que vous avez lus hier, que vous lirez demain, reviendront encore sur les affirmations de M. Chenet, et répéteront que M. Bordone a volé 150,000 francs à M. le receveur de Dôle !

Garibaldi avait donné sa démission de général en chef de l'armée des Vosges. — La guerre était finie !

Le général Bordone allait, lui aussi, rentrer dans ses foyers, lorsque l'amiral Penhoat, qui avait remplacé Garibaldi dans le commandement en chef, s'adressa à lui pour le charger des opérations du licenciement. C'était une mission délicate, difficile et dangereuse. M. Bordone l'accepte ; comment l'a-t-il accomplie ? C'est l'amiral qui va vous le dire :

« *A M. le général Bordone, chef d'état-major*
à l'armée des Vosges.

» Cher Général,

» Il est de mon devoir en vous quittant de vous remercier des services que vous avez rendus à l'armée des Vosges.

» Vos talents militaires, votre activité, votre énergie, ont rendu au pays de grands et beaux services.

» Je vous remets avec plaisir copie d'un paragraphe qui vous concerne, dans une lettre que le Ministre de la guerre vient de m'adresser à ce sujet, et qui contient, à votre égard, un témoignage de haute satisfaction.

» Quant à moi, cher général, je vous remercie plus particulièrement du concours dévoué que vous m'avez prêté, pendant le licenciement des troupes, services qui vous ont acquis toute mon estime et mon amitié personnelle.

» Je vous serre cordialement la main.

» Le vice-amiral, commandant en chef,

» Signé : PENHOAT. »

Voilà un amiral qui ne craint pas de serrer la main à *un aventurier*, en lui disant que les services qu'il a rendus à l'armée des Vosges, lui ont acqu:s toute son estime, mieux encore, son amitié personnelle, et M. l'amiral Penhoat, qui s'y connaît, qui a défendu le pays pendant l'invasion, reconnaît les talent- militaires, l'activité et l'énergie de M. le général Bordone.

Il faut que vous connaissiez aussi cet ordre du jour, lu aux troupes assemblées :

« ORDRE.

» En remettant le commandement des troupes qui n'ont pas été encore licenciées à M. le général de division Jouffroy, je remercie les officiers composant l'état-major, et l'état-major de l'armée, du concours dévoué qu'ils m'ont prêté pendant la durée de mon commandement; je remercie plus particulièrement le général chef d'état-major Bordone, des services rendus à l'armée pendant la guerre et pendant la période du licenciement.

» Le ministre me charge de lui témoigner à ce sujet sa complète satisfaction.

» Au quartier général, à Mâcon, le 16 mars 1871.

» Le vice-amiral, commandant en chef,

» Signé : PENHOAT. »

M. Bordone n'a pas été attaqué seulement dans sa vie publique, mais encore dans sa vie privée Il habite Avignon, sa ville natale, il y vit en famille, entouré de l'estime de tous les honnêtes gens. — Cela est-il vrai ? Aux imputations odieuses des sieurs Chenet et Middleton, j'oppose ce certificat du maire d'Avignon :

« Le maire d'Avignon certifie que M. le docteur Bordone, ancien général, chef d'état-major du général Garibaldi, habite Avignon depuis de longues années, et exerce dans cette ville, où il est né, la profession de médecin, et que, dans ses fonctions, ainsi que dans sa vie privée, il n'est en relation qu'avec des peronnes honorables.

» Il certifie en outre qu'il jouit à Avignon de l'estime
et de la considération générales.

» Avignon, 2 mai 1872.

» *Signé :* PAUL PONCET. »

De pareilles attestations, émanées de tels hommes,
peuvent consoler de bien des outrages, et faire oublier
bien des calomnies; mais vous comprendrez avec moi
qu'il faut que justice soit rendue, que la lumière se
fasse, et que les insulteurs restent couverts de honte et
de mépris.

Quant à l'armée des Vosges et à Garibaldi, son illus-
tre chef, ils attendent avec confiance le jugement de
la postérité. Mais, que dis-je? Est-ce que la réhabilitation n'est pas commencée pour eux? Est-ce que
trois départements français n'ont pas nommé le général Garibaldi, député à l'Assemblée nationale? honneur insigne, qui a suscité tant de colères! Personne
n'a oublié l'injure faite par l'Assemblée de Bordeaux
aux électeurs de ces trois départements, dans la personne de leur représentant.

À cette heure, en dehors de la haine des partis, est-
ce que vous, Messieurs, est-ce que nous tous, est-ce que
tout ce qui sent un cœur français battre dans sa poitrine, ne voit pas avec émotion et avec orgueil cette
armée des Vosges, cette poignée d'hommes, — car ils
n'étaient qu'une poignée, — victorieuse à l'affaire de
Châtillon-sur-Seine, à la bataille de Prénois, à la bataille d'Autun.

Au milieu de nos effroyables désastres, lorsque l'armée
de Paris, après Buzenval, subissait la capitulation, lorsque l'armée du Nord était acculée à Saint-Quentin,
l'armée de la Loire à Laval, que Faidherbe, Chanzy,
mettaient bas les armes, que Bourbaki, avec l'armée
de l'Est, opérait sur la Suisse sa désastreuse retraite,
l'armée des Vosges et Garibaldi, inébranlables à Dijon,
qu'ils devaient tenir à tout prix, suivant les ordres du ministre de la guerre, au nombre de 15,000 hommes,
battaient pendant trois jours 15,000 Prussiens à Tallant,
à Fontaine, à Pouilly, où le drapeau du 61e poméra-

nien restait entre leurs mains comme trophée de la victoire.

Lorsque l'armistice vint arrêter cette armée, seule de toutes les armées de la France, elle n'avait pas été vaincue.

Laissez-moi vous dire, messieurs, en terminant, et ce sera leur éternel honneur, que tous les chefs de l'armée des Vosges, Français et étrangers, avaient fait le sacrifice de leur vie, sans autre ambition, que celle de sauver la France et de sauver la République. (Vive approbation.)

L'audience est levée à six heures et demie.

Audience du 30 juin 1872.

M. le Président donne la parole au défenseur de M. Chenet.

Mᵉ PORTE.— Messieurs de la Cour, messieurs les jurés, en écoutant hier mon très honorable confrère vous présenter en termes si excellents et si patriotiques, la défense de M. Bordone, je me disais que s'il vous retenait si longuement, lui ordinairement si concis, c'est qu'il sentait bien qu'il s'était chargé d'un affaire très délicate et très difficile. En effet, messieurs, il ne s'agit de rien moins, pour vous, que de revenir sur la chose jugée; l'affaire qui nous occupe depuis deux jours a déjà été examinée par le Conseil de guerre de Lyon, les témoins ont été entendus, et ce Conseil, composé des hommes honorables que vous savez, compétents au premier chef, a déclaré que M. le colonel Chenet n'avait jamais déserté et surtout jamais déserté devant l'ennemi.

Mon adversaire a reproché bien souvent à M. Chenet de faire son éloge; je pourrais lui dire à mon tour, que toute sa plaidoirie est la glorification de M. Bordone, mais il l'a fait si habilement que nous ne nous en sommes pas aperçus; il a fait l'histoire de l'armée des Vosges, et il a tellement bien enveloppé son client dans le drapeau de l'armée des Vosges, que de la gloire de cette armée il a fait la gloire de M. Bordone. Je

pourrais dire à mon tour : un peu plus de modestie. Quant à moi, je n'ai pas la pensée de faire
l'historique de l'armée des Vosges ; il a été fait très
habilement, très complétement, et surtout de la façon
la plus patriotique ; je ne veux pas non plus examiner s'il y a eu des fautes commises, des erreurs ; eh!
mon Dieu, qui n'en a pas commis dans cette guerre,
où tous, d'un côté ou de l'autre, nous avons été obligés
de tout improviser. Je n'ai qu'un devoir à remplir,
c'est de me souvenir des services rendus par les volontaires et par les étrangers, c'est de saluer, au nom de
la patrie bien-aimée, ceux qui ne lui devant rien, sont
venus répandre leur sang pour elle, et entre tous, leur
héroïque capitaine, qui, ne pouvant pas, par suite de son
âge et de ses blessures, prendre sa part du combat, est
venu faire en notre faveur le sacrifice de ses deux fils.

Vous le voyez, messieurs, je plaide dans une affaire qui, pour moi, a ses dangers et ses périls, dans
laquelle, de ce côté, il peut y avoir des sympathies sé-
rieuses pour la cause à laquelle s'est dévouée l'armée
des Vosges ; c'est vous dire que je viens remplir un devoir de conscience, que je ne suis au service d'aucun
parti, que je suis au service de ma pensée, à moi, et la
voici : M. Chenet est un brave et digne soldat, qui a été
insulté, accusé, et je viens demander réparation du
préjudice qui a été causé à son honneur. Cela dit,
j'entre immédiatement en matière, et je m'occupe de
l'affaire en elle-même.

Mon confrère a plaidé que M. le général Bordone
n'avait eu, dans la poursuite qu'il a exercée contre M. Chenet, aucune haine, aucune vengeance à
exercer. Je dois le dire, ce n'est pas ma pensée
non plus ; je suis convaincu, pour mon compte, que
M. Bordone est de bonne foi ; à mes yeux, il a seulement commis un oubli, un acte de négligence bien
pardonnable dans la situation où il se trouvait, et au
milieu des embarras où il était. Seulement, cet oubli
a amené à Autun une telle situation, que le général
Bordone, oubliant l'ordre qu'il avait donné, se faisant
illusion et ne croyant pas l'avoir donné, a poursuivi,
avec l'ardeur que vous connaissez, le colonel Chenet ;

voilà, messieurs, je crois, la vérité. Je n'ai plus, maintenant après ces préliminaires qu'à vous dire, ce que vous savez déjà du reste, quel est le colonel Chenet.

Vous connaissez assez M. Chenet pour qu'il soit inutile de répéter encore quels sont ses antécédents; le général Renault, M. Duvergier, ancien conseiller d'État, se sont intéressés à lui; le premier a écrit à Lyon une lettre dans laquelle on lit ce passage : « M. Chenet est un homme parfaitement honorable et un intrépide soldat; il est depuis longtemps connu de M. le général Renault qui commande le camp de Bordeaux, et de M. Bourée, autrefois ambassadeur à Constantinople et mon collègue au Sénat. Vous pouvez donc être sûr de porter votre concours à une cause juste et à un homme entouré des plus honorables sympathies. »

Dans une autre lettre on lit encore :

« C'est un homme loyal, un très brave soldat, et je garantirais son honneur sur le mien. »

Mᵉ Porte, lit ensuite diverses pièces, notamment la lettre de M. Bordone au *Progrès de Lyon*, qui est citée plus haut, et affirme que M. Chenet n'a fait que répondre à des attaques dirigées contre lui, puis il reprend longuement les arguments déjà employés par son client, dans sa défense en réponse aux témoins Delpech et Ollivier.

Il lit la lettre et le formulaire adressés au président de la Cour martiale par M. Bordone, fait remarquer qu'un seul témoin, M. de Saulcy, a accusé son client à la Cour martiale, et soutient que celui-ci a bien reçu l'ordre verbal, par M. Gandoulf, de quitter le couvent Saint-Martin. — On a cherché, ajoute-t-il, à l'accuser de désertion. Après Pasques, il est venu à Autun où on l'a reçu à bras ouverts, et il n'a reçu aucune dépêche de M. Delpech, qui n'était qu'à quelques kilomètres de distance.

M. BORDONE. — Voici l'original de cette dépêche, ou plutôt de cet ordre de service, dont M. le président a déjà donné lecture d'après mon livre, et qui porte inscrit au dos, la date et l'heure de la communication à M. Chenet.

Mᵉ PORTE. — Est-ce que vous voudriez encore accuser

cet homme de désertion à l'ennemi ? Il faut s'expliquer :
les témoignages des hommes qui sont les plus justes
appréciateurs du mérite ne sont donc plus rien ?

M. BORDONE. — Je prie l'avocat de M. Chenet, de
vouloir bien remarquer que je ne l'interromps pas ; j'ai
voulu lui tendre la perche, pour l'empêcher de commettre une nouvelle erreur dans le cours de sa plaidoirie ;
il a de trop bons procédés à mon égard, il plaide trop
bien ma propre cause, pour que je l'interrompe.

Mᵉ PORTE. — Cet ordre n'est pas arrivé, nous le pré-
tendons, nous, au colonel Chenet ; car enfin, messieurs,
pourquoi n'aurait-il pas été aussi bien à l'Ouche trouver
le général Delpech qu'à Autun ? Il se trouvait avec Garibaldi dans cette ville, par conséquent il ne fuyait pas.

Le défenseur de M. Chenet expose que celui-ci n'a-
vait plus de munitions, que ses hommes manquaient de
vêtements, qu'ils menaçaient de se débander, et qu'il
manœuvrait, faisant des marches et contre-marches, en
attendant l'ordre que devait rapporter M. Gandoulf ;
les hésitations de celui-ci prouvent qu'il est de bonne
foi ; il lui était facile de dire qu'il avait remis l'ordre au
couvent Saint Martin.

M. BORDONE. — Et la loi sur les faux témoins !

Mᵉ PORTE. — Et cependant, il ne l'a pas fait. On reproche à M. Chenet une réquisition de 6,000 francs à
Montcenis, mais il faut remarquer qu'il avait une
troupe dont il n'était pas maître, qu'il fallait lui fournir des vivres. Après la victoire d'Autun, les hommes
de la guérilla n'étaient pas assez réorganisés, pour qu'il
fût permis de revenir sur cette ville ; M. Chenet a poussé
plus loin pour achever de les rallier. Arrivé à Roanne,
il télégraphie aussitôt.

M. LE PRÉSIDENT. — La dépêche, dit-elle : « Je suis
chef de guérilla opérant pour mon compte ; l'action
oubliée, ou l'a-t-on oubliée ? » Vous avez le télégramme ?

M. BORDONE. — Le voici.

M. CHENET. — C'est : l'a-t-on oubliée ? le télégramme
se trompe.

M. LE PRÉSIDENT. — Il y a : « *l'action oubliée.* »

M. BORDONE. — Le volume dit aussi : « l'action oubliée; » dans un écrit, pas plus qu'à cette audience je ne me permettrais pas d'altérer, en quoi que ce soit, le texte d'un document officiel.

Mᵉ PORTE rappelle dans quelles conditions son client a passé en Cour martiale.

M. LE PRÉSIDENT. — Permettez-moi de vous dire qu'il y a une lettre importante dans la discussion de votre affaire, et que vous négligez complétement d'en parler. Cette lettre du 7 décembre, à Garibaldi, est antérieure à la Cour martiale ; vous connaissez l'argumentation de votre adversaire sur ce point ? Je vous le rappelle, car vous me paraissez vous en éloigner.

Mᵉ PORTE relit cette lettre et ajoute : « Eh bien, messieurs, voici ce qui s'est passé : le colonel Chenet ayant envoyé demander cet ordre par M. Gandoulf, s'é-tait dit, et c'était en effet sa pensée, voilà des hommes qui ne sont pas suffisamment ravitaillés, auxquels les vivres manquent, auxquels les vêtements font défaut, qui n'ont plus de chaussures, le colonel, dans ces con-ditions, avait certainement l'intention, lui, chef de guérilla, de manœuvrer de façon à rendre service à l'armée à laquelle il était attaché, mais en même temps de conserver des hommes qui ne se trouvaient plus dans une situation où il fût possible de les garder. »

Après cette explication, qui paraît satisfaire complé-tement M. Chenet et M. l'avocat général, Mᵉ Porte ajoute que son client est un homme loyal, qu'il au-rait préféré être à l'armée de la Loire, mais qu'il n'a pas fui devant l'ennemi.

M. LE PRÉSIDENT. — Il y a des points d'une haute im-portance sur lesquels vous ne dites rien, par exemple, la visite aux avant-postes du général Garibaldi et les ordres qu'il a donnés. Il serait utile de vous expliquer là-dessus.

Mᵉ PORTE. — A cet égard, quant à l'ordre donné par le général Garibaldi, voici ce que j'ai à expliquer : l'or-dre donné n'a pas été transmis au colonel Chenet, et nous en avons la preuve, justement à l'occasion de ce qui s'est passé au sujet de la déposition de M. de Saulcy.

M. LE PRÉSIDENT. — Je ne veux pas couper l'ordre de votre plaidoirie, mais il faut que nous arrivions à la vérité, et vous vous écartez du procès.

M⁰ PORTE. — J'avais des notes sur certains points de ma plaidoirie et je ne les trouve pas.

Il lit la déposition de M. de Saulcy devant la Cour martiale (page 130 du livre de Middleton), et revient sur ce point, que c'est le seul témoin qui ait déposé contre M. Chenet ; selon lui, il ne mérite aucune espèce de croyance, car il s'est contredit, le 16 décembre, trois jours après avoir déposé devant la Cour martiale ; du reste, page 298 de l'ouvrage de M. Chenet, il trouve une lettre du véritable M. de Saulcy...

M. LE PRÉSIDENT. — Vous avez l'original de la lettre?

M. CHENET. — Il doit être au dossier, monsieur le président, sitôt que M. Bourée, l'ambassadeur, a appris ma condamnation, il a envoyé un télégramme à Constantinople pour savoir ce qu'était M. de Saulcy.

M⁰ FOREST. — On demande l'original parce qu'on conteste la bonne foi des auteurs du livre Middleton.

M. BORDONE. — Nous produisons toujours des originaux, nous, monsieur le président, et nous demandons que nos adversaires agissent de même.

M⁰ PORTE. — Voici cette lettre :

Et l'avocat lit dans le livre Middleton-Chenet, attendu que, malgré ses recherches, M. Chenet ne peut trouver cette lettre dans son dossier :

« Merci mil e fois pour votre bonne et affectueuse lettre et pour les curieux détails qu'elle m'apporte. J'ignore absolument quel peut être le plat gredin qui a eu l'audace de prendre mon nom. Jamais je n'ai eu le moindre Jacquot à mon service. Cependant, je crois entrevoir à la suite de quelles circonstances, Jacquot a pu troquer son nom burlesque contre le mien.

» J'avais un frère qui aimait éperdûment les voyages et les aventures. Ce malheureux frère, qui est mort en Egypte, était d'un caractère très faible ; les gredins dont pullule ce pays s'attachaient à lui et le grugeaient : Jacquot pouvait bien être du nombre de ces derniers.

» Mon pauvre frère mourut loin des siens sur cette terre étrangère. Il est possible que son passe-port fut la part du butin qui revint à Jacquot.

» Voilà, mon cher ami, comment je puis expliquer ce mystère.

» Agréez, etc...

» Signé : DE SAULCY. »

Me FOREST. — Ce n'est pas la même chose que dans le livre que j'ai en main; la première édition ne ressemble pas à la seconde. Avez-vous l'original? (Rires.)

Me PORTE. — Mon Dieu...

Me FOREST. — Vous dites d'un côté : « *J'ai un malheureux frère mort il y a deux ans,* » puis « *J'ai un malheureux frère mort en Egypte,* » parce que M. de Saulcy a habité Constantinople. C'est un fait que je signale, le jury appréciera.

M. BORDONE. — Voilà un de ces documents qu'on appelle officiels, et dont le texte n'est plus le même dans deux éditions différentes.

M. LE PRÉSIDENT. — Il faut absolument le document authentique.

Me PORTE. — Au Conseil de guerre de Lyon il a été communiqué.

M. LE PRÉSIDENT. — Nous ne sommes plus devant le Conseil de guerre de Lyon, nous ne savons pas ce qui s'y est passé, il faut des documents originaux. (Vive approbation.)

M. CHENET. — La première attestation a figuré au Conseil de guerre de Lyon.

M. LE PRÉSIDENT. — Cela ne peut pas nous suffire ; ces messieurs ont le droit de vous demander l'original, et ils le réclament.

M. BORDONE. — Si ce document avait figuré dans le Conseil de guerre de Lyon, il serait dans le dossier qui est entre les mains de M. le président. J'ai produit, moi aussi, des documents très précieux au Conseil de guerre de Lyon. On ne me les a pas rendus, et ils se retrouvent dans le dossier ; il était cependant de mon droit de les réclamer.

M. CHENET. — Voici une copie.

M. LE PRÉSIDENT. — Elle n'est pas certifiée; il n'y a aucune légalisation !

Mᵉ PORTE. — Enfin, messieurs, quoi qu'il en soit, je n'insiste pas; mais il est bien certain que M. de Saulcy n'est pas venu au Conseil de guerre de Lyon.

M. BORDONE. — On n'aurait pas dit de lui tout ce qu'on en a dit, s'il y avait été! (Sensation prolongée.)

Pour Mᵉ Porte, il y a dans cette affaire plutôt un quiproquo qu'autre chose; ce qu'on appelle un poste n'était pas un poste, mais un casernement. M. Bordone a oublié l'ordre qu'il avait donné, et le colonel Chenet n'a jamais failli à son devoir; il a fait ce qu'un chef de troupe devait faire!

Pour les outrages, le défenseur de M. Chenet les repousse; ils sont l'œuvre de Middleton. (Hilarité générale.) Si M. Chenet a touché de l'argent, c'est que Middleton lui en devait.

M. LE PRÉSIDENT. — Vous passez maintenant au second procès; avant cela, je vous rappelle que vous avez traduit M. Bordone devant la Cour d'assises, sous la prévention de diffamation, et que, pour faire la preuve, vous devez établir, non-seulement la diffamation matérielle, mais encore la mauvaise foi. Il me semble que vous ne vous êtes pas expliqué très nettement sur cet élément, le plus essentiel de tous, la mauvaise foi. Vous avez dit plusieurs fois que M. Bordone pouvait avoir oublié l'autorisation donnée par lui, ce n'est pas de la mauvaise foi, et vous êtes tenu, sous peine de perdre votre procès, de faire la preuve de celle de M. Bordone.

Mᵉ PORTE revient alors sur les intentions de M. Bordone et lui reproche d'avoir continué à accuser M. Chenet, après son acquittement par le Conseil de guerre de Lyon, ce qui constituerait la mauvaise foi. Pour son client, il n'a jamais eu d'intention diffamatoire; il a seulement répondu à des accusations portées contre lui, et, du reste, le livre Middleton n'est pas son œuvre.

M. LE PRÉSIDENT. — Je suis obligé de vous faire remarquer que, dans l'instruction, M. Chenet a accepté la responsabilité du livre! (Bruyante hilarité.) Il a ajouté qu'il pourrait faire la preuve de tous les faits relatifs à son procès!

M⁰ PORTE. — Il a voulu seulement parler des documents!

M. LE PRÉSIDENT. — Je vais vous répéter textuellement ce qu'il a dit : « J'accepte la responsabilité de tout ce qui, dans le livre de M. Middleton, est relatif à mon procès. »

Tout le livre est relatif au procès. (Hilarité générale.)

M⁰ PORTE. — Ah! Monsieur le président, vous me permettrez de ne pas partager votre avis.

M. LE PRÉSIDENT. — Pour les trois passages : pages 285, 304, 416, 417, 418, votre client accepte toute la responsabilité; il a signé cela, permettez-moi de vous le dire.

M⁰ PORTE. — Mais cela n'a rapport qu'aux termes d'assassin!

M. LE PRÉSIDENT. — C'est déjà quelque chose. (Rires.)

M⁰ PORTE. — C'est quelque chose; mais la situation de M. Chenet comporte certainement une animation que tout le monde comprendra.

M. LE PRÉSIDENT. — Si M. Chenet a des explications à donner personnellement, je ne demande pas mieux; MM. les jurés et la Cour l'entendront. Vous vous entendrez avec votre client pour savoir ce que vous avez à dire.—L'audience est suspendue.(Sensation prolongée.)

Vingt minutes après, à la reprise de l'audience, M⁰ Porte, retraçant les souffrances de M. Chenet, affirme qu'il est excusable d'avoir écrit les passages qu'il a reconnus. Il relit les divers passages incriminés, en les commentant en faveur de son client, et termine en disant que M. Bordone a eu le tort de ne pas respecter l'arrêt du Conseil de guerre de Lyon, que M. Chenet a toujours été un brave soldat et que le jury lui rendra la justice qu'il réclame.

M. LACROIX fait remarquer que, bien qu'étant l'accusé principal, le débat ne le concerne pas.

M⁰ PORTE. — J'ai déjà dit que nous abandonnions l'accusation, en ce qui vous concerne.

MM. GARNIER ET BALITOUT déclarent n'avoir rien à dire.

M. CHENET rappelle qu'il a été envoyé au bagne, et

qu'après un arrêt de la Cour de cassation, il a été acquitté à Lyon. Il espérait que M. Bordone, le laisserait tranquille, mais il fallait que celui-ci le poursuivît de sa haine. Le livre Bordone a été annoncé avant celui de Middleton.

M. BORDONE. — Il a été annoncé avant, c'est possible, mais il a paru après, longtemps après.

M. CHENET. — Je n'ai rien fait pour rechercher M. Bordone ; il aurait dû me laisser tranquille. Il a déposé contre moi à la Commission d'enquête du 4 Septembre. c'est de l'histoire, cela. Je me suis défendu. A la Cour martiale, on m'a condamné sans m'entendre ; la cour s'est retirée, et elle est revenue avec ma condamnation à mort. Je dis aujourd'hui à mes juges : (Je suis persuadé que maintenant ils ne me condamneraient plus !) J'ai cette conviction, parce que ce sont des hommes d'honneur et de cœur; j'espère que cette satisfaction doit leur suffire ; et je ne leur en veux pas, parce que j'ai la conviction qu'ils me croyaient plus coupable. Voilà ce que j'avais à dire. Je vous demande pardon de m'être emporté quelquefois, mais j'avais à défendre mon honneur.

M. LACROIX. — Je dois dire que M. Chenet est venu chez moi deux mois avant que je connaisse M. Bordone.

M. CHENET. — Je ne le nie pas; j'ai accompagné M. Middleton chez M. Donnaud et chez M. Lacroix aussi. Il cherchait un imprimeur.

Mᵉ FOREST. — La discussion du prix s'est agitée entre M. Chenet personnellement et M. Donnaud ?

M. DONNAUD. — Parfaitement.

M. CHENET. — J'ai assisté à la discussion du prix. J'ai accompagné M. Middleton.

M. LACROIX. — Déclare qu'il a refusé, comme M. Donnaud, de publier le livre de M. Chenet, à cause des attaques passionnées qui y étaient contenues.

Mᵉ FOREST rappelle les dates de dépôt des ouvrages des deux parties.

Mᵉ PORTE. — M. Bordone, par lettre du 24 février, annonçait la publication de son livre.

Mᵉ FOREST. — Il disait seulement qu'il ferait un livre

14

qui serait un recueil de pièces et de documents authentiques, et il a fait ainsi qu'il avait dit.

M. L'AVOCAT GÉNÉRAL BENOIT a la parole. — Il trouve
sans doute les faits suffisamment établis pour M. Chenet, car il en parle à peine, et il formule un véritable réquisitoire contre M. Bordone. Sans rappeler
aucuns faits nouveaux, son argumentation est celle-ci :
M. Bordone qui a été condamné contradictoirement,
en appel, et non par défaut, comme le prouverait
son casier judiciaire qu'il a fait revenir d'Avignon
ne mérite aucune créance ; suivant lui, M. Bordone
s'est cru suffisamment garanti par l'incendie du Palais de Justice. MM. Chenet et Gandoulf, qu'aucune
condamnation n'a atteint, sont dignes de foi. Autun
a été surpris, M. Chenet a reçu l'ordre verbal de
quitter Saint-Martin, aucun témoin ne l'a accusé de
lâcheté, donc M. Bordone est un diffamateur. Le fait a
d'ailleurs été jugé à Lyon, et M. Chenet a été acquitté.

M. Benoît reproche ensuite à M. Bordone d'avoir signé le formulaire d'interrogatoire adressé au président
de la Cour martiale, le général Bosak, d'avoir dit que
M. Chenet avait trahi, ce qui n'est nullement prouvé,
et ajoute, après une série de considérations sur les
opérations de l'armée des Vosges, que nous n'apprécions pas, que si le colonel avait su, le 1er décembre,
être en présence de l'ennemi, il en aurait su plus que
l'état-major de Garibaldi. (Rumeurs sympathiques
dans l'auditoire.)

Il rappelle la déposition de M. Marais qui a été
surpris par le premier coup de canon des Prussiens, les dires des officiers de mobiles qui ont ont
cru voir les Prussiens, et qui ont prévenu l'état-
major et ajoute : J'en ai encore une preuve dans
l'ordre donné à M. Williame vers midi ; il reçoit
l'ordre de marcher du côté du couvent Saint-Martin. Croyez-vous que l'on aurait attendu à ce moment pour donner cet ordre, alors que les Prus-
siens sont déjà là, si on avait su qu'ils arrivaient
et qu'on était si près de l'armée ennemie ? Cela se
comprend ; je ne suis pas officier…

M. BORDONE. — On le voit bien!

M. BENOIT. — Mais, dès la matinée, on devait envoyer aux avant-postes, tout ce qu'on avait de troupes disponibles, etc., etc. »

Il est facile de dire après coup ce qu'on devait faire, surtout à deux cents kilomètres du lieu où s'est livré la bataille, et nous ne suivrons pas M. Benoît dans ses développements militaires. Après avoir lu une dépêche du Ministre de la guerre qu'il relève contre M. Bordone et ainsi conçue :

« Vous êtes le seul qui invoquiez sans cesse des difficultés et des conflits pour justifier sans doute votre inaction. Je ne vous cache pas que le gouvernement est fort peu satisfait de ce qui vient de sepasser. Vous n'avez donné à l'armée de Bourbaki aucun appui, et votre présence à Dijon a été absolument sans résultat sur la marche de l'ennemi de l'Ouest à l'Est. En résumé, moins d'explications et plus d'actes; voilà ce que je vous demande. »

Il conclut ainsi : Je n'ajoute qu'un mot pour les imprimeurs et éditeurs; jen'insiste en aucune espèce de façon. Pour moi, le débat se passe entre MM. Bordone et Chenet; vous avez deux diffamateurs en présence; il y a des torts réciproques, c'est à vous de voir si ces torts se compensent.

M. MARAIS. — Monsieur le président, je vous prie de m'accorder la parole pour une rectification qui touche à ma conscience. Messieurs, je croyais avoir été clair dans ma déposition, M. l'avocat général s'est trompé : C'est ma faute. (Rires.)

M. LE PRÉSIDENT. — Faites votre rectification purement et simplement.

M. MARAIS. — Je croyais si bien à l'attaque d'Autun dès le 30 novembre, que le soir même, j'envoyaï au Creuzot l'ordre d'évacuer le matériel, j'appelle là-dessus le témoignage...

M. LE PRÉSIDENT. — Rectifiez le plus simplement possible.

M. MARAIS. — J'ai terminé de suite... j'ai été étonné par le premier coup de canon, parce qu'une ville s'attaque par la fusillade et non par l'artillerie ; j'ai fait peser d'abord sur M. Bordone la responsabilité de l'attaque d'Autun, c'est vrai ; mais j'ai ajouté et j'ajoute encore aujourd'hui, qu'il y a maintenant un seul homme sur lequel je fais peser cette responsabilité, cet homme c'est M. Chenet. (Sensation prolongée.)

M. BORDONE. — M. Marais ne peut pas, dans sa déposition, être taxé de partialité à mon égard, j'ai été, à Autun, l'ennemi direct et déclaré de ce témoin. Quand on est chef d'état-major, quand on a la responsabilité d'une armée ; il est des choses qu'on ne doit pas faire savoir, au milieu d'une population, qui, par une panique, pourrait compromettre la sûreté de cette armée et de la ville qu'elle est appelée à défendre.

J'étais tellement assuré qu'Autun ne pouvait pas être surpris, et nos précautions étaient tellement bien prises, que les ingénieurs de l'usine de MM. Schneider, et M. Schneider lui-même, avaient été priés, lors des visites qu'ils me firent à Autun, avaient été suppliés par moi, de ne pas évacuer le matériel du Creuzot où l'on fabriquait des armes de guerre, parce que je pouvais, même dans le cas où nous viendrions à être battus à Autun, disputer le terrain pied à pied à l'ennemi, et prévenir les propriétaires du Creuzot 48 heures avant le délai qui leur était nécessaire pour évacuer tout le matériel de l'usine.

Or, M. Marais, le 30 au soir, avait donné l'ordre dont il vient de vous parler lui-même, sans me prévenir, et je lui dis le lendemain, immédiatement après la bataille : « *Si vous vous avisez désormais de faire quoi que ce soit sans me prévenir, je vous ferai arrêter !* » Je suis allé plus loin, je me suis adressé à M. Frédéric Morin, alors préfet de Mâcon, en lui disant : « *Enlevez moi d'ici M. Marais, parce que je ne puis croire que ce soit un bon citoyen et un patriote.* » Telle était ma situation vis-à-vis de M. Marais.

C'est en vain, messieurs, qu'on essaiera de vous faire croire que nous avons été surpris à Autun. Les réponses embarrassées des témoins de M. Chenet, mais surtout de M. Gandoulf, qui, malgré les questions les plus pré-

cises, sur les heures et sur les lieux, n'ont voulu, et disons mieux, n'ont pu en spécifier aucun, vous ont déjà
suffisamment éclairés, en ce qui concerne cette prétendue surprise; mais il est d'autres choses que vous avez
entendues à cette audience, il en est qui ont été affir-
mées par M. l'Avocat général, qui m'ont été directement
reprochées, et qui tendraient à me présenter à vos yeux,
comme un homme qui s'est caché et qui a voulu fuir une
situation quelconque : vous verrez que ces choses-là
sont aussi fausses que la prétendue surprise d'Autun.

Je vous prouverai, à l'encontre de ce qu'on vous a
dit, que tous les documents n'ont pas disparu, et par
dépêches ou autrement, vous pourrez interroger les
magistrats qui peuvent le prouver, et qui ont bien
voulu me servir dans les efforts incessants que j'ai faits
pour faire cette lumière qui éclate enfin aujourd'hui à
vos yeux.

Je regrette beaucoup d'avoir à retenir encore votre
attention, pendant quelques instants, mais il s'est glissé
dans le véritable réquisitoire de M. l'avocat impérial,
en ce qui me concerne, et dans la plaidoirie de mon
adversaire, des erreurs tellement manifestes que je suis
obligé de les relever.

J'ai annoté toutes ces erreurs, volontaires ou invo-
lontaires, et je vais rapidement les passer en revue, en
commençant par les dernières, les plus récentes, celles
que je relève dans le réquisitoire de M. l'avocat impérial, et en remontant ensuite successivement vers les
plus anciennes.

On vous a dit, tout à l'heure, et ceci est un fait capital, que j'ai écrit une lettre, et que cette lettre a
amené M. Chenet à confectionner l'ouvrage contre lequel j'ai déposé une plainte, — mais il y a une erreur
matérielle ici, et, si fort qu'on soit, si sympathique
qu'on puisse être pour quelqu'un, on n'arrivera jamais
cependant, à pouvoir transformer des dates et des faits,
surtout lorsqu'on a dans les mains des documents officiels qui établissent ces faits, ces lieux et ces dates, de
la manière la plus précise.

Je ne me rappelais plus quelle était la raison qui m'a-
vait fait adresser au *Progrès de Lyon*, la lettre que M. le

Président vous a lue, mais M. l'Avocat général vient de me remettre en mémoire celle du *Salut public de Lyon*, qui a provoqué de ma part cette réponse à des *feuilles soumises ;* j'insiste à dessein sur le mot, et je crois que personne n'essaiera de l'atténuer ni dans le passé ni dans le présent.

Cette lettre du *Salut public,* est de beaucoup antérieure à ma réponse, avec laquelle d'ailleurs, la perspicacité de M. Benoît ne pourra pas établir que j'aie visé particulièrement M. Chenet, car j'y dis purement et simplement, sans le nommer, *que je produirai des faits, rien que des faits, et que le public jugerait.* — C'est encore ce que je vous dis aujourd'hui, messieurs les Jurés.

Qu'est-ce qui a suivi cette lettre? C'est l'ouvrage de M. Chenet, dont le dépôt et la mise en vente sont antérieurs d'un mois à la publication du premier fascicule du mien : et veuillez remarquer comment se termine ce premier fascicule ; tout à la fin, dans une note on y lit :

» Quant à certaines autres publications, entre autres celle d'un nommé Middleton, qui après avoir, il y a quelque temps, à Bordeaux, scandalisé les républicains les plus radicaux par ses sorties démagogiques dans les clubs, émaille aujourd'hui *sa prose stupendiée,* par des protestations de fidélité aux idées conservatrices et aux dogmes catholiques, nous nous réservons en temps et lieu de montrer aux lecteurs ce que vaut cet apologiste des *scories de l'armée des Vosges.*

» Notre intendant général, M. Airolle, qui a été chargé par le Gouvernement, de la liquidation de tous les comptes de l'armée des Vosges, lui prépare à l'heure présente une surprise qui viendra s'ajouter à celles que nous avons déjà en réserve, et qui donnera la mesure de la confiance qu'il faut accorder à un *écrivain,* qui entreprend de raconter les faits et gestes d'une armée, dans laquelle il n'a jamais été un seul instant, dont il n'a jamais suivi les opérations, et qui ne possède d'ailleurs *aucun document* pour le faire, sinon des racontars de boutiques. »

M. Chenet s'est-il reconnu dans *ces scories* de l'armée des Vosges? c'est possible ; mais ai-je fait l'honneur à

M. Chenet de le nommer jusqu'à ce moment ? non,
messieurs ; et si, dans le second fascicule qui n'a paru
qu'un mois après le premier, et par conséquent, deux
mois après la mise en vente du livre Middleton, j'ai désigné ce triste personnage, ce n'est que parce qu'il
fallait bien, en somme, et à son lieu et place, parler du
fait matériel de l'attaque d'Autun, qui malgré la fuite
de *ce chef de guérilla*, s'est terminé à l'avantage de nos
armes, grâce à ces dispositions qu'on prétend que nous
n'avions pas prises, et qui nous ont permis cependant
de faire essuyer à l'ennemi, une des plus grandes dé-
faites qu'il ait subies pendant la campagne de
1870-71.

Toutes ces dates sont précises, les preuves en sont
au dossier, et cependant, avec un aveuglement que je
ne saurais m'expliquer, autrement que par une sympathique admiration pour les talents militaires, la bravoure et les angoisses patriotiques d'une *épave de l'armée régulière*, on se refuse à l'évidence, on essaie, je
ne dis pas de vous tromper, mais de se tromper sur des
dates précises, établies par des documents authentiques qu'on a entre les mains.

Me Porte, l'avocat de mon adversaire, pour vous in-
téresser à la cause qu'il a essayé de défendre, vous a dit
que ce procès était CELUI DE L'ARMÉE RÉGULIÈRE CONTRE
L'ARMÉE IRRÉGULIÈRE c'est peut-être bien prétentieux de
sa part, mais cela fût-il, et votre admiration fût-
elle tout entière acquise à la première, et votre haine à
la seconde il n'est permis à personne de fausser des
dates pour faire triompher sa cause.

J'entre maintenant dans l'examen de quelques-unes
des parties du réquisitoire de M. l'avocat général et
du plaidoyer de mon adversaire, dont quelques parti-
cularités ont pu vous échaper.

M. Benoît vous a dit tout à l'heure, que j'avais fa-
briqué mon livre alors que M. Chenet allait être sous
le coup d'un Conseil de guerre, et que j'aurais dû attendre : je regrette d'être encore obligé de lui répondre que cela n'est pas. — Je n'ai écrit mon livre qu'a-
près que M. Chenet a eu publié et mis en vente celui
où il m'appelle *assassin,* ainsi que tous les membres de

la Cour martiale d'Autun, et où il ne se contente pas de m'appeler ainsi.

Ce livre contient, en effet, des accusations tellement monstrueuses, qu'on en arrive à ne leur attacher aucune importance, en raison même de leur énormité; mais il y en a une foule d'autres qu'on se plaît à rappeler journellement, et qui servent de prétexte à des injures comme celles que vous avez entendu tomber ici même de la bouche d'un témoin.

Eh bien, messieurs les jurés, vous avez vu défiler devant vous une assez grande partie de cet état-major de l'armée des Voges qu'on vous a représenté comme un ramassis de gens tarés.....

M. L'AVOCAT GÉNÉRAL. — Je ne me suis pas servi de cette expression.

M. BORDONE. — Ce n'est pas de vous que je parle... ces expressions se trouvent dans le livre de M. Chenet, elles sont répétées encore aujourd'hui, pendant le procès, par ces feuilles stipendiées, soumises, dont j'ai parlé tout à l'heure.

M. Benoît, en dressant contre moi un réquisitoire assez carabiné, je vous demande pardon, messieurs, de me servir de cette expression, me reproche encore d'avoir écrit au général Bosak, pour mettre M. Chenet en jugement, et d'avoir signé la formule suivant laquelle devait être interrogé l'inculpé.

Pour un habitué des parquets, je suis étonné que M. Benoît se soit trompé aussi grossièrement — il y a dans une juridiction de n'importe quelle nature, un formulaire qu'on doit suivre quand il s'agit d'interroger un prévenu et de diriger des débats; ce formulaire existe pour les Cours martiales, et il est peut-être plus indispensable là, que pour les tribunaux où se trouvent des juges auxquels la procédure est familière.

On a trouvé cette espèce de formulaire dans le dossier de M. Chenet, qui fut expédié à Bordeaux sur la demande de M. de Loverdo, en même temps que celui du lieutenant-colonel Devert, ainsi qu'on le peut voir dans le registre copie-lettres; cette pièce est signée par moi comme sont signées, pour copie conforme ou autrement, toutes les pièces officielles, parce que, comme chef d'état-major, il me fallait signer tous les documents — et c'est de cela qu'on veut se faire une arme pour démontrer mon animosité contre M. Chenct? C'est vraiment puéril, et...

M. LE PRÉSIDENT. — Passez là-dessus.

M. BORDONE. — Je passe. — M. l'avocat général a parlé encore d'une dépêche de M. de Freycinet. — Je n'infligerai pas de nouveau à MM. les jurés la lecture de cette dépêche, qui a été expédiée dans des circonstances telles, qu'elle devient une glorification pour moi, et qui a d'ailleurs été suivie d'une série de vingt autres dépêches que je ne vous lirai pas davantage, et qui suffiraient pour rendre orgueilleux les plus exigeants.

Il faut que je vous dise, cependant, dans quelles circonstances me fut envoyée cette dépêche de M. Freycinet.

Nous étions à Dijon, *inébranlablement liés* par les ordres du gouvernement; nous étions possédés, tous du désir de quitter cette ville, parce que nous savions l'armée de Bourbaki compromise, quoique nous n'eussions pu obtenir de renseignements précis, ni de Bourbaki lui-même, qui n'a jamais correspondu avec nous, ni du gouvernement, ni de personne.

Dans cet état de choses, pour voler à son secours, il aurait fallu abandonner Dijon, dont les fortifications passagères n'étaient armées qu'avec nos canons de campagne, et partir sans artillerie, car, si on nous avait promis des pièces de position, on ne nous en avait encore envoyé aucune. — Il nous aurait fallu aussi laisser la défense de la place entre les mains d'un chef de légions mobilisées qu'on maintenait à Dijon, malgré mes réclamations incessantes, que je reconnaissais comme absolument incapable, et qui venait, le jour même où cette dépêche est arrivée, pendant que nous avions des engagements avec l'ennemi, d'envoyer à un de ses commandants de légion un ordre ainsi conçu : « *Je vous défends d'obtempérer aux ordres du général Garibaldi et de son chef d'état-major, à moins que ces ordres ne soient écrits et visés par moi.* »

Je réclamais vigoureusement, très vigoureusement contre cet état de choses, et je déclarais que, même au moment de me mettre en marche, je résignerais mes fonctions, si on ne faisait pas justice, et c'est à cette demande que, dans un premier mouvement, M. de Freycinet me télégraphia : « *Vous réclamez toujours au moment d'entreprendre quelque chose.* »

Je réclamais! Avouez, messieurs, qu'il y avait bien de quoi, car, malgré ces empêchements de toute sorte, et, tout en défendant Dijon, nous escadronnions à plus de cent kilomètres en avant, et nous forcions les Prussiens, qui marchaient vers l'Est, à passer sous le canon de Langres, sans leur permettre jamais de traverser nos lignes.

D'ailleurs, ainsi que je vous l'ai dit, vingt autres dépêches sont venues immédiatement effacer la mauvaise impression qu'avait pu me causer la première; on m'a envoyé des canons et on m'a débarrassé de l'officier dont j'ai parlé plus haut.

Voilà ce qu'aurait pu savoir M. l'avocat général, si, au lieu de se contenter de lire le livre de MM. Chenet et Middleton, il avait daigné jeter les yeux sur les passages du mien qui ne sont pas spécialement incriminés dans la plainte.

On vous a dit encore, messieurs, que ma dénégation, opposée aux affirmations de M. Chenet et de M. Gandoulf, devait faire pencher la balance du côté de ce dernier, en ce qui concerne l'ordre du départ.

Ici, messieurs, j'avoue ne plus comprendre.

Est-ce à cause de mon casier judiciaire, que M. l'avocat général parle ainsi, nous allons y arriver tout à l'heure, pour rester fidèle à l'ordre de mes annotations, mais il n'est pas nécessaire de me faire intervenir, pour établir la vérité sur cet ordre supposé, pivot de toute la défense de mon adversaire.

Laissez de côté les preuves matérielles, accablantes, que j'apporte pour établir la fausseté de ces prétentions. Ne vous souvenez que de la déposition des témoins, qui pèse certainement bien plus que mon dire dans la balance, et qui suffisent et au delà, pour entraîner pesamment le plateau de mon côté.

Comparez à la netteté et à la précision des dépositions *de ces aventuriers*, les hésitations, les réticences, les oscillations de MM. Gandoulf et Chenet, qui ont causé quelque émotion chez toutes les personnes qui étaient dans cette salle, excepté peut-être chez une seule, intéressée cependant plus que toute autre à rechercher la vérité.

Au surplus, pourquoi M. Benoît, qui parle si complaisamment de documents qui n'ont aucun caractère officiel, de l'attestation de M. Gandoulf, entre autres, ne dit-il rien des dépêches expédiées de Roanne par M. Chenet, ni de la lettre si importante qu'il a écrite à Garibaldi, et qui met à néant toutes ces assertions relatives à un ordre verbal qui n'a jamais existé?

Pour excuser M. Chenet d'avoir quitté le poste de Saint-Martin, on vous a dit que Saint-Martin n'était pas une position, que c'était un simple casernement; laissez de côté, si vous le voulez la lettre si explicite de Garibaldi, qui est au dossier, et supposez, si vous le voulez, qu'il n'est pas allé lui-même, de sa personne, le 1er décembre au matin, ordonner de continuer les créneaux et d'envoyer des compagnies aux avancées, en faisant renforcer la guérilla d'Orient par la guérilla Marseillaise, et imaginez-vous pour un instant, un régiment de gardes républicaines, logé à la caserne du Château-d'Eau, et l'insurrection venant par la place de la Bastille : direz-vous que les gardes doivent rester dans la caserne et ne pas défendre les boulevards et les voies qui y donnent accès? ou bien encore, qu'ils peuvent s'en aller faire une promenade de 14 kilomètres, au pas gymnastique, de l'autre côté du canal Saint-Martin ?

De pareils arguments ne tiennent pas debout et je ne m'y arrête pas plus longtemps.

Permettez-moi cependant de vous dire que, si M. Chenet et ses hommes étaient logés au couvent Saint-Martin, ils avaient bel et bien l'ordre de défendre la position, et de disposer des avancées qui me dispensaient de faire surveiller le faubourg par d'autres troupes, et que c'est pour cette raison, pour cette raison seule, que j'ai pu dire au commandant Williame : « *Vous pouvez marcher sans crainte jusqu'à Saint-Martin,* » et au capitaine Marie, du 7e chasseurs, que j'ai envoyé en éclaireur avec son demi-escadron : « *Ne commencez à vous éclairer à droite et à gauche, qu'à partir de là, car vous êtes gardé, et expédiez-moi un homme toutes les dix minutes avec vos observations.* »

Vous pèserez dans la balance dont vous a parlé M. l'Avocat général, ce que valent les dépositions des témoins qui établissent ces faits, et celles de MM. Gandoulf et Chenet ; je suis parfaitement confiant dans le résultat de votre appréciation et dans votre verdict.

M. Benoît vous a dit enfin que M. Chenet avait été reconnu non coupable du fait de désertion devant l'ennemi. C'est encore là une erreur : les Conseils de guerre pas plus que les Cours martiales n'émettent des considérants dans les jugements qu'ils prononcent. Le Conseil de guerre de Lyon a acquitté M. Chenet parce qu'il lui a plu de l'acquitter, mais il n'a pas dit et il ne pouvait pas dire pourquoi il l'acquittait, ni que M. Chenet n'avait pas fui devant l'ennemi.

J'arrive maintenant à mon casier judiciaire. M. l'avocat impérial vous a dit que je m'étais mis à l'abri derrière la disparition de ce dossier, et que j'avais spéculé sur l'incendie du Palais-de-Justice. Je lui laisse tout l'odieux d'une pareille allégation, et il me permettra de lui répondre que j'aurais plus que personne à souffrir de cette disparition, si par mes soins, par mes réclamations, par mes démarches, je ne l'avais pas fait exhumer des archives du Palais-de-Justice longtemps auparavant.

M. Benoît pourra très facilement acquérir cette certitude et se convaincre que, loin de fuir la lumière, je l'ai recherchée dans toutes les circonstances.

J'ai l'honneur d'être l'ami et le familier de la plupart des magistrats de la ville que j'habite, et, il y a trois ans environ, que le substitut du procureur impérial à Avignon, voulant à tout prix me sortir de cette situation, écrivit au Parquet à Paris, et, *sur ma demande*, fit venir ce *fameux dossier*. Jusque-là, j'en ignorais absolument le contenu, et ce n'est qu'à son arrivée à Avignon, qu'il m'a été démontré que l'action civile était éteinte, en même temps que mes droits à la faire revivre.

M. l'avocat impérial peut s'adresser à M. de la Baume,

aujourd'hui procureur de la République à Nîmes, et je
suis certain, en raison même de l'intérêt qu'il m'a toujours porté, que ses souvenirs sont encore présents, et
qu'il se hâtera de répondre.

Je pourrais invoquer d'autres témoignages, car il y a
dans cette enceinte, des magistrats qui savent quelles
sont mes relations, et, que loin de laisser tous les faits
relatifs à ma condamnation dans une ombre discrète,
j'ai toujours cherché à les mettre en lumière; comme
moi, ils se sont demandés bien souvent comment,
vivant chez moi, dans ma ville natale, on a pu me laisser cinq années dans l'ignorance d'une condamnation, et
attendre la fin de la septième année, c'est-à-dire la pé-
remption, pour me réclamer une amende.

Ce casier judiciaire, il faut que vous le sachiez, messieurs, il prouve, quoi qu'en dise M. l'Avocat général,
que c'est par défaut que j'ai été condamné, et vous en
avez pour preuves, la date de la condamnation et ma
présence en Sicile, à l'armée méridionale, longtemps
avant cette époque et pendant que le procès avait lieu.
Vous avez la lettre de M. Laurier et celle de M. Boudin
avoué, qui me dit textuellement que je peux rester en
sécurité, et que, si je ne viens pas de suite, mon affaire
sera *remise indéfiniment*. Vous avez enfin une lettre de
M. Jobbé-Duval, aujourd'hui conseiller municipal à
Paris, et qui me dit: « Il n'existe rien ici au Parquet
contre vous: MM. Desmarets et Picard sont allés au
Palais; ils n'ont rien trouvé, et s'il survient quelque
chose, ils feront le nécessaire. »

Lorsque je suis revenu à Avignon, en 1861, après la
campagne des Deux-Siciles, chose étrange, mon casier
judiciaire n'y était pas arrivé, car j'y ai fait faire des
recherches, et depuis, j'ai vécu jusqu'au moment de la
campagne de 1870-71, sans qu'aucune signification vînt
me toucher, sinon cette invitation du directeur des contributions directes, qui m'a réclamé une amende pour
une condamnation en police correctionnelle, qui a été
prononcée contre moi à Paris. D'ailleurs, cette condamnation m'a frappé à une époque où, après avoir
expérimenté à Cherbourg, à la fin de 1859, des affûts
sans recul, j'étais envoyé en Italie pour les faire appli-

quer aux citadelles de Gênes et d'Alexandrie. Voilà pourquoi j'étais en Italie au commencement de 1860, et non pour fuir une condamnation qui n'existait pas encore.

Tous ces documents sont là, messieurs ; vous pourrez les examiner à loisir quand vous rentrerez dans la salle de vos délibérations.

Tout cela, il fallait que je vous le dise, messieurs, et j'étais impatient de vous le dire, car enfin j'espère que, au sortir de cette audience, les représentants de cette presse immonde, qui depuis deux ans vomit des injures sur l'armée des Vosges et sur moi, n'oseront plus s'abriter derrière *ce casier judiciaire* pour refuser les réparations de toutes sortes que j'ai le droit d'exiger.

Immédiatement avant de vous parler de mon casier judiciaire, M. l'Avocat impérial vous parlait d'une chose excessivement sérieuse, c'est-à-dire de *l'abandon d'un poste devant l'ennemi*, et vous disait que M. Chenet n'avait pas abandonné un poste *devant l'ennemi*.

M. Benoît, qui n'est pas militaire, a traité cette question-là *in extenso* : Quoique je ne sois militaire que par intervalles, dans l'acception rigoureuse du mot, je me suis trop occupé des choses de la guerre, pour ne pas pouvoir lui répondre que, dans la situation de troupes comme celle où se trouvaient les nôtres, à Autun, le 1er décembre 1870, *on ne fuit pas devant l'ennemi*, alors seulement qu'on est en grand'garde et qu'on a l'ennemi au bout de son fusil. *On fuit encore devant l'ennemi*, lorsqu'étant en 2e, 3e ou 4e ligne, on abandonne et on laisse vide, une des cases de l'échiquier sur laquelle vous a placé le chef d'état-major, parce que les troupes qui sont en grand'garde, ayant, dans certaines circonstances à se replier, il faut qu'elles trouvent, en arrière, d'autres troupes pour les soutenir.

Donc, si M. Chenet, au lieu d'être avec la guérilla d'Orient au poste de Saint-Martin, s'était trouvé dans Autun, en arrière d'Autun, ou à cette position même de Couches-les-Mines qu'il dit lui avoir été assignée, et qu'il a cependant dépassée de 14 kilomètres, sans s'arrêter dans sa fuite, M. Chenet, dis-je, serait encore un *fuyard devant l'ennemi*, et il est encore, je crois, assez militaire pour ne pas oser réfuter ce que je viens de lui dire.

J'en arrive maintenant à ce M. de Saulcy qu'on représente, dans le livre Chenet-Middleton, comme ma créature, comme ayant déjà, pour prix des services qu'il me rendait, les galons de lieutenant-colonel, dépouille de son chef, dont il m'aidait à préparer la fusillade ; et que je payais ainsi de sa complicité dans ce qu'on a appelé le drame d'Autun.

Je n'ai jamais vu M. de Saulcy avant mon retour de Bordeaux, le 20 décembre 1870, et cependant on vous a dit avec beaucoup d'assurance, qu'il avait été nommé par moi chef de bataillon, immédiatement après l'arrestation de M. Chenet, longtemps avant qu'il fût dégradé.

Voici un document officiel qui prouve que M. de Saulcy, à la suite d'un vote de tous les offi iers de la guérilla d'Orient, a été élu, par 13 voix sur 15, commandant de ce bataillon, plusieurs jours après la dégradation de M. Chenet.

Vous avouerez, messieurs les jurés, malgré l'assurance avec laquelle on vous a parlé de cette question incidente, que M. de Saulcy, choisi pour commandant par les officiers de la guérilla, *qui aimaient tant leur Chef* (*M. Chenet vous l'a dit lui-même d'une voix attendrie*), que M. de Saulcy, l'un des assassins du *brave Chenet*, est un étrange collaborateur dont on fait, quoique je ne l'aie jamais vu, le complice de l'assassin Bordone.

On a ergoté enfin sur l'épithète de lâche. je demanderai à M. Chenet, s'il trouverait dans son dictionnaire particulier ou dans celui de M. Middleton, un qualificatif mieux approprié que celui-là : on ne fuit certainement pas par bravoure, on ne fuit pas non plus avec enthousiasme ; il me semble que, lorsque l'on fuit, lorsqu'on abandonne son poste, c'est toujours un acte de lâcheté, à moins cependant, qu'en cherchant des exemples plus haut, et de proportions bien autrement grandes que celles de l'abandon du poste de Saint-Martin, on fuie le combat, ou on capitule en rase campagne, pour conserver un bataillon ou une armée à un prétendant ou à un gouvernement déchu. — Dans ce cas encore, on ne pourra pas dire qu'un chef qui agirait ainsi, a bravement capitulé, et je ne crois pas qu'il s'expose jamais à réclamer contre l'épithète de lâche.

Je l'ai dit, je l'ai écrit, je le répète, et dût cette persévérance m'attirer une condamnation, je dis encore ici avec plus d'énergie que jamais, que *M. Chenet a fui lâchement devant l'ennemi à Autun*, et je crois en avoir fourni les preuves.

Il n'a jamais reçu d'ordre verbal ni écrit de quitter Saint-Martin, M. Gandoulf et lui vous l'ont suffisamment démontré, malgré ou plutôt à cause de leurs déclarations préparées, concertées, méditées pendant une longue et très intime *cohabitation*.

Messieurs les jurés, je ne suis pas ici pour faire l'éloge de l'armée des Vosges, en raison même de ce que j'ai pu faire moi-même, pour l'organiser et pour préparer ses succès ; je dois me taire et je crois que justice lui sera rendue, car nos ennemis du dehors eux-mêmes, les Prussiens, ont commencé les premiers à nous la rendre ; mais il y a dans cette armée autre chose que des questions militaires, et sous ce rapport là aussi il faut qu'on ne puisse plus essayer de l'attaquer ; car si elle a bien et heureusement combattu, elle a aussi été bien disciplinée et administrée.

Vous avez entendu hier l'intendant militaire chargé de la liquidation des comptes, et notre ancien officier-payeur général, ils vous ont dit tous les deux que non-seulement je n'ai jamais été à même de pouvoir mal administrer, car je me suis refusé à m'occuper en aucune façon des questions de finances, mais que d'ailleurs je n'en aurais pas eu le temps.

Ce qu'ils ne vous ont pas dit, et ce que je crois de mon devoir de vous dire, pour qu'on sache comment agissent, en certaines occasions, les aventuriers dont un témoin vous a parlé hier, c'est que : il est une circonstance où je me suis occupé d'administration et de finances: c'est du 14 au 23 octobre 1870, alors que nous n'avions ni intendants, ni officiers-payeurs, ni caisse militaire, et que cependant, nous avions déjà quelques troupes qui se battaient sur les bords de l'Ognon et de la Saône, et qu'il fallait faire vivre.

Pardonnez-moi de vous le dire, messieurs, mais du 14 au 23 octobre 1870, Bordone (le pharmacien, l'apothicaire, au dire de quelques journaux bien pensants), Bordone qui est parti de chez lui avec trois paires et demie de chaussettes, comme le dit si élégamment M. Middleton, a trouvé cependant le moyen, avec ses propres ressources, de nourrir et de payer toutes ses troupes jusqu'au 23; quand sa bourse a été vide, il a télégraphié, à la date du 20, chez lui, à Avignon, et on lui a envoyé 2,500 nouveaux francs qui, réunis à 1,800 empruntés à un de ses officiers d'état-major, M. Corthier, et à 2,000 empruntés aussi à son secrétaire, M. Ordinaire, lui ont permis d'attendre le premier versement de 10,000 francs que lui a fait, à la date du 23, M. le receveur particulier des finances de Dôle.

Je sais bien que ces choses-là ne se font pas dans l'armée régulière; mais je ne crois pas qu'on nous fasse jamais un crime, d'avoir procédé irrégulièrement dans les circonstances que je viens de vous faire connaître.

Il faut vous dire, d'ailleurs, messieurs, que quoique dès le 17 mars 1871, tous nos comptes, avec les pièces justificatives à l'appui, aient été remis, je n'ai pas encore été remboursé de mes avances; j'ai voulu attendre, pour réclamer officiellement, que cela pût être dit et démontré devant vous.

Je suis, depuis le mois d'octobre 1870, créancier de l'Etat d'une somme d'environ 7,500 fr.

Vous avez, dans maintes circonstances, entendu parler des commissions de liquidation; la nôtre qui est formée de nos anciens intendants, a pu fonctionner dès les premiers jours qui ont suivi le licenciement de notre armée, car nous avons rendu, les premiers de tous, tous nos comptes, avec pièces à l'appui.

Est-ce que vous avez entendu dire, messieurs, que les commissions de marchés aient recherché en quoi que ce soit l'état-major de l'armée des Vosges? On ne lui reprochera pas cependant, à cette Commission, de ne pas avoir épluché très méticuleusement les petits comme les grands marchés contractés par ceux qui ont pris part à la défense nationale, et nul de vous ne doute que, si l'on avait trouvé quelque chose à redire,

15

sur l'armée des Vosges, on eût été mille fois heu reu
de frapper sur l'état-major de Garibaldi.

Cependant un député, rapporteur de la Commission
des marchés, a, dernièrement, parlé de quelques mal-
versations, en laissant supposer qu'elles avaient été
commises par des *garibaldiens*. Ses citations étaient
malheureuses ; pas un des personnages cités n'a eu le
moindre rapport avec nous. C'étaient de faux garibaldiens, comme on s'est plu, dans ces derniers temps, à
en inventer, pour rejeter ensuite leurs fautes sur nous.

J'ai écrit immédiatement à M. Blavoyer, une lettre
que les journaux ont reproduite. Rectifiera-t-il les
termes de son rapport ? Je l'ignore, mais s'il ne le fait
pas, je prendrai à cet égard, comme je fais aujourd'hui,
l'opinion publique pour juge.

Voilà, Messieurs, ce que j'ai cru de mon devoir de
vous dire sur cette armée des Vosges, sur ce ramassis
d'escrocs, de gens tarés, qui ont défendu le pays et qui
sont prêts à le défendre encore.

Vous avez entendu hier reprocher à M. Chenet d'être
venu se mettre sous les ordres de ces aventuriers. Ces
aventuriers sont tous ici, ou à peu près, et ils y sont pour
obtenir de vous la justice qui leur est due, et de leurs
détracteurs une vengeance trop longtemps attendue.

Ces aventuriers n'acceptent pas, de qui que ce soit,
et de certains généraux de l'armée régulière, moins que
de tout autre, aucune espèce d'offense. Nous en avons
eu dans notre armée, des officiers et des soldats de
l'armée régulière ; l'amiral Penhoat y a succédé à Garibaldi dans le commandement en chef, et il a loué, dans
un ordre du jour que vous connaissez, la discipline, la
bonne tenue et la vaillance de nos troupes. Il faut dire
aussi que cet acte de bonne foi et de justice, lui a
valu de la part de nos gouvernants, une rancune qui ne
s'est pas un instant démentie.

Mais l'amiral Penhoat est *Breton, catholique et marin ;*
il saura, comme nous, attendre l'heure de la justice
pour tous ; et celui qui a décidé du seul véritable succès de la campagne de l'Est, — je veux parler de la
journée de Villersexel, — est, comme nous tous, prêt à
reprendre la situation où l'a laissé l'ordre de licencie-

ment de notre armée; car, il faut bien que vous le sachiez, messieurs, tous ces officiers de l'armée régulière qui ont fait partie de l'armée des Vosges, avant de quitter leurs frères d'armes, ces aventuriers dont on vous a parlé hier, leur ont promis de se retrouver auprès d'eux à l'heure de la revanche.

Je termine, Messieurs, car voilà trop longtemps que ce procès dure. Un mot encore, cependant : on vous a lu hier quelques certificats cherchant à établir les qualités de mon adversaire. Je regrette d'avoir à vous en produire un, un seul, car je prétends qu'on ne donne ces choses-là qu'à son cuisinier ou à son valet de chambre.

Il m'eût été facile de faire passer sous vos yeux une série de documents émanant de mes chefs immédiats et du Ministre de la marine lui-même, qui n'ont pas cessé, depuis que j'ai quitté le service, de me témoigner de leur sympathie; tous ces documents, qui n'ont pas été sollicités, ni créés pour la circonstance, portent des dates qui commencent en 1841, pour ne finir qu'en 1860, et ils prouvent tous, à l'encontre de ce qu'ont écrit MM. Chenet et Middleton, que j'ai quitté par deux fois la marine avec les regrets de mes chefs, et qu'ils ont voulu me faire obtenir des récompenses, pour lesquelles je me suis refusé à faire les moindres démarches.

Je vous fais grâce de leur lecture.

Mais il faut cependant que je vous dise, malgré ma répugnance pour les certificats, que j'en ai un dans les mains, et qu'il doit passer sous vos yeux; il émane du maire de la ville que j'habite et où je suis né, non pas d'un maire communard, qui serait heureux d'être agréable à un co-religionnaire, mais d'un des derniers maires décorés de l'Empire, qui depuis de longues années administre sa ville, à la satisfaction de tous les honnêtes gens, et qui ne partage en rien mes idées politiques.

Ce n'est pas un certificat banal et négatif, comme on en délivre à ceux qui ont besoin de prouver qu'ils sont *de bonne vie et mœurs*, c'est un certificat positif et en dehors des formules usitées; il dit que « *dans la ville où je vis, où je suis né et où j'exerce la profession de docteur-médecin* (se tournant vers l'auditoire), et non celle de médecin-avorteur, messieurs les rédacteurs de la presse dite honnête ! *je jouis de l'estime et de la considération générales.* »

Je m'arrête, messieurs, parce que je ne veux pas fatiguer davantage votre attention, quoiqu'il me soit cependant facile de secouer ainsi tout l'échafaudage de calomnies et de diffamation qu'on a dressé contre moi ici et ailleurs, et de n'en pas laisser une pièce debout.

Après avoir prononcé la clôture des débats, M. le Président présente le résumé.

Après avoir rappelé les arguments des deux parties avec une impartialité et une justesse d'expression auxquelles on ne saurait trop rendre justice, après avoir dit que M. l'avocat général dans son réquisitoire, avait été beaucoup plus sévère pour M. Bordone, que l'avocat de M. Chenet et que M. Chenet lui-même, après avoir surtout flétri du nom d'*odieux pamphlet*, le livre de M. Chenet, qui en rejette le contenu sur Middleton, malgré sa déclaration écrite devant le juge d'instruction, et qui n'a pas essayé, par un seul témoin, de faire la preuve des articulations avancées, tandis que M. Bordone, par des témoins entendus, ou par des documents officiels, a prouvé la fausseté des accusations portées contre lui dans le livre Chenet-Middleton, il ajoute que M. Chenet s'est fait justice à lui-même par la publication des injures, des diffamations qui remplissent ce libelle, et qu'il y a lieu de s'étonner de sa présence à la barre, devant la Cour, pour demander satisfaction.

Lecture est donnée au jury des questions auxquelles il aura à répondre, et MM. les jurés se retirent dans la la salle des délibérations.

Une demi-heure après, la Cour rentre en séance, et le chef du jury lit les réponses négatives sur toutes les questions.

En conséquence, MM. Chenet et Bordone sont renvoyés des fins des plaintes portées contre eux.

EXTRAIT DU JOURNAL

LA *RÉPUBLIQUE FRANÇAISE*

Le journal *Le Rappel* ayant, à la suite de ce procès, dit à la fin du compte-rendu de la dernière séance des Assises, que M. le général Bordone avait été *acquitté à l'unanimité,* et que Me Chenet n'avait été renvoyé des fins de la plainte *que par 6 voix contre 6,* son gérant M. A. Pelleport, a comparu pour ce fait devant la 9e Chambre du tribunal de la Seine jugeant correctionnellement, à l'audience du 9 juillet.

Me G. Le Chevallier a présenté la défense avec l'incontestable talent et la sûreté de logique dont il a donné tant de preuves. En somme, tout le crime du *Rappel,* dans un moment où tant de Conseils de guerre sont en permanence et indiquent eux-mêmes la proportion des voix qui condamnent ou acquittent les condamnés, est d'avoir un instant oublié que l'affaire Bordone-Chenet était jugée par la Cour d'assises.

Sur les conclusions de M. le substitut Campenon, le gérant du *Rappel* a été condamné à cinq cents francs d'amende et aux dépens.

On a vu, dans le compte-rendu de ce procès, que M. le président Dumas avait dit, au cours de l'audience, que M. Middleton, qui faisait défaut, *et pour cause*, serait jugé à une autre session. J'ai espéré, jusqu'à ce jour que ce jugement par défaut serait prononcé, et que j'aurais pu terminer cette brochure par le jugement concernant le collaborateur renié par M. Chenet, qui a déversé sur lui toute la responsabilité de leurs diffamations et de leurs calomnies.

Pour obtenir justice contre l'auteur de ce que le président des assises a lui-même stigmatisé par le nom *d'odieux pamphlet*, il me faudrait donc intenter un nouveau procès. Mieux vaut laisser le sieur Middleton à Marseille, où il est après extradition, attendre en prison le jugement de l'affaire que lui a intenté l'ex-intendant de l'armée des Vosges.

BORDONE.

AU LECTEUR

On m'a dit que ce livre qui est la reproduction des débats qui ont eu lieu devant la Cour d'assises de la Seine, les 28, 29 et 30 juin 1872, avait besoin d'une note explicative, je n'en crois pas pouvoir écrire de meilleure que la suivante, que je dédie à M. le général Loysel, un des témoins entendus dans cette affaire, et qui prouve que s'il est des hommes pouvant revendiquer le nom d'aventurier comme un titre de gloire, il en est d'autres qui auront à rougir éternellement d'avoir agi de façon à mériter qu'on le leur appliquât.

Messieurs les membres de l'Académie jugeront peut-être nécessaire, après cela, de créer de nouveaux noms pour désigner des personnes si différentes, et susceptibles aujourd'hui d'être confondues sous une même appellation.

Voici ce qu'on lit dans le dictionnaire de l'Académie, page 109, au mot *Aventurier* :

« AVENTURIER, ÈRE, s. Celui qui cherche à la

» guerre les aventures, les occasions de se distin-
» guer, sans être enrôlé en aucun corps. Il se disait
» autrefois particulièrement de ceux qui allaient
» volontairement à la guerre, sans recevoir de
» solde et sans s'obliger aux gardes, et aux autres
» fonctions militaires qui ne sont que de fatigue. *Il*
» *y eut beaucoup de soldats, de ceux qu'on appelle*
» *aventuriers, qui passèrent les monts avec lui. Les*
» *aventuriers firent merveille dans ce combat.* »

Comme exemple de ce genre d'aventuriers, nous pourrions citer le général Garibaldi qui, en Améri-que et pendant le siége de Montevideo qui dura neuf ans, ne recevait pour lui et les siens, que les vivres de campagne et qui, ayant oublié de stipuler des fournitures de chandelles, pour ses troupes et pour lui, dans les rations, fut obligé de recevoir dans l'obscurité, l'amiral Laîné qui venait le visiter après le combat de San-Antonio, où les Italiens avaient sauvé la République, et le remercier, au nom de la France qu'il représentait dans ces parages, pour le courage, le talent, le dévoûment et l'abné-gation dont il avait fait preuve.

Nous pourrions citer aussi un ex-dictateur du royaume des Deux-Siciles qui, en 1860, après avoir remis entre les mains d'un roi constitutionnel, un pays de 9 millions d'âmes, qu'il venait d'arracher au plus infâme des despotes, retournait humble-ment chez lui, avec une somme de vingt-cinq à trente francs, après en être parti quelque temps aupara-vant avec plusieurs milliers de francs en poche.

Sans multiplier les exemples, nous pourrions ci-

ter certains chefs de corps qui, après avoir payé de
leur bourse, du 14 au 23 octobre 1870, *en France*,
les vivres et la solde de leurs troupes, attendent
plusieurs années sans en être remboursés.

« Dans le discours familier, il (le mot AVENTURIER)
» se dit d'un jeune homme qui tâche de gagner les
» bonnes grâces de toutes les femmes, sans être
» amoureux d'aucune.

» *C'est un jeune aventurier qui ne s'attache à rien,*
» *et qui se donne à tout.* »

Comme exemple de ce genre, nous pourrions citer un jeune homme qui deviendrait l'amant d'une
femme ayant trois fois son âge, et qui après lui avoir
mangé tout ce dont elle pouvait disposer, viendrait
encore, après la mort de cette femme, se présenter
pour en recueillir l'héritage.

En général, quand un pareil individu appartient
à un corps organisé quelconque, afin de ne pas faire
de scandale on l'oblige purement et simplement à
se démettre de ses fonctions. (Consulter, pour des
cas de ce genre, les archives du 2e régiment de cuirassiers, année 1865.)

« On appelle aussi aventurier, celui qui est sans
» nom et sans fortune et qui vit d'intrigues. *Ce n'est*
» *qu'un aventurier, ce n'est qu'une aventurière.* Cette
» acception est aujourd'hui la plus commune. »

Comme exemple de ce genre, nous citerons en-

core un individu qui, s'affublant du titre mensonger
d'agent d'une chancellerie quelconque, ferait le
commerce des décorations étrangères !

« On donnait le nom d'aventuriers à certains cou-
» reurs de mer, qui pirataient sur les mers de
» l'Amérique et qu'on appelait autrement : *flibustiers*
» et *boucaniers*. »

C'est dans l'Amérique du Sud que ce dernier
genre d'aventuriers désignés dans le dictionnaire
de l'Académie, s'est signalé par ses exploits ; on en
a vus qui sont devenus rois, comme Orélie Ier, d'autres qui sont restés simples chefs de cabinet de mo-
narques de la même farine.

Dans le procès qu'on vient de lire, on a remarqué la
solidarité qui lie entre eux les aventuriers du premier genre signalé par le dictionnaire de l'Académie.

Nous laissons le soin de se défendre entre eux, à
ceux qui ont *quelques fuites bien conditionnées* sur
la conscience, et qui appartiennent à l'une des autres catégorie.

BORDONE.

Paris, 20 juillet 1872.

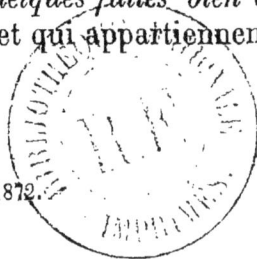

Paris. — Imp. Balitout, Questroy et C°, 7, rue Baillif.

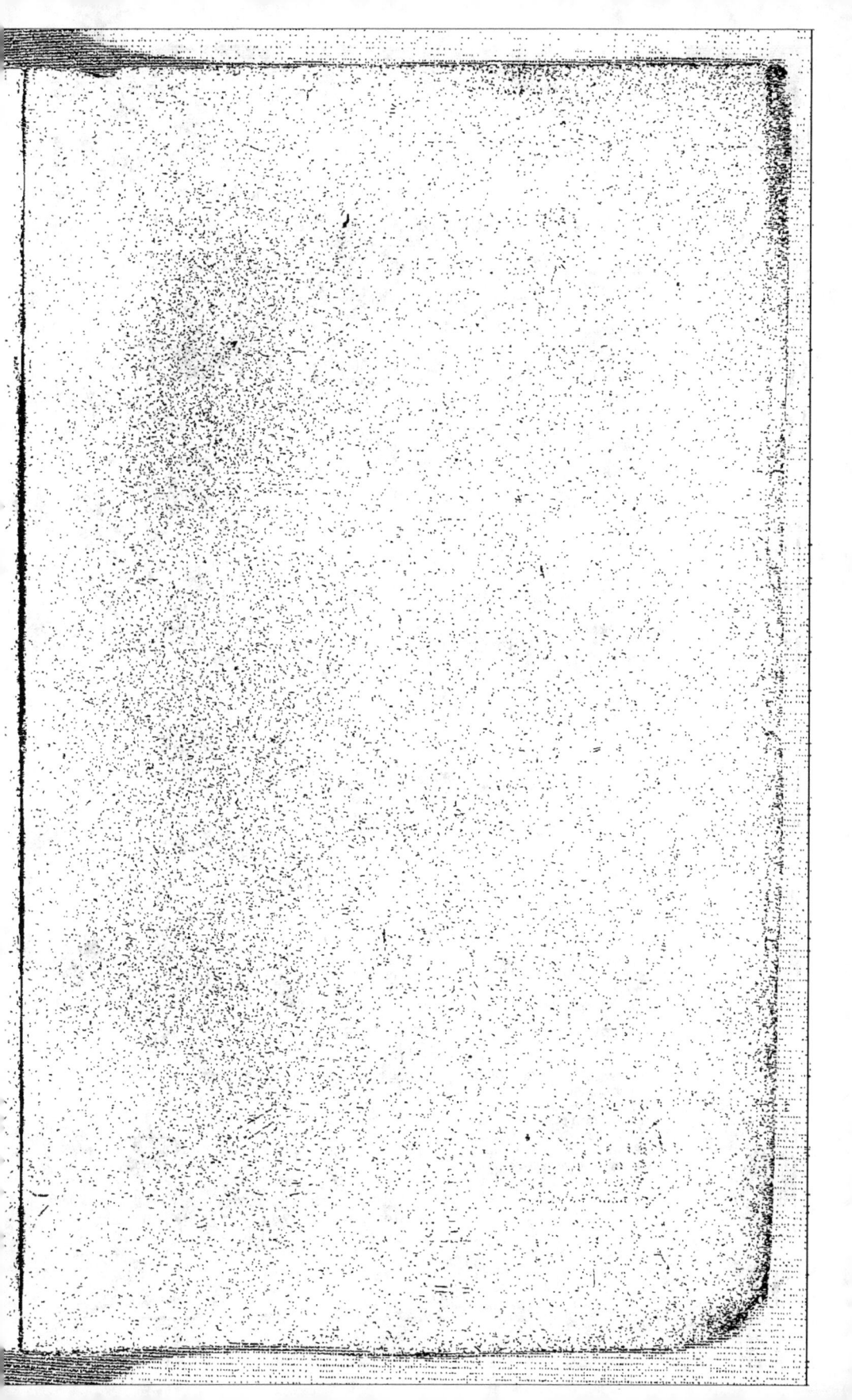

LIBRAIRIE DE L'ÉCHO DE LA SORBONNE

PARIS, 7, RUE GUÉNÉGAUD,

BIBLIOTHÈQUE DE L'ÉCHO DE LA SORBONNE

HISTOIRE DES BEAUX-ARTS, l'art antique, architecture, sculpture, peinture, art domestique, par M. René Ménard, avec un appendice sur la Musique chez les Anciens, par M. G. Bertrand. 2ᵉ édition, 1 vol. in-18, de 308 pages. Ouvrage admis par la Commission des Bibliothèques scolaires, et médaillé par la Société pour l'instruction élémentaire. Broché : 2 fr. Avec cartonnage en toile pleine, très élégant et très solide : 3 fr.

GÉOGRAPHIE UNIVERSELLE. LA FRANCE (depuis le traité de Francfort, 10 mai 1871), géographie physique, politique, agricole, industrielle et commerciale de la France et de ses colonies, par M. Ch. Périgot, professeur au lycée Saint-Louis et à l'École supérieure de commerce (deuxième édition) 340 pages de texte, cartes gravées sur pierre, tirées en lithographie et coloriées. Prix : 3 fr.

L'EUROPE (depuis le traité de Francfort, 10 mai 1871), géographie physique, politique, etc., de l'Europe et des États qui la composent, par M. C. Rouy, auteur de lectures géographiques. Ouvrage admis par la Commission des Bibliothèques scolaires. 348 pages, 40 petites cartes. Prix : 2 fr.

NOTIONS DE BOTANIQUE, par M. C. de Montmahou, inspecteur de l'enseignement primaire. 176 pages, 49 fig. Médaille de la Société pour l'instruction élémentaire. Broché : 1 fr. 50 ; avec cartonnage de luxe : 2 fr. 50.

GÉOMÉTRIE PLANE, cours professé à l'Association libre de la Sorbonne, pour l'enseignement secondaire des jeunes filles, par M. Salvies, répétiteur à l'École polytechnique. 404 pages, 201 fig. Prix : 2 fr. 50 (Une édition de cet ouvrage est en vente au même prix, à l'usage des élèves de troisième, enseignement secondaire classique, et des élèves de première année, enseignement secondaire spécial.)

LA PHYSIQUE ET SES APPLICATIONS. Pesanteur (Notions de mécanique, étude des corps, centre de gravité, pendule, balance, équilibre des liquides, principe d'Archimède, aréomètres, baromètres, machine pneumatique, pompes, gravitation universelle), par M. Bernabé, professeur au lycée de Dijon. 490 pages, 161 vignettes. Prix : 2 fr. 50.

COURS DE MUSIQUE THÉORIQUE ET PRATIQUE, par les procédés élémentaires de M. P. Boi, élève d'Émile Chevé. 410 p. Broché : 2 fr. 50 ; avec cartonnage de luxe : 3 fr. 50.

HISTOIRE MODERNE. Constitution de l'Europe moderne (1453-1598), par M. J. C. A. Pinard, professeur d'histoire au lycée Condorcet. 468 pages. Prix : 2 fr. 50.

COURS DE LANGUE FRANÇAISE. Histoire de la grammaire, origine et formation des lettres, formation des mots, préfixes et suffixes, par M. H. Cocheris, conservateur à la bibliothèque Mazarine, membre de la Société nationale des Antiquaires, etc., etc. Ouvrage admis par la commission des bibliothèques scolaires et médaillé par la Société pour l'instruction élémentaire. 396 pages. Prix : 2 fr. 50.

ORIGINE ET FORMATION DE LA LANGUE FRANÇAISE. Même auteur, 160 p. Prix : 1 fr. 50.

COURS DE STÉNOGRAPHIE, à l'usage des élèves des lycées, collèges, pensionnats de jeunes garçons ou de jeunes filles, ainsi que de toutes les personnes qui, aux cours, conférences, réunions publiques, etc., veulent suivre la parole des orateurs, par M. L. P. Guénin, sténographe du Conseil général de Seine-et-Oise 120 p. Prix : 1 fr. 25.

PETIT TRAITÉ DE POÉSIE FRANÇAISE, par M. Th. de Banville, 242 p. Prix : 2 fr.

MÉTHODE DE LECTURE A HAUTE VOIX ET DE RÉCITATION, à l'usage des gens du monde et des maisons d'éducation, par M. Léon Riotor, régisseur général au théâtre du Vaudeville, professeur de grammaire et de déclamation. 360 p. Prix : 2 fr. Édition spéciale pour les écoles primaires. Prix avec le cartonnage classique : 75 c.

L'ÉCHO DE LA SORBONNE

COURS COMPLET D'ENSEIGNEMENT SECONDAIRE EN TROIS ANNÉES, véritable encyclopédie de l'enseignement secondaire. Cours de première année, 4 forts volumes à deux colonnes, 1,260 pages, 289 fig. Prix de chaque volume : 6 fr. — Cours de seconde année, 4 volumes, même format, même prix. — Cours de troisième année, 4 volumes, même format, même prix. (Le troisième vient de paraître et le quatrième dernier paraîtra en novembre 1877.) Remise de 4 fr. par année. — 20 fr. au lieu 24, à toute personne qui le prend directement et immédiatement.

Paris. — Imp. Balitout, Questroy et Cⁱᵉ, rue Baillif, 7.

www.ingramcontent.com/pod-product-compliance
Lightning Source LLC
Chambersburg PA
CBHW061011280326
41935CB00009B/917